Martin Niemöller
Dahlemer Predigten 1936/1937

Die „Dahlemer“ auf der Barmer Synode 1934: Martin Niemöller, Fritz Müller-Dahlem und Franz Hildebrandt

Martin Niemöller

Dahlemer Predigten 1936/1937

Mit einem Vorwort
von Thomas Mann

und einer Nachlese
von Franz Hildebrandt

Chr. Kaiser

In der Reihe Lese-Zeichen erscheinen Bücher der Verlage:
Burckhardthaus-Laetare
Calwer
Chr. Kaiser
Ernst Kaufmann
Theologischer Verlag Zürich
Vandenhoeck & Ruprecht

CIP-Kurztitelaufnahme der Deutschen Bibliothek

Niemöller, Martin:
Dahlemer Predigten 1936/1937
[neunzehnhundertsechsunddreißig/neunzehnhundertsiebenunddreißig]
Martin Niemöller. Mit e. Vorw. von Thomas Mann
u. e. Nachlese von Franz Hildebrandt. –
Neuausg. – München: Kaiser, 1981.
(Lese-Zeichen)
ISBN 3-459-01438-5
NE: Niemöller, Martin: [Sammlung]

Umschlag: Reinhard Liedtke.
Foto: aus dem Besitz von Frau Elsie Steck, geb. von Stryk.
Gesamtherstellung: Georg Wagner, Nördlingen.
Printed in Germany.

Zum Geleit

Zu Martin Niemöllers 90. Geburtstag soll dieser Band an die denkwürdige Zeit vor 45 Jahren erinnern, als der Name des Dahlemer Gemeindepfarrers schier in aller Munde war, strömten doch aus ganz Berlin die Menschen zu seinen Gottesdiensten und sah man vom In- und Ausland her in ihm den erstrangigen Sprecher des kirchlichen Widerstandes im Dritten Reich. Im Brennpunkt der Jahre 1936/37 finden wir somit ein entscheidendes Stück der Wegstrecke vergegenwärtigt, die die evangelische Kirche in Deutschland als so harten wie heilsamen Lernprozeß zurückzulegen hatte.

Dazu können die hier zusammengefaßten 28 Predigten dienen, die letzten, die Martin Niemöller vor seiner Verhaftung am 1. Juli 1937 und den Jahren seines Verstummens im Konzentrationslager gehalten hat. So vielfältig die Stimme der Bekennenden Kirche in der Verkündigung jener Jahre zu vernehmen war – man denke nur an Hans Joachim Iwand, Günther Dehn oder später Helmut Gollwitzer –, so beispielhaft und aufschlußreich tritt sie gerade hier zutage.

Denkwürdige Zeit: von heute her zu erfahren, wie sich in diesen Auslegungen ein Bibeltext auf seinen Kern hin erschloß und den Zuhörern lebensnah wurde – bis dahin, daß zwischen der biblischen Geschichte und dem brandaktuellen Geschehen ein atemberaubender Kontakt zustande kam. Oder dem nachzugehen, was Predigten an Informationen für die Gemeinde aus anderen Gemeinden vermitteln konnten, um so den Zusammenhalt und den gemeinsamen Wissensstand zu mehren. Und andererseits aus diesen und jenen Erwähnungen etwas vom Hintergrund dieser Predigten im mitlaufenden kirchlichen Zeitgeschehen zu erfahren, wie bereits zu Beginn die große Gemeinsamkeit einer Bekennenden Kirche auseinandergebrochen ist und verschiedentlich der Widerstand gegen die Übergriffe des NS-Staates erlahmt, andererseits sich die Kräfte in den innerkirchlichen Auseinandersetzungen zwischen lutherischer Blockbildung und »Dahlemer« Kurs aufreiben. Gerade solche Durchblicke, die uns diese Predigten verschaffen, lassen uns den Ablauf eines Dramas verfolgen, das wahrlich »kein Heldenstück« war und uns gerade deshalb zur Lehre dienen kann.

Übrigens, die erste Veröffentlichung dieser 28 Predigten erfolgte bereits 1938, von Pastor Karl Immer sozusagen im Untergrund in Wuppertal zum Druck gegeben und unters Volk, ja weiter noch über die Grenzen, zu Freunden der Bekennenden Kirche im Ausland gebracht. So kam ein Jahr darauf in der Schweiz unter dem Titel »Dennoch getrost« beim Verlag der Evangelischen Buchhandlung Zollikon der Nachdruck zustande, der unserer Wiedergabe zugrunde liegt. 1941 folgte die englische Ausgabe im Verlag William Hodge and Company in London unter dem Titel »God ist my Führer«, die wiederum ein Jahr darauf – jetzt mit dem Titel »The Gestapo Defied« versehen – eine neue Fassung erhielt. Der englische Verleger war indessen auf die kluge Idee gekommen, den Nobelpreisträger Thomas Mann als Repräsentanten deutschen Geistes in der »freien Welt« um ein Vorwort zu bitten.

Dieses Vorwort, dessen deutsche Fassung kurz darauf der Verfasser in der Exilzeitschrift »Deutsche Blätter. Für ein europäisches Deutschland. Gegen ein deutsches Europa« (Santiago de Chile, Heft 10/1943) erscheinen ließ, ist nach wie vor lesenswert geblieben angesichts der Art, wie Thomas Mann diesen Auftrag ernst genommen und sich auf diese Materie eingelassen hat, um das Zeugnis Martin Niemöllers in dessen Predigten und Weg zu deuten. Der S. Fischer Verlag in Frankfurt hat freundlicherweise dieser Wiedergabe zugestimmt.

Von anderem Gewicht ist die »Nachlese«, die wir Prof. Dr. Franz Hildebrandt, Dietrich Bonhoeffers Freund und zu jener Zeit als Hilfsprediger Martin Niemöller zur Seite, zu danken haben. Ihm gelingt es, über eine Schilderung des Milieus im Dahlemer Pfarrhaus hinausgreifend das theologische Profil der Predigten in ihrem Schrift- und Zeitbezug herauszuarbeiten.

Kirchenrat D. Wilhelm Niemöller hat uns aus seinem Archiv die Fürbittenliste der Bekennenden Kirche vom Juli 1937 zur Verfügung gestellt. Und zu einem ziemlichen Teil geht auch die Zeittafel auf die chronologischen Zusammenstellungen in seinem Handbuch »Die Evangelische Kirche im Dritten Reich« (Bielefeld 1956) zurück.

Abschließend sei Elsie und Karl Gerhard Steck für ihre beratende Hilfe sowie der Kirchenleitung der Evangelischen Kirche von Hessen und Nassau für ihre besondere Förderung gedankt.

Der Verlag

Inhalt

Texte

Und Jesus antwortete und redete abermals durch Gleichnisse zu ihnen und sprach: Das Himmelreich ist gleich einem Könige, der seinem Sohn Hochzeit machte. Und sandte seine Knechte aus, daß sie die Gäste zur Hochzeit riefen; und sie wollten nicht kommen. Abermals sandte er andere Knechte aus und sprach: Saget den Gästen: Siehe, meine Mahlzeit habe ich bereitet, meine Ochsen und mein Mastvieh ist geschlachtet und alles bereit; kommt zur Hochzeit! Aber sie verachteten das und gingen hin, einer auf seinen Acker, der andere zu seiner Hantierung; etliche aber griffen seine Knechte, höhnten und töteten sie. Da das der König hörte, ward er zornig und schickte seine Heere aus und brachte diese Mörder um und zündete ihre Stadt an. Da sprach er zu seinen Knechten: Die Hochzeit ist zwar bereit, aber die Gäste waren's nicht wert. Darum gehet hin auf die Straßen und ladet zur Hochzeit, wen ihr findet. Und die Knechte gingen aus auf die Straßen und brachten zusammen, wen sie fanden, Böse und Gute; und die Tische wurden alle voll. Da ging der König hinein, die Gäste zu besehen, und sah allda einen Menschen, der hatte kein hochzeitlich Kleid an; und sprach zu ihm: Freund, wie bist du hereingekommen und hast doch kein hochzeitlich Kleid an? Er aber verstummte. Da sprach der König zu seinen Dienern: Bindet ihm Hände und Füße und werfet ihn in die Finsternis hinaus! da wird sein Heulen und Zähneklappen. Denn viele sind berufen, aber wenige sind auserwählt.

Matthäus 22, 1—14.

„Viele sind berufen, aber wenige sind auserwählt." In der Weite der weltumspannenden Herrschaft Gottes hebt das Gleichnis Jesu von der königlichen Hochzeit an, und es führt uns am Ende in den engen Raum der ganz persönlichen Entscheidung. Derselbe König, der seine Heere ausschickte, um seine Verächter zu strafen und seinem Regiment Achtung zu verschaffen, der steht am Ende vor diesem einen, armseligen Menschen, der von der Straße hereingekommen ist; und vor dem Ernst der Begegnung verblaßt der Feuerschein der Stadt der Verächter, die der König hatte anzünden lassen.

Liebe Freunde, es liegt nahe, den ersten Teil auszudeuten; von dem Schicksal des Volkes Israel, das die Einladung des Königs verachtete, Schlüsse zu ziehen auf unser Volk, dem das Strafgericht droht, wenn es den Ruf nicht hört und nicht hören will. Wenn wir so schließen, so liegt das nahe. Luther hat das des öfteren getan in seinen Predigten und hingewiesen auf die Hauptsünde: die Verachtung des Rufes Gottes, die alle andern übertrifft. „Unter der Stunde der Predigt schlenkern gehen auf dem Markt oder vor dem Tore und im Wirtshaus und auf den Spielplätzen liegen", so hat's Luther gesagt. Aber ich glaube, die Lust zu diesem Vergleich vergeht uns, wenn wir sehen, daß die schneidende Schärfe sich gegen uns persönlich wenden könnte — und nicht gegen irgendjemand draußen. „Viele sind berufen, aber wenige sind auserwählt." Da ist die Frage nach unserer Berufung und nach unserer Auserwählung.

„Das Himmelreich ist gleich einem Könige, der seinem Sohn Hochzeit machte." Darum geht es in der frohen Botschaft, daß der Riß, der klafft zwischen dem Schöpfer und der Schöpfung, daß der Riß sich schließt, daß der Zeit der Trennung und des Sehnens ein Ende gemacht wird und Gott selbst einen neuen Anfang setzt: Der Sohn und die Braut, der Herr Christus und seine Gemeinde, Gott und der Mensch, endlich wieder Gott und der Mensch, Gott und ich. Das Fest der Versöhnung, das Friedensfest, dazu lädt Gott ein, dazu läßt er rufen durch die Botschaft der Apostel: „Lasset euch versöhnen mit Gott." Das ist die Einladung des Königs. Man sollte meinen, daß jeder dieser Einladung wohl freudig folgen sollte. Und Israel ist nicht gefolgt; es hat den Ruf überhört, ist seinen eigenen Weg weitergegangen und hat sich die unbequemen Mahner vom Halse geschafft.

Aber der Ruf ist weiter erschollen und, liebe Gemeinde, es ist niemand von uns, den dieser Ruf nicht erreicht hätte. Am Tage der Taufe ist er zum erstenmal dagewesen: „Du bist mein!" Am Tage der Konfirmation habe ich den Ruf gehört als an mich gerichtet: „Gib mir, mein Sohn, dein Herz!" Und wie oft sind wir beim heiligen Abendmahl gerufen worden: „Kommt, es ist alles bereit!" Und wenn wir versuchen, an alle die Stunden zu denken, wo Gott uns nahe gewesen ist, wo er uns gerufen hat als der Heilige und Gnädige, wo er sich bemerkbar gemacht hat in den Führungen unseres Lebens mit Dräuen und Locken, wer hätte die Stirn zu sagen: „Ich habe den Ruf noch nicht gehört!"?

Die Frage ist, ob wir den Ruf so gehört haben, daß wir gekommen sind. Wir werden Sonntag für Sonntag zu seinem Tisch geladen; aber wie oft sind wir gekommen? Wie oft hat es nicht geheißen „Sie gingen hin, einer auf seinen Acker, der andere zu seiner Hantierung". Sonntag für Sonntag hören wir den Ruf Gottes in der Predigt; aber wie oft geht unser Herz dahin in eigenen Sorgen, Gedanken und Wünschen. Wie oft packt uns der Ruf an, und wir geben uns alle erdenkliche Mühe, daß die Werke nicht zustande kommen, die Gott mit uns vor hat. — Liebe Gemeinde, ob das etwas anderes ist als hier: „Etliche aber griffen seine Knechte, höhnten und töteten sie"?

Und so wollen wir uns heute sagen lassen, daß es ein Zuspät gibt, weil ja keiner von uns weiß, ob der Augenblick, den wir verstreichen lassen, nicht der letzte Augenblick ist, weil keiner von uns weiß, ob nicht mit diesem Augenblick Gottes Geduld ein Ende findet, daß es dann nur noch heißt: „Da ward der König zornig. Die Hochzeit ist zwar bereit, aber die Gäste waren's nicht wert."

Worauf warten wir eigentlich noch? Die Hochzeit ist bereit, es fehlt da nichts. Von Gottes Seite her ist alles getan. Er hat die Brücke geschlagen über die Kluft zwischen ihm und uns; er hat seinen Sohn gesandt und auferweckt für uns, damit wir glauben sollen: Seine Liebe zu uns ist größer als unsere, als meine Schuld; sein Leben ist größer und stärker als mein Tod. Wir sollen der Sünde sterben und mit ihm der Gerechtigkeit leben. Da gibt es für uns keinen Einwand mehr, ob wir gut oder böse sind. Gott ruft uns, wie wir's vom Altar gehört haben: „Ich, ich tilge deine Übertretungen um meinetwillen. Ich, von mir aus!" Zwischen ihm und uns steht nichts als der Gekreuzigte, der ruft: „Kommet her zu mir alle, die ihr mühselig und beladen seid; ich will euch erquicken."

An uns ist's, ob wir hören oder nicht, ob wir kommen oder dableiben, wo wir sind. Die Wahl sollte uns nicht schwer werden, weil unsere Seele ja weiß von der Hohlheit und Halbheit eines Lebens ohne Gott. Der Bote ist da, und wir hören die

Botschaft. Ja, Freunde, wir kommen ja heute, weil wir spüren, daß wir Gott brauchen — den lebendigen Gott — nötiger als das tägliche Brot; wir kommen, weil wir sehen, wie unser Dasein sich in Sinnlosigkeit auflöst und zerflattert, wenn nicht Gott uns hält. Viele sind berufen, wir alle sind berufen. Wir sollen uns freuen, daß die Zeit der Taubheit und Gleichgültigkeit vorbei ist, daß uns Gottes Ruf aufs neue erreicht, und das nicht zuletzt, weil wir das Gericht über die Verächter sehen — ja, davon sehen wir heute etwas —: „Irret euch nicht, Gott läßt sich nicht spotten. Denn was der Mensch säet, das wird er ernten." Davon sehen unsere Augen heute etwas. Aber, liebe Freunde, dieser Blick auf die andern soll uns nicht sicher machen — um Himmels willen nicht sicher machen. Unser Heil beruht nicht darauf, daß wir Gott anerkennen, wo andere ihn ablehnen.

Es werden heute viele Stimmen laut: die eigentliche Entscheidung bestehe darin, daß wir einen Gott hätten, gegenüber andern, die keinen Gott haben. So spielt man das deutsche Volk aus gegenüber andern Völkern. Die Entscheidung falle, sagt man, auf der Basis: Gottlosigkeit oder Gottgebundenheit, Atheismus oder Religion; es sei belanglos, wie diese Religion aussehe; auf die Form komme es nicht an, da müsse jeder nach dem oft mißverstandenen und mißbrauchten Wort Friedrichs des Großen — „nach seiner Fasson selig werden". Es komme auf das Kleid nicht an.

Das ist vom Menschen her gedacht; es geht aber nicht in dem Augenblick, wo der lebendige Gott uns entgegentritt: „Freund, wie bist du hereingekommen und hast doch kein hochzeitlich Kleid an?" Im Zusammenhang dieses Evangeliums mag uns diese Frage als Willkür erscheinen. Wir zweifeln, ob dieser Ruf tatsächlich allen gilt, oder ob nicht nur die Ehrlichen und Anständigen gemeint sind. Wir zweifeln daran, ob das ernst ist. Kommt dieser Mann nicht ebenso von der Straße wie die andern, woher soll er das Festgewand haben? Unsere Väter haben bei diesem Gleichnis verwiesen auf eine morgenländische Sitte, nach der der Gastgeber seinen Gästen ein Festkleid überreichen ließ. So haben wir die zweite Hälfte des Gleichnisses zu verstehen, daß der König des Himmelreiches uns in dem Kleid sehen will, das er uns gibt, daß er es um seiner Majestät willen nicht duldet, daß wir anders vor ihm erscheinen. Das Kleid ist ihm nicht gleichgültig.

Dieser Mann hier war wohl der Einladung gefolgt und war gekommen. Er hatte den Ruf nicht verachtet, aber die Gabe des Gastgebers hatte er verachtet. Da folgt das Gericht: „Werfet ihn in die Finsternis hinaus." Berufen, aber nicht auserwählt!

Brüder und Schwestern, Gott ruft uns, wie wir sind, von der Straße; aber er will uns nicht sehen wie wir sind, sondern in dem Kleid, das er uns schenkt. So müssen wir glauben: „Tut Buße und glaubt an das Evangelium." Tut Buße, d. h. wir müssen aus dem eigenen Rock heraus, wenn er uns auch leidlich paßt und noch ganz leidlich scheint. Mit der eigenen Redlichkeit können wir vor Gott nicht bestehen. Glaubt an das Evangelium, d. h. wir müssen hinein in den geschenkten Rock, den Rock, den Gott uns schenkt, der die Sünde bedeckt und uns einhüllt in sein Erbarmen und in seine Gerechtigkeit. So und nicht anders will Gott uns an seinem Tische sehen. Sonst hilft uns sein Ruf nichts. „Wie bist du hereingekommen und hast doch kein hochzeitlich Kleid an?" Mit diesem Kleid geht es nicht, da sehen wir auf einmal, daß es voller Flecken und Löcher ist. Aber dann ist's zu spät. „Werfet ihn in die Finsternis hinaus."

Liebe Freunde, vielleicht lehnen wir Gottes Gabe, in der der Herr Christus uns Gottes Gerechtigkeit gebracht hat, vielleicht lehnen wir sie nicht ab; aber wir kennen sie so gut, daß wir's hinnehmen, und machen keinen Gebrauch davon; wir gehen mal so hinein und nehmen das Festkleid nur über den Arm. Wir gehen Jahr für Jahr hinein in die Kirche, in die Predigt, an Gottes gedeckten Tisch und nehmen mit, was wir nehmen können, und merken nicht, was für ein gefährliches Spiel das ist; wir vergessen, was wir damit tun: daß wir an der persönlichen Entscheidung vorbeigehen. Aber schließlich kommt die Entscheidung, plötzlich, wie ein Dieb in der Nacht.

Liebe Freunde, das ist die eigentliche Versuchung für uns Kirchenchristen. Ich rede nicht von denen, die in die Kirche kommen, um etwas Besonderes, Interessantes zu hören, das zu hören, was nicht in der Zeitung steht. „Sie haben ihren Lohn dahin." Ich rede auch nicht von denen, die kommen, um zu spionieren, um den Herrn Christus zu fangen und ans Kreuz zu schlagen. Sie haben ihren Lohn auch dahin. Ich denke an uns, die wir immer wieder kommen, die wir uns nicht entschließen können, der Selbstgerechtigkeit den Abschied zu geben, um uns ganz der erbarmenden Gnade Gottes auszuliefern.

„Viele sind berufen, aber wenige sind auserwählt." Gehören wir, nein, gehörst du, nein, ich zu den wenigen Auserwählten, die ihre Hoffnung und ihr Vertrauen ganz auf Gnade bauen, weil sie wissen, daß der Herr Christus die Gnade Gottes für uns am Kreuz erworben hat? Gott helfe uns, darum bitten wir, daß wir glauben und bekennen lernen:

Christi Blut und Gerechtigkeit,
das ist mein Schmuck und Ehrenkleid,
damit will ich vor Gott bestehn,
wenn ich zum Himmel werd eingehn.

Denn ich hielt mich nicht dafür, daß ich etwas wüßte unter euch, als allein Jesum Christum, den Gekreuzigten.

1. Korinther 2, 2.

Wir feiern den heutigen Tag zum Gedenken an den Beginn der deutschen Reformation, und wir denken heute daran — oder sollten jedenfalls heute daran denken — daß jener 31. Oktober vor mehr als 400 Jahren, als Martin Luther seine 95 Sätze an die Tür der Schloßkirche zu Wittenberg schlug, daß dieser 31. Oktober von damals noch heute und immer wieder uns etwas zu sagen hat.

Liebe Kinder, ihr kennt diese 95 Sätze des Augustinermönches und Wittenberger Theologieprofessors sicher nicht; und die unter euch, die sie kennen, werden sie nicht verstanden und begriffen haben. Aber diese Hammerschläge, mit denen der Mönch an die Kirchentüre schlug, die klingen heute noch nach, und das Werk, das Luther angefangen hat, ist — wenn auch 400 Jahre darüber hingegangen sind — nicht tot, sondern lebendig, wenn auch die Erde, auf der wir als Menschen leben, ihr Aussehen gründlich verändert hat. Seit Martin Luther lebte, sind große Weltreiche zusammengebrochen, neue Reiche erstanden, und gewaltige Kriege über unser Volk gegangen und Zeiten des Friedens darauf gefolgt. Jedenfalls hat das alles dazu beigetragen, daß wir in einer andern Welt leben, daß wir andere Sorgen haben als die Menschen am Ausgang des Mittelalters.

Und nun; was haben wir mit dieser Zeit zu tun? Wir leben doch nicht für gestern, sondern für heute und morgen, — und zumal ihr Kinder lebt nicht für gestern, sondern für morgen und übermorgen. Was soll uns da die Erinnerung an diesen Mann und Mönch, der nun schon fast 400 Jahre unter der Erde und in seinem Grabe liegt?

Wir wissen — und ihr wißt das auch —: Man kann für sein Leben etwas aus der Vergangenheit lernen. Und dieser Martin

Luther ist ein Mensch gewesen, von dem wir lernen können. Das war schon etwas: dieser eine Mann, der keinen großen Einfluß besaß, dieser eine Mensch, der furchtlos und treu für seine Überzeugung eingetreten ist, dieser eine Mensch hat im Kampf gegen übermächtige Feinde, gegen Kaiser und Papst, einen Mut und eine Geduld bewiesen, er ist mit einer Leidenschaft und Kraft für seine Überzeugung eingetreten. In dieser Hinsicht kann uns dieser eine Mann ein Vorbild sein, dieser Gottesmann von Wittenberg, ein echter deutscher Mann. Und doch ist das nicht der eigentliche Grund, weshalb wir diesen Tag festlich begehen. Wir können als deutsche Menschen mit Stolz sagen, daß es neben und nach diesem Martin Luther viele große Menschen gegeben hat, Menschen genug, die wir uns zum Vorbild nehmen können, Menschen genug, deren Andenken wir ehren können — ich brauche da keine Namen zu nennen. Aber es geht heute nicht um den Namen von Martinus Luther; es geht um einen andern Namen. Luther ging es um den Namen, der über alle Namen ist, der da heißt: Jesus Christus!

Drüben in unserem altehrwürdigen Dorfkirchlein in Dahlem haben wir ein kleines Altarbild. Wer hinein kommt, findet es nicht gleich. Die Kerzen und die Blumen stehen davor und auch das Altarkreuz. Vielleicht seht ihr's euch mal an, wenn ihr wieder in die kleine Kirche kommt. Es stammt aus der Zeit Luthers und ist gemalt von einem Mann, der ein Freund Luthers war: Lucas Cranach. Es ist bekannt unter dem Namen: „Luthers Predigt." Ich wills euch kurz erklären. Es kommt da eine Kanzel aus der Wand heraus — so ähnlich wie diese hier — darauf steht Luther. Auf der andern Seite sind Männer und Frauen, die stehen oder knieen und hören zu. In der Mitte steht ein Kreuz, daran hängt Jesus Christus. Und nun ist es so, daß der predigende Martin Luther auf das Kreuz weist, und die Zuhörer hören auf das Wort, aber sie sehen auf das Kreuz. Da habt ihr in einem Bild, worum es Luther gegangen ist. Es ist, als ob er sagt: „Mein Name tut nichts zur Sache; mein Name steht nicht zur Debatte; aber der Mann am Kreuz ist der, der helfen kann, auf den müßt ihr blicken."

Und so, liebe Kinder, schrieb der Apostel Paulus an die Korinther das Wort, das ich vorhin gelesen habe, als ich auf die Kanzel kam: „Ich hielt mich nicht dafür, daß ich etwas wüßte unter euch, als allein Jesum Christum, den Gekreuzigten." D. h.: Ich, der Apostel Paulus, nicht ich bin's, der etwas Besonderes gelernt hat, der euch damit helfen kann, sondern ich, der Apostel Paulus, habe eine Botscha t, die ich ausrichten muß: „Jesus Christus, der Heiland, am Kreuz gestorben, der allein kann helfen." —

Ihr seht, Luthers Predigt war keine neue. Luthers Predigt war nichts anderes als das, was die Apostel und der Herr Christus selber gepredigt haben. Nur: diese Botschaft war verloren gegangen und vergessen. Ich könnte auch ein anderes Bild malen und darunter schreiben: „Die Predigt vor Luther." Auf der einen Seite sind wieder Menschen, die knieen oder stehen, und die fragen nach Gott und möchten Antwort haben, ob Gott ihnen wohl ein lieber und gnädiger und freundlicher Gott sei. Aber in der Mitte, da steht nicht das Kreuz, da ist nicht Antwort, ob Gott ein lieber und gnädiger und freundlicher Gott ist, da steht nicht die Antwort: seht, da steht das Kreuz; seht, so hat Gott die Welt geliebt, daß er seinen eingeborenen Sohn gab, auf daß alle, die an ihn glauben, nicht verloren werden, sondern das ewige Leben haben. In der Mitte dieses Bildes, „die Predigt vor Luther", da stehen Menschen, da stehen Priester, und die predigen, die reden die Leute an und sagen ihnen von einer Frömmigkeit, die genug wäre, um einen gnädigen Gott zu bekommen. Das Kreuz ist auf diesem Bilde auch da, aber es steht in der Ecke. Die Menschen können den Heiland am Kreuz nicht sehen, weil Menschen, weil die Priester davorstehen, und die lassen die Leute nicht heran.

Diese beiden Bilder sagen uns, was das Werk der Reformation ist, das Gott durch seinen Knecht Martin Luther im deutschen Volk getan hat, daß er das Kreuz mit dem Heiland wieder in die Mitte gestellt hat, daß wieder gepredigt wird: „Sehet, welch eine Liebe hat uns der Vater erzeiget, daß wir Gottes Kinder sollen heißen", daß wir wieder das Kreuz sehen und die Botschaft hören. Und weil Luther dies getan hat, hat man ihn den „Apostel der Deutschen" genannt. Und nun ist es so: Es kann jeder wieder das Kreuz mit dem Heiland sehen. Das ist der Grund, daß wir diesen 31. Oktober immer wieder festlich begehen. Wir hören die frohe Kunde von der Liebe

Gottes, die sich in Jesus offenbart hat, die Kunde von der Liebe Gottes, die uns das Leben schenkt.

Die Größeren unter euch werden wissen — und die Kleineren werden es über kurz oder lang erfahren — wie man heute mit der Predigt nichts anfangen kann, wie man sie verspottet und verhöhnt, wie man diesen Luther wohl gelten läßt: „Das war doch ein deutscher Mann!", wie man aber Jesus nicht gelten läßt: „So ein Jammerbild. Ein Jammerlappen, der sich so etwas hat gefallen lassen."

Aber Luther allein ist nichts; Luther allein kann nicht helfen — so wenig, wie uns Friedrich der Große heute helfen kann —; aber der Jesus von Nazareth am Kreuz, der allein kann wirklich helfen, zu dem können wir kommen mit unseren Fragen und mit unserer Not, mit der Gewissensnot: Sünde und Schuld, die ja da ist in unserem Leben; wir können kommen, weil sich in ihm die Liebe Gottes offenbart hat. Und das ist keine fromme Redensart.

Liebe Kinder, liebe Christen, das ist keine fromme Redensart! Er ist gekommen, am Tage der Taufe ist er da gewesen: „Es soll kein Fremder über dich Herr sein; du bist mein!" Unter dem Kreuz sollen wir die Unterschrift lesen, die uns ganz persönlich angeht: „Ich habe dich erlöst." Wohl uns, wenn wir uns das sagen lassen; wohl uns, wenn wir uns das immer wieder sagen lassen — und glauben; wohl uns, wenn wir mit dem alten Apostel Paulus und mit dem deutschen Apostel Luther bekennen können: „Es ist in keinem andern Heil, ist auch kein anderer Name unter dem Himmel den Menschen gegeben, darinnen wir können selig werden".

Da wissen wir um den einen, der helfen kann; sei mir ein starker Fels und eine Burg, daß du mir helfest! Denn du bist mein Fels und meine Burg! „Und daran wollen wir denken, wenn wir jetzt das Lutherlied singen: „Fragst du, wer der ist? Er heißt Jesus Christ!" Gelobt in Ewigkeit der Mann am Kreuz!

Und sie gingen in einen andern Markt. Es begab sich aber, da sie auf dem Wege waren, sprach einer zu ihm: Ich will dir folgen, wo du hingehst. Und Jesus sprach zu ihm: Die Füchse haben Gruben und die Vögel unter dem Himmel haben Nester; aber des Menschen Sohn hat nicht, da er sein Haupt hinlege. Und er sprach zu einem andern: Folge mir nach! Der sprach aber: Herr, erlaube mir, daß ich zuvor hingehe und meinen Vater begrabe. Aber Jesus sprach zu ihm: Laß die Toten ihre Toten begraben; gehe du aber hin und verkündige das Reich Gottes. Und ein anderer sprach: Herr, ich will dir nachfolgen; aber erlaube mir zuvor, daß ich einen Abschied mache mit denen, die in meinem Hause sind. Jesus aber sprach zu ihm: Wer seine Hand an den Pflug legt und sieht zurück, der ist nicht geschickt zum Reiche Gottes.

Lukas 9, 57—62.

„Und sie gingen in einen andern Markt." Liebe Gemeinde, jedesmal, wenn der Herr Christus aufbricht, um weiterzuwandern, dann stehen die Menschen, die mit ihm in Berührung gekommen sind, vor der Frage, ob sie mit ihm aufbrechen oder ohne ihn zurückbleiben sollen. Das ist die Frage, um die es hier in diesem Evangelium geht. Wir merken, daß das eine ernste Frage ist; sie fordert eine Entscheidung von denen, die sie angeht. Aber ob wir ahnen, daß wir selber gemeint oder gefragt werden, daß uns das was angeht, uns alle und jeden einzelnen?

Wir haben von den Tagen der Väter her in dem Glauben gelebt und sind darin bestärkt worden, daß die frohe Botschaft uns ja von niemand weggenommen werden kann, daß die Predigt von Jesus Christus eine feste Heimstätte bei uns habe. Es schien uns leicht gemacht mit unserem Christsein; es forderte so wenig Opfer, daß es uns schien, daß es als Krönung zu dem allem hinzutrat, was sonst unser Leben lebenswert erscheinen ließ. Auf diese Weise haben wir die christliche Sitte von unsern Vätern ererbt und uns ihrer gern bedient, um unsere Freude zu verschönen und zu stärken und unsere Trauer zu lindern und zu verklären. Dieses Selbstverständliche, dieses

Preislose, wofür wir nichts zu bezahlen brauchen, diese christliche Sitte, die uns als selbstverständlich begleitet hat, die bricht heute ab, die hört auf. Der Herr Christus bricht auf, geht weiter — genau so, wie in der Vorgeschichte dieses Evangeliums —, weil ihm die Aufenthaltserlaubnis versagt oder entzogen wird. Er wird nicht mehr geduldet im öffentlichen Leben, in der Presse und in den Vortragssälen, und Ordensburgen und Schulungslager haben ihn ausgestoßen; das Ende des christlichen Zeitalters ist feierlich proklamiert worden, und binnen kurzem wird diese Proklamation in aller Form Wirklichkeit werden. Wir haben da etwas, was uns nicht überraschen darf; das haben Luther und viele andere vor ihm vorausgesagt. Das ist die Situation: „Er ging in einen andern Markt." Und wo bleiben wir? Liebe Freunde, wir sollen nicht meinen, diese Frage komme ja nicht und bis sie komme, habe es noch gute Weile, es sei noch nicht so weit. Wenn der Christenglaube in der Öffentlichkeit nichts gilt, in der Kirche bleibt uns ja das Evangelium vom Herrn selbst.

In meinem Arbeitszimmer steht seit einiger Zeit ein holzgeschnitzter Christus; ich nenne ihn den „Oeynhausener Christus", weil der Künstler, der an der Oeynhausener Synode teilgenommen hat, ihn dort zum erstenmal vor seinem innern Auge geschaut hat. Es ist der Herr, der gebeugt unter der Last eines unsichtbaren Kreuzes, gebückt und traurig auswandert, aus der Kirche auswandert, wo ihm die Gemeinde den Gehorsam verweigert; denn wo das geschieht, da ist seines Bleibens nicht länger. Das Auge des Künstlers hatte recht geschaut, was das Ohr der Jünger hörte: „Was heißet ihr mich Herr, Herr und *tut* doch nicht, was ich sage?" Auch in der Kirche ist er ausgestoßen. Menschen haben sich auf seinen Platz und Thron gesetzt und weigern sich, sein Wort gelten zu lassen.

Freunde, man redet von Frieden. Glaubt's nicht! Man meint, der Jesus von Nazareth müßte sich eine Weile mit einem neuen Christus in die Herrschaft teilen, das Evangelium vom Sünderheiland müßte sich vertragen mit der Gottwohlgefälligkeit des artreinen Menschen, das alte Evangelium müßte sich vertragen mit dem neuen Mythus, der von dem Herrn Christus nichts wissen will. Aber das kommt nicht zustande, das bringt die Kirche nicht fertig, das liegt nicht in ihrer Macht; denn *er* ist der Herr und duldet keine andern Götter neben sich. Dann geht er hier hinaus, nein, er ist schon hinausgegangen.

Wir sollen nicht hören, wenn die andern sagen: „Hier ist des Herrn Tempel, hier ist des Herrn Tempel." Hier ist er nicht! Nein, an den Früchten sollt ihr sie erkennen; und diese Früchte werden jetzt vor unsern Augen offenbar; wenn nicht anders, als was vor ein paar Wochen im Saargebiet geschah: daß ein Pfarrer in einer Gemeinde von der vom Staat eingesetzten Kirchenleitung des Rheinlandes unter Polizeischutz eingeführt wurde, während der rechtmäßige Pfarrer der Gemeinde, der von ihm verdrängt wurde, und der Superintendent, der zu diesem Unrecht nicht schweigen wollte, für diese Zeit im Gefängnis festgehalten wurden. Man hat bei dieser Einführung den Herrn Christus angerufen; aber er war schon gegangen in einen andern Markt.

Freunde, wo werden wir bleiben mit unserer frommen Begeisterung: „Ich will dir folgen, wo du hingehst"? Mit unserer frommen Begeisterung kommen wir nicht weit. Wir müssen uns sagen lassen, daß es keinen andern Weg gibt, auf dem wir dem Herrn Christus nachfolgen können, als den Weg des Kreuzes. „Die Füchse haben Gruben, und die Vögel unter dem Himmel haben Nester; aber des Menschen Sohn hat nicht, da er sein Haupt hinlege." Wir denken an das Häuflein der ausgewiesenen Pastoren, an denen dieses Wort buchstäblich wahr geworden ist, und wir denken an die, die ihres Glaubens wegen Spott und Hohn ertragen müssen: „Euer Glaube ist nicht artgemäß". Das ist die Frage, ob dieser Jesus von Nazareth uns so viel wert ist, daß wir, ausgestoßen, Leid und Heimatlosigkeit tragen wollen und auch dem folgen, der das Wort spricht — und das ist heute Wirklichkeit — : „Wer Vater und Mutter mehr liebt denn mich, der ist mein nicht wert".

Wir lieben unser Volk und wir sollen das auch — wir können und dürfen und sollen nicht anders. Aber wenn nun die Sache anders wird, daß das Schwert durch unsere Seele hindurch geht, wenn der Herr Christus ruft, dann gilt es, sich loszureißen aus der Umgebung, die ihn abgelehnt hat. Manch junger Christenmensch, der im Schulungslager gehört hat, wie der Herr Christus geschmäht wurde, hat das nicht mit anhören wollen und hat gesagt: „Ich will hinausgehen und das Kreuz und die Schmach mittragen." Und sie sind hinausgegangen und haben damit ihre Heimat drangegeben und ihre Zukunft — der Mann wird nichts mehr.

„Folge mir nach!" Das ist spitz und scharf gesagt, und das ist ernst. „Herr, erlaube mir, daß ich zuvor hingehe und meinen Vater begrabe." Das können wir gut verstehen, denn das ist Pietät, das ist Gefühl. Ist da nicht irgendwo ein Fünkchen von Hoffnung, daß unser Volk sich zurückfindet von dem Götzendienst? Müssen wir nicht mit der Kirche Geduld, erbarmende Geduld haben, daß sie aus dem Fieberwahn erwacht? Könnte nicht doch noch das Wunder kommen, könnte es nicht doch noch zur Gesundung kommen, das Allerletzte, Alleräußerste eintreten?

Freunde, was heißt das Allerletzte und Alleräußerste? Wo der Herr Christus abgewiesen wird, da hilft keine Christlichkeit mehr, da bleibt nur der Tod, gegen den wirklich kein Kraut gewachsen ist, der nicht mit Mitteln und Mittelchen ausgerottet werden kann. „Laß die Toten ihre Toten begraben." Da bleibt nur Spott und Hohn, und das liegt als Zentnerlast auf dem Herzen.

Wir sind als Gemeinde Jesu nicht dazu gerufen, zu sorgen, wie dem Volk, von dem der Herr Christus gegangen ist, auf andere Weise zu helfen wäre. Wir haben keinen Auftrag, in einer kirchlichen Organisation mitzuarbeiten, wenn der Herr Christus nicht dabei ist. Solches Tun hat keine Verheißung und ist schon gerichtet. Es kann so gut und so pietätvoll gemeint sein, aber weil der Eine nicht dabei ist, darum geht's nicht. Aber dazu werden wir gerufen, daß wir die Botschaft verkündigen. „Gehe du aber hin, und verkündige das Reich Gottes." Auf diese Botschaft kommt es an, es geht um das Eine, das not tut.

Die Toten begraben, dazu werden sich andere finden. Es hat immer Menschen gegeben und wird es immer geben, die nur allzugern bereit sind, einen Gestorbenen oder ein gestorbenes Zeitalter zu Grabe zu bringen, oder einen Toten möglichst schnell unter die Erde zu bringen, daß er nicht zum Ärgernis werde. Aber die Totengräberarbeit hat keine Verheißung, die können wir getrost den andern Toten überlassen. Es geht um das Leben, um die Herrschaft des Lebens, darum, daß wir reden und die Toten hören.

Das ist nun die Zumutung, daß wir uns auf dieses Wort verlassen und glauben sollen, daß in diesem einen Mann Gott sein Reich und seine Herrschaft aufrichtet, daß er uns in dem Ausgestoßenen, an dessen Ende das Kreuz steht, den Weg zum Leben auftut: „Tut Buße und glaubt." „Es ist in keinem andern Heil."

„Laß die Toten ihre Toten begraben." Aber neben dieser Zumutung steht die Verheißung: „Ihr sollt meine Zeugen sein". Gewiß, die Toten werden begraben werden, „gehe du aber hin und verkündige das Reich Gottes". Es ist der lebendige Herr, der uns ruft, der uns das Kreuz auf die Schultern legt; und wenn er uns die Botschaft aufträgt, die uns Spott und Schande ausliefert, so will er unsere Heimat und unsere Ehre werden, er, der Eine. „Wenn ich dich nur habe, so frage ich nicht nach Himmel und Erde."

Liebe Gemeinde, der Herr Christus ruft heute, und wir wissen um eine Entscheidung, wir wissen um ein Ja im Herzen zum Ruf des Herrn Christus; wir wissen aber auch um ein heimliches Aber, mit dem wir die Entscheidung wegschieben. Wir haben keine Rücksichten zu nehmen wie der Mann hier im Evangelium, der anstandshalber einen Abschied machen wollte für die, die in seinem Hause sind. Es ist gefährlich um dieses Ja — Aber. Wir wollen den Augenblick selbst bestimmen, wo wir in die Nachfolge treten; aber es kommen immer neue Rücksichten und immer schwerere, und der Augenblick, wo wir Ja sagen, der kommt nicht. Einmal muß das Ja gesprochen werden ohne Aber, einmal müssen wir die Hand an den Pflug legen — und „Er wird es wohl machen".

Liebe Freunde, wir wollen nicht zurückblicken, die Hände in den Schoß legen und zusehen bei der Entchristlichung unseres Volkes und den Herrn Christus ziehen lassen, „schade". Wir wollen auch kein Jammerlied singen auf die Zerstörung unserer Kirche. Gegen die Ablehnung und den Spott und Hohn der Welt kann man nichts tun. Aber das Eine sollen wir: daß wir ihm folgen und den andern Menschen bezeugen und bekennen, daß wir auch mit dem Jesus von Nazareth sind, daß wir von keinem andern wissen als dem Reich des lebendigen Gottes. Er spricht — und seine Worte vergehen nicht — „So wird euch solches alles zufallen".

„Getreu ist, der euch ruft; er wird's auch tun."

Da gingen die Pharisäer hin und hielten Rat, wie sie ihn fingen in seiner Rede. Und sandten zu ihm ihre Jünger samt des Herodes Dienern. Und sie sprachen: Meister, wir wissen, daß du wahrhaftig bist und lehrst den Weg Gottes recht, und du fragst nach niemand; denn du achtest nicht das Ansehen der Menschen. Darum sage uns, was dünkt dich? Ist's recht, daß man dem Kaiser Zins gebe, oder nicht? Da nun Jesus merkte ihre Schalkheit, sprach er: Ihr Heuchler, was versuchet ihr mich? Weiset mir die Zinsmünze! Und sie reichten ihm einen Groschen dar. Und er sprach zu ihnen: Wes ist das Bild und die Überschrift? Sie sprachen zu ihm: Des Kaisers. Da sprach er zu ihnen: So gebet dem Kaiser, was des Kaisers ist, und Gott, was Gottes ist! Da sie das hörten, verwunderten sie sich und ließen ihn und gingen davon.

Matthäus 22, 15—22.

Das Wort des Herrn, das in dem heutigen Evangelium die Entspannung bringt in dem Augenblick, wo jeder die Katastrophe erwartet, wird gern als Beweis dafür gebracht, daß nach Jesu Meinung ein reinlicher Friede garantiert sei, und daß es eine Abgrenzung geben müsse zwischen dem Herrschaftsanspruch Gottes und dem des Kaisers. „Gebt dem Kaiser was des Kaisers ist, und Gott, was Gottes ist." Offenbar kommt es nur noch darauf an, festzustellen, was des Kaisers ist und was Gottes ist, und danach zu handeln, und der Friede ist da, die leidige Frage nach dem Verhältnis von Politik und Religion, von Staat und Kirche, von Welt und Gott ist zufriedenstellend beantwortet.

Wir haben heute als christliche Gemeinde besonderes Interesse an dieser Frage, weil sie uns Not macht, nicht nur im Blick auf die Kirche, sondern im Blick auf unser Christenleben, auf die persönliche Entscheidung. Das ist die Not, daß wir auf diese Frage keine Antwort haben und eine saubere Grenze nicht haben und nicht kennen. O, wir haben früher schon Versuche gemacht — und wir wissen davon — zwischen unserem Leben in der Welt und unserem Leben als Christen zu unterscheiden, und unsern irdischen Beruf von der göttlichen Berufung loszulösen, wenn wir dabei auch ein schlechtes Gewissen gehabt haben. Aber wenn wir auch denken, daß dieser notdürftige Ausgleich ein möglicher Weg sei, so ist doch in der Praxis gar nichts davon übriggeblieben. Wir wissen, daß diese Grenzziehung von der weltlichen Gewalt nicht anerkannt wird, daß sie nicht zufrieden ist, wenn wir unsern Dienst und unsere Arbeitskraft ihr zur Verfügung stellen, sondern daß sie Anspruch erhebt auf unsere Überzeugung und auf unsere Seele und damit auf den ganzen ungeteilten Menschen.

Es mag furchtbar klingen und uns Schrecken einjagen, wenn ein hoher Vertreter weltlicher Gewalt in einem studentischen Schulungslager erklärt hat: „Der Nationalsozialismus erhebt eben allen Ernstes den Anspruch: Ich bin der Herr, dein Gott. Du sollst nicht andere Götter haben neben mir." Aber es wird damit nur wieder deutlich, daß das friedliche Nebeneinander von dem, was des Kaisers ist — und was ist es nun? — und dem, was Gottes ist, nicht da ist, daß es das praktisch für uns nicht gibt. In unserem persönlichen Leben prallen die Gegensätze und gegensätzlichen Ansprüche aufeinander; und da ist mit dem Worte Jesu: „Gebt dem Kaiser, was des Kaisers ist, und gebt Gott, was Gottes ist", nicht geholfen.

Liebe Freunde, wir sollen nicht so vorschnell sagen, daß diese althergebrachte Auffassung dieser Geschichte die richtige ist. Es ist nicht gesagt, ob Jesus es tatsächlich so gemeint hat, daß es auf alle Fälle einen Weg des Friedens geben müßte zwischen Gott und dem Kaiser: „Gebt dem Kaiser, was des Kaisers ist, und Gott, was Gottes ist." Es steht gar nicht fest, ob Jesus das friedliche Nebeneinander des Gottesreiches und des römischen Weltreiches gemeint hat, wenn er gesagt hat: „Gebt dem Kaiser, was des Kaisers ist, und Gott, was Gottes ist." Wir wollen sehen.

Es ist einhellige Darstellung der Evangelisten, d. h. der drei älteren Evangelisten, daß Jesu Wort in einer ganz bestimmten Lage, als Antwort auf eine ganz bestimmte Frage gesprochen ist: „Ist's recht, daß man dem Kaiser Zins gebe, oder nicht?" Und die Leute, die so fragten, waren Pharisäer, die Vertreter der kirchlichen Orthodoxie und der politischen Reaktion. Die Frage war nicht ernst gemeint; die Stellungnahme, wie man sich in solcher Situation verhalten sollte, stand ja von vornherein fest. Für das Verhältnis dessen, was Jesus sagt, ist das nicht unwichtig. Grundsätzlich lehnten die Pharisäer die römische Steuer, die Kopfsteuer, ab, aus Bekenntnisgründen. Sie stellten sich theologisch auf den Standpunkt, daß das Volk Israel und damit auch seine Nachkommen, das jüdische Volk, Gottes Eigentum sei und es ihm deshalb verboten sei, einen andern Herrn als allein Gott über sich anzuerkennen, während in der Zahlung der Steuer die Anerkennung lag, daß der römische Kaiser ihr Herr war. Das war die im Bekenntnis begründete Haltung, und die Pharisäer hielten daran. Aber in der Praxis hatten sie diesen Grundsatz längst preisgegeben, weil sie wußten, daß die Politik die Kunst des Möglichen und nicht der Versuch des Unmöglichen sei. Deshalb zahlten sie, wenn sie auch in ihrem Herzen anders dachten und auf den Lehrstühlen anders lehrten. So kam es zu der heillosen Verwirrung, daß sie ständig gegen ihren innern Grundsatz handelten und in dieser Verwirrung zugrunde gingen und gehen mußten.

So merkten die Leute nicht, daß mit der Frage: Ist's recht, daß man dem Kaiser Zins gebe?" in Wirklichkeit die tiefe Not ihres eigenen gebrochenen Lebens offenbar wurde. Es geht ihnen nicht um die Antwort, sondern darum, den Jesus von Nazareth zu Fall zu bringen, weil dieser Mann mit seiner innern Ungebrochenheit, bei dem kein Gegensatz war zwischen Lehre und Leben, weil dieser Mann ihnen mit seiner innern Ungebrochenheit ein steter Vorwurf war. Dazu schien diese Frage, an der sie selbst gescheitert waren, geeignet zu sein. So ist die Sache mit einer satanischen Schlauheit eingefädelt. Die Pharisäer schließen zu diesem Zwecke einen Bund mit den Dienern des Herodes, die sie aus Bekenntnisgründen ablehnten. Nun steht Jesus vor dem Entweder-Oder dieser verfänglichen Frage. Wie er sich auch entscheiden würde, sein Schicksal war schon mit dieser Frage erledigt. Wenn er sagte: „Ja, es ist recht, daß ihr dem Kaiser Zins gebt", so hätte das die Anerkennung des Kaisers über den Messias, des Weltreiches über das Gottesreich bedeutet. Jesus wäre in diesem Augenblick ein abgetaner Mann gewesen. Hätte er gesagt: „Nein, es ist nicht recht", dann hätten die Herodianer ein beschleunigtes Verfahren vor dem Sondergericht für ihn bereit gehabt. Und darauf hatten es die Pharisäer angelegt. Sie appellierten nicht ohne Grund immer und immer wieder an Jesu anerkannte Wahrhaftigkeit, die sie in ihrer Frage nicht haben aufbringen können.

Immerhin, es ist noch eine dritte Möglichkeit denkbar, daß Jesus auf den gleichen Ausweg verfiel, auf den sich die Pharisäer gerettet hatten: Grundsätzlich-praktisch. Grundsätzlich, d. h. im Blick auf das Bekenntnis war es nicht recht; aber praktisch, d. h. politisch gesehen, gibt es keinen andern Weg als den, den die Pharisäer selbst gehen. Damit aber wäre Jesus einer der Ihren geworden, ein innerlich gebrochener Mensch. Damit hätte Jesus das Recht verwirkt gehabt, die Botschaft zu verkündigen von dem Anbruch des Reiches, des Herrschaftsanspruches Gottes, des zu uns gekommenen Reiches.

Der Herr Christus hat dieses so fein gesponnene Netz zerrissen und die Frage ganz einfältig vorgenommen: „Also, das Steuerzahlen macht euch Not. Es geht euch nicht darum, ob ihr zu viel oder zu wenig zahlt, sondern ob es vor Gott recht ist. Hier wird doch von Geld gesprochen. Also zeigt mal her, von wem ist denn das Geld? Vom Kaiser. Ihr nehmt also Geld vom Kaiser und wollt nicht geben, wenn er es zurückfordert? Gebt dem Kaiser, was des Kaisers ist." Die Antwort ist ganz kindlich einfältig und vollkommen klar und eindeutig. Er hat kein Wörtlein davon gesagt, daß wir der weltlichen Macht ihr Eigentum vorenthalten sollen unter Vorschützung von Glaubensgründen. Was wir annehmen, das sollen wir auch wiedergeben; dagegen gibt es keine glaubens- und gewissensmäßigen Bedenken. Mehr hat Jesus dazu nicht gesagt und hat kein Wörtlein mehr dazu sagen wollen: was des Kaisers ist. Aber er hat etwas anderes sagen wollen; es geht ihm um das Eine, das ganz anders ist. Das steht nicht auf einer Ebene: „Gebt dem Kaiser, was des Kaisers ist, und Gott, was Gottes ist." Das „Gebt dem Kaiser, was des Kaisers ist", das ist abgetan mit dem Wort: „Wes ist das Bild und die Überschrift?" Aber das „Gebt Gott, was Gottes ist", das soll den Versuchern nachklingen.

Darüber sollte es bei uns keinen Zweifel und Unklarheit geben: „Gebt Gott, was Gottes ist." Was gehört Gott? Wir selber gehören ihm, wir, total, ganz! Das bleibt Gottes Gebot: „Ich bin der Herr, der Eine, den ihr über alles fürchten, lieben und vertrauen sollt." Und das bleibt sein Evangelium: „Fürchte dich nicht, denn ich habe dich erlöst. Du bist mein." Er ist der Herr, wir sind sein Eigentum und nicht anders. Durch Christi Kreuz und Auferstehen ist's geschehen, daß wir nicht uns selber gehören und nicht der Welt, daß wir niemand anders gehören als nur ihm. In der heiligen Taufe geht es darum; da ist es uns wieder gesagt und bestätigt worden, daß wir ihm gehören. Das ist auch hier die Frage: „Wes ist das Bild und die Überschrift?" Gottes! „So gebt Gott, was Gottes ist."

Es ist in keiner Weise erlaubt, daß wir der Welt geben, was Gottes ist. Solcher Totalitätsanspruch weltlicher Mächte an uns ist Raub an Gott. Wir können nicht so tun, als ob der Kaiser die Macht auf der Erde hat und Gott im Himmel. Das Himmelreich ist herbeigekommen, das Reich Gottes ist bei uns, inwendig in uns. Wir sind nun Gottes Kinder, hier, jetzt sind wir's, und als solche hören wir seinen Ruf: „Gebt Gott, was Gottes ist."

Wir hören freilich auch einen andern Ruf: „Gebt dem Kaiser, was des Kaisers ist." Wir hören einen andern Anspruch und werden daran erinnert, daß wir, die wir durch Jesus Christus Gottes Kinder sind, nicht im Schauen leben, sondern im Glauben, daß wir Fremdlinge sind und bleiben, solange wir in dieser Welt leben, die Tag für Tag ihre Ansprüche und Forderungen an uns erhebt, Ansprüche und Forderungen, die wir wegen des Gebotes: „Gebt Gott, was Gottes ist", ablehnen müssen. Wir wollen ohne Murren der Welt geben, was ihr gehört. Wenn sie uns Dienste tut mit ihrem Eigentum, so wollen wir ihr geben, Dienst um Dienst. Wenn aber die Welt mehr fordert, als wir ihr schuldig zu sein scheinen, dann müssen wir sprechen: „Laß fahren dahin! Unser Wandel, unser Bürgertum ist im Himmel". Aber wenn die Welt fordert, was Gottes ist, dann müssen wir mannhaft Widerstand leisten, daß wir ihr nicht geben, was Gottes ist, und um des Wohllebens in der Fremde willen unsere Heimat verlieren.

Ich erinnere mich, und ich erinnere euch an die Geschichte, als die Union in Preußen eingeführt wurde. Da hat der reformierte Pfarrer Krummacher in Elberfeld sich geweigert, die unierte Gottesdienstordnung einzuführen; und es war kein anderer als der Vater des alten Vater Bodelschwingh, der als Regierungs- oder Oberpräsident ihn unter Androhung von königlicher Ungnade zum Gehorsam rufen mußte. Krummacher hat die klassische Antwort gegeben: „Sagen Sie Seiner Majestät, daß ich als ihr untertänigster Diener jederzeit bereit bin, auf seinen Befehl den Kopf auf den Block zu legen; aber wenn Seine königliche Majestät sich zum Herrn über das Evangelium macht, dann ist mir Seine königliche Majestät verächtlich!" Dem wackeren Manne ist nichts geschehen, aber seine Gemeinde zehrt noch heute, ein Jahrhundert später von dem Segen, den Gott auf seine Arbeit gelegt hat. Er hat das Wort: „Gebt dem Kaiser, was des Kaisers ist, und Gott, was Gottes ist", nicht verstanden, — das kann keiner von uns — er hat das Wort gelebt.

Freunde, ob dieses Wort Friede oder Kampf bedeutet, das steht nicht bei uns, Frieden ist nur da, wo der Kaiser nicht fordert, was Gottes ist. Aber der Kampf ist da, wo die weltliche Macht uns hindern will, Gott das Seine zu geben. Wo gestern Frieden war, kann heute Kampf sein, und wo heute Kampf ist, kann morgen Frieden sein; hier ist nichts von Bestand. Wir sind hier nicht zu Hause, sondern unterwegs. Wir leben nicht nur im Glauben und nicht nur in der Liebe, sondern in der Hoffnung auf die Erfüllung seiner Verheißung. Darum beten wir:

O Jesu mach ein Ende
Und führ uns aus dem Streit;
Wir heben Haupt und Hände
Nach der Erlösungszeit.

Darnach sah ich, und siehe, eine große Schar, welche niemand zählen konnte, aus allen Heiden und Völkern und Sprachen, vor dem Stuhl stehend und vor dem Lamm, angetan mit weißen Kleidern, und Palmen in ihren Händen, schrieen mit großer Stimme und sprachen: Heil sei dem, der auf dem Stuhl sitzt, unserm Gott, und dem Lamm! Und alle Engel standen um den Stuhl und um die Ältesten und um die vier Tiere und fielen vor dem Stuhl auf ihr Angesicht und beteten Gott an und sprachen: Amen, Lob und Ehre und Weisheit und Dank und Preis und Kraft und Stärke sei unserm Gott von Ewigkeit zu Ewigkeit! Amen. Und es antwortete der Ältesten einer und sprach zu mir: Wer sind diese, mit den weißen Kleidern angetan, und woher sind sie gekommen? Und ich sprach zu ihm: Herr, du weißt es. Und er sprach zu mir: Diese sind's, die gekommen sind aus großer Trübsal und haben ihre Kleider gewaschen und haben ihre Kleider hell gemacht im Blut des Lammes. Darum sind sie vor dem Stuhl Gottes und dienen ihm Tag und Nacht in seinem Tempel; und der auf dem Stuhl sitzt, wird über ihnen wohnen. Sie wird nicht mehr hungern noch dürsten; es wird auch nicht auf sie fallen die Sonne oder irgendeine Hitze; denn das Lamm mitten im Stuhl wird sie weiden und leiten zu den lebendigen Wasserbrunnen, und Gott wird abwischen alle Tränen von ihren Augen.

Offenbarung Johannes 7, 9—17.

„Gott wird abwischen alle Tränen von ihren Augen."

Freunde, dieser Tag weiß etwas von Tränen und Trauer, und heute ziehen die Menschen zu Hunderten und Tausenden auf die Gottesäcker zu den Gräbern ihrer Lieben und schmücken sie mit Blumen und Grün. Alle, die von uns gegangen sind, treten heute wieder in unser Leben und halten Zwiesprache mit uns; und wir erinnern uns wieder, daß da Lücken sind in unserem Leben, Lücken, die sich nicht schließen.

Wir denken unserer Toten und sprechen von ihnen; aber wo sind sie? Und der Menschheit ganzer Jammer packt uns an, wenn wir daran denken, wie bald auch einmal ein Grabhügel über unserem eigenen Sarg sich erheben wird, und dann werden unsere Lieben am Totensonntag kommen und das Grab mit Blumen schmücken, jahre- oder vielleicht jahrzehntelang; aber dann wird es uns gehen, wie der Blume auf dem Felde: ihre Stätte kennt man nicht mehr. Da mag sich eine Träne in unser Auge stehlen — oder vielleicht auch zwei — und wir mögen weinen, Tränen des Leides, weil wir keinen von den Toten wieder holen können; Tränen der Reue, weil wir nicht wieder gutmachen können, was wir versäumt haben; Tränen der Ohnmacht, weil wir darauf gestoßen werden, wie das Leben der Menschen wie ein Dampf zergeht. Was ist der Mensch? Eine Welle, die verrauscht, ein Schatten, der mit der Sonne vergeht. So mag jener große Pessimist unter den Philosophen recht haben, wenn er weinende Menschen sieht: „Weinen heißt: Mitleid haben mit sich selbst."

So ist der Totensonntag ein rechter Bruder des Bußtages, von dem wir herkommen. Er spricht von einer Last, die wir tragen, die uns drückt, von einem Dunkel, das über uns liegt. Diese Last ist die letzte Sinnlosigkeit des Daseins, und dieses Dunkel ist die Todesnacht, die dem Erdenleben folgt. Nur, daß unser Trauern die Last nicht leichter macht, und daß unsere Tränen die Nacht nicht hell machen können.

So fragen wir sehnsüchtig, fragen und suchen nach Halt und Trost. Und wo haben wir nicht schon überall nach Halt und Trost herumgesucht! Das Menschenherz geht in seiner Qual oft absonderliche Wege. Aber alle diese Wege münden in der Erkenntnis, daß wir es im Tode und im Sterben mit Gott zu tun haben, daß kein Weg an ihm vorbei führt. „Das macht dein Zorn, daß wir so vergehen, und dein Grimm, daß wir so plötzlich dahin müssen."

Wir fürchten den Tod, weil, ja weil wir uns vor Gott fürchten. Dennoch bleibt uns kein anderer Weg als der, der uns zu Gott hinführt. So führt uns am Totensonntag der Weg ins Gotteshaus, und wir fragen dort bei ihm nach Trost und Halt. Wir sollen nicht umsonst fragen, liebe Gemeinde. Gott will unsern Blick emporheben aus Trauer und Tränen; Gott schenkt uns einen Blick in seine ewige Welt. Nur ist die Frage, ob wir diesen Blick wagen wollen, wo er sich anschickt, dem lebendigen Gott zu begegnen; denn das ist das Wagnis, dem lebendigen Gott begegnen zu wollen. Wo das geschieht, da gibt es nur die Entscheidung: Ja oder nein! Wer ihn von ganzem Herzen sucht, von dem will er sich finden lassen. Aber wer ihn einmal gefunden hat, den läßt er nicht los, ehe er sich entschieden hat.

Darum müssen wir uns sagen lassen, was die Offenbarung Johannes uns sagt: daß der Ort, da wir stehen, heiliges Land ist. Der Blick in die ewige Welt soll nicht unsere Neugier befriedigen, sondern soll uns den Weg zeigen zu echter, rechter Entscheidung, daß wir aus der Angst des Sterbens und der Nacht des Todes errettet werden. Wenn wir mit dem Seher Johannes die große Schar derer sehen, die vor Gottes Thron stehen, dann sollen wir nicht fragen, wie es bei Gott aussieht. Das ist eine müßige Frage; dazu langen unsere Vorstellungen nicht. Aber das sollen wir fragen: „Wer sind diese, mit den weißen Kleidern angetan, und woher sind sie gekommen? Auf wen wartet jenseits des Todes das neue, das ewige Leben vor dem Throne, d. h. in der Gegenwart Gottes?"

Es lebt bei uns Menschen vielfach die Meinung, wir brauchten nur zu sterben, um mit oder ohne Seelenwanderung, um mit oder ohne Fegefeuer in einem besseren Jenseits aufzuwachen. Freunde, g l a u b e n tut das kein Mensch! so wenig wie das jemand glaubt, d. h. sein ganzes Vertrauen im Leben und Sterben darauf setzt, was man heute sagt: daß wir im Leben des deutschen Volkes ewig fortleben. Wir versuchen damit nichts anderes, als den Ernst des Todes zu leugnen, ihn mit einer frommen Lüge zu verhüllen. Aber der Tod dringt auf Wahrheit, und nirgends so wie im Sterben. Und da muß der arme Sterbende noch bis in die letzten zehn Minuten belogen werden! Warum? Weil wir's sagen müssen, daß der Tod die Antwort ist auf die Sünde. Unser Gewissen weiß davon, und der Tod bezeugt es uns. „Der Stachel des Todes ist die Sünde." Da hilft keine Ausrede. Wer dem Tod den Stachel nehmen will, der muß ihn frei machen von der Last der Sünde. Wir nehmen das Sterben zu leicht, wir machen es uns leichter, als es in Wirklichkeit ist.

„Wer sind diese, mit den weißen Kleidern angetan?" Nein, das sind nicht unsterbliche Menschen, aber Menschen, die durch den Tod hindurch gegangen sind, durch die Macht der Sünde. „Sie haben ihre Kleider gewaschen und haben ihre Kleider hell gemacht im Blut des Lammes.“ Das Bild mag uns fremd sein. Daß wir jenseits des Sterbens bei Gott ein neues Leben finden, ist nicht ein Naturgesetz und nicht eine Naturnotwendigkeit, das ist nicht eine selbstverständliche Fortsetzung unseres irdischen Lebens in einem überirdischen Dasein. Vor Gottes Angesicht stehen nur Menschen, die reingewaschen sind. Sie stehen vor dem heiligen Gott, vor dem niemand stehen kann, der nicht selbst heilig ist.

So steht der ganze Ernst des Sterbens vor uns. Sind wir rein und heilig, wenn wir vor Gott stehen? Ist unserem Tode der Stachel ausgebrochen? Wir müssen bereit sein, hier vor Gott zu stehen, ehe wir dort vor ihm stehen. Wer vermag das? Dies ist die Frage, bevor wir aus dem Leben scheiden. Wem ginge es dabei nicht wie Adam und seinem Weibe im Garten Eden, die sich vor Gott versteckten: „Ich fürchtete mich?!“ Ist Gott nicht der Richter, gegen dessen Gesetz wir uns immer wieder auflehnen und vergehen? Wer mag ihm begegnen?

Wenn man so obenhin redet vom „lieben Gott“, von dem man so gerne redet im Hinblick auf die Verstorbenen, ist das nicht solch Versteckenspiel? Richten wir damit nicht eine Wand auf, um Gott nicht zu begegnen? Nur, daß im Tode diese Wand zusammenbricht. Der selbsterdachte „liebe Gott“ ist ein Märchen!

Liebe Freunde, dennoch, Gott findet uns! Liebe Freunde, dennoch, Gott *hat* uns gefunden! Weil wir den Blick seiner Heiligkeit nicht ertragen, deshalb begegnet uns seine Barmherzigkeit in einer andern Gestalt, in Jesus Christus. Da brauchen wir nicht auszuweichen, da brauchen wir uns nicht zu fürchten, da brauchen wir uns nicht zu verstecken; da kommt Gott nicht, um zu richten und zu strafen, sondern um vor Strafe zu retten und zu heilen. Die Unreinheit und Sünde, unsere Unreinheit und unsere Sünde, die uns hindern, zu Gott zu kommen, die hindern ihn nicht, zu uns zu kommen. Er rührt die Aussätzigen an, er sitzt mit den Sündern an einem Tisch, er trägt unsere Sünde und Schmach. Und diese Liebe trägt alles, diese Liebe gewinnt den Sieg über Angst und Trotz des Menschenherzens, die bringt es fertig, daß wir uns nicht fürchten vor ihm und auf die Flucht begeben, sondern uns umwenden zu ihm. Diese Liebe und Gnade Gottes will ein Doppeltes: Sie macht uns los von der Sünde und bindet uns an den Herrn Christus. Das ist das, was das Apostelwort sagt: „Ist jemand in Christo, so ist er eine neue Kreatur".

Weil uns diese Liebe Gottes am Kreuz begegnet, weil er uns ruft: „Kommet her zu mir alle. Siehe, ich mache alles neu", darum heißt es von denen, die vor Gottes Thron stehen: „Sie haben ihre Kleider gewaschen und haben ihre Kleider hell gemacht im Blut des Lammes." Wer unter dem Kreuz des Jesus von Nazareth steht, nicht als Verächter und Spötter, sondern überwunden von der tragenden Liebe Christi, der soll stehen vor Gott als der, der von Sünden rein gewaschen ist.

Freunde, wir stehen heute vor manchem Kreuz. Freunde, daß wir doch nicht das eine Kreuz darüber vergessen, daß wir nicht die Predigt des einen Kreuzes überhören: „Christi Blut und Gerechtigkeit, das ist mein Schmuck und Ehrenkleid, damit will ich vor Gott bestehn, wenn ich zum Himmel werd eingehn."

Haben wir damit alles, was nottut? Ja gewiß: Christus hat dem Tode die Macht genommen, er hat den Tod weggenommen und hat uns frei gemacht von dem Herrschaftsanspruch der Sünde; und mit Recht sagt D. Martin Luther: „Wo Vergebung der Sünde ist, da ist auch Leben und Seligkeit."

Aber das Ziel ist damit noch nicht erreicht. Die vor Gottes Thron stehen, tragen Palmen in den Händen, und es heißt: „Sie sind gekommen aus großer Trübsal." D. h. sie haben einen Kampf hinter sich, in dem wir noch mitten drin stehen. Wir leben im Glauben und nicht im Schauen. Der Glaube an die Liebe Christi will täglich von neuem festgehalten werden bis ans Ende. Das geschieht nicht anders als im Kampf und Leiden; und das macht die Erde zum Jammertal, wie unsere Väter sagten, nicht als Kopfhänger, sondern als Christen, die das Leben vor Augen sahen. Leben heißt Anfechtung für den Glauben. Jesus hat es so kommen sehen, und die Apostel haben verkündigt von der Anfechtung des Glaubens, von der auch wir wissen.

Wir erleben es, wie schlechterdings alles im Leben, nicht nur Leid, sondern auch Freude, nicht nur Not, sondern auch Gelingen, nicht nur Enttäuschung, sondern auch Erfolg uns zur Versuchung werden, wie die Frage an uns herankommt, ob wir die vergebende Liebe Gottes eintauschen wollen gegen das, was uns handgreiflich geboten wird, wenn wir die fahren lassen. Aus vielen einzelnen Angriffen ist ein großer Generalangriff geworden, der nicht nur auf einzelne, sondern auf die ganze Gemeinde derer geht, die durch den Herrn Christus erlöst sind. Der Sturmflut des Hasses, die sich heranwälzt, standzuhalten, kostet Ausdauer, nicht nur Ausdauer, sondern auch Leidensbereitschaft. Ihr standzuhalten heißt: „Hier ist Geduld und Glaube." Wir lernen das Wort von den großen Trübsalen, in die wir hinein, nein, durch die wir hindurch müssen, verstehen, weil der Herr Christus spricht: „Wer bis ans Ende beharrt, der wird selig".

Liebe Gemeinde, heute ist Entscheidungszeit, paktieren mit dem Gegner hilft uns nicht; es geht ums Ganze, um das Ringen des Glaubens gegen den Unglauben, wo es kein Ausweichen gibt: Wir müssen hindurch: Und darum heben wir die Häupter auf, weil wir den einen Herrn haben, der den Haß der Welt getragen hat, der überwunden hat und sich nicht hat überwinden lassen, der zu uns spricht: „In der Welt habt ihr Angst, aber seid getrost, ich habe die Welt überwunden!" Solange wir die Häupter aufheben, gibt es kein Zurückweichen: „Wer glaubt, der flieht nicht". Wenn wir ihm nur die Treue halten! Es sollte nicht zu schwer werden, weil er uns ja die Treue gehalten hat bis zum Tode.

Vor dem Throne Gottes steht die unzählbare Schar derer, die sich von dem gekreuzigten Christus haben überwinden lassen, mit ihm und in seiner Kraft überwunden haben. Vor dem Throne Gottes steht die Schar derer, denen der Herr Christus Glauben gab und die ihm mit Treue danken.

Das ist der Blick, der uns heute aufgetan ist. Wir haben „ihn" gewagt, und so soll der Blick heute nicht an Gräbern haften bleiben, sondern wir heben ihn nur auf zu dem, der der Herr ist über Tote und Lebendige, der uns zuruft: „Sei getreu bis an den Tod, so will ich dir die Krone des Lebens geben". Und so rufen wir ihm zu: „Herr Jesu, mach uns fest".

O Jesu, mach ein Ende
Und führ uns aus dem Streit;
Wir heben Haupt und Hände
Nach der Erlösungszeit.

Und weil wir solches wissen, nämlich die Zeit, daß die Stunde da ist, aufzustehen vom Schlaf (sintemal unser Heil jetzt näher ist, denn da wir gläubig wurden; die Nacht ist vorgerückt, der Tag aber nahe herbeigekommen): so lasset uns ablegen die Werke der Finsternis und anlegen die Waffen des Lichtes. Lasset uns ehrbar wandeln als am Tage; nicht in Fressen und Saufen, nicht in Kammern und Unzucht, nicht in Hader und Neid; sondern ziehet an den Herrn Jesus Christus und wartet des Leibes, doch also, daß er nicht geil werde.

Römer 13, 11—14.

Das ist der heute beliebte und weithin ausgesprochene Vorwurf, mit dem der christliche Glaube als unmöglich, wenn nicht gar schädlich für unser Volk hingestellt wird: „Er hat keine lebenschaffende und lebengestaltende Kraft". In einem vielleicht manchem von uns bekannten, an die deutsche Jugend gerichteten Gedicht wird der christliche Glaube genannt: „Eine süße, entnervende Lüge; das Gift, das vom Orient kam". Ähnliche Aussprüche, wenn auch nicht in ganz so verletzender Form, ähnliche Aussprüche finden sich tagtäglich in der Presse, die wir in die Hand bekommen. Und viele — oder vielleicht die meisten — von diesen Vorwürfen mögen einem ungerechten und blinden Haß gegen das Christentum entspringen. Dann brauchten wir uns nicht weiter groß drum zu kümmern und müßten es tragen als ein Stück der Schmach des Herrn Jesus Christus, die keinem erspart bleibt, der wirklich ehrlich versucht, ihm nachzufolgen. Dann brauchten wir nichts zu tun, als zu predigen und zu hören von dem Ruf zur Standhaftigkeit und Treue und Geduld, und ihm zu folgen. Das tut sicher täglich — und auch heute — not, daß davon gepredigt wird und daß wir darauf hören.

Aber so ganz klar und einfach liegen die Dinge nicht. Hier bei diesen Vorwürfen gegen den christlichen Glauben müssen wir die Dinge ernster nehmen. Wenn man sagt: „Ihr Christen lebt ja in einer vergangenen Welt. Der, den ihr den Heiland und Retter nennt, ist ja schon 2000 Jahre tot. Was wollt ihr denn mit eurem sog. Glauben? Ihr seid ja gar nicht imstande, mit solchem Glauben an die Dinge und Aufgaben der Gegenwart mit Kraft heranzugehen", was sollen wir dann darauf antworten?

Wenn man die Geschichte, die vor 2000 Jahren geschehen ist, die Geschichte von dem Jesus von Nazareth, von seiner Geburt, seinem Leben, seinem Wirken, Leiden, Sterben und Auferstehen, wenn man diese Geschichte ausstreichen würde, weil sie so weit, weit zurück liegt, dann müßte unser Glaube tatsächlich aussterben; denn unser Glaube lebt ja davon, daß in dem Herrn Christus unser Erlöser tatsächlich gekommen ist. Wenn das aber wirklich so weit in der Vergangenheit liegt, ist dann nicht die Gegenwart verdunkelt, ist dann nicht der Tag vorübergegangen und die Nacht hereingebrochen? Und ist es dann nicht so, daß die Nacht je weiter sie sich vom Tage entfernt, desto dunkler und finsterer wird, von einem Jahrzehnt und von einem Jahrhundert zum andern?

Und dann der andere Vorwurf: „Ihr Christen habt es ja mit einer zukünftigen Welt zu tun. Ihr haltet es nicht aus mit dem, was geschehen ist, sondern ihr müßt außerdem noch predigen von dem, was geschehen soll. Was ihr da predigt, das liegt aber noch in weiter Ferne und ist eine ungewisse Hoffnung, die sich dem Ende der Tage zuwendet. Aber bei uns ist noch lange nicht das Ende der Tage. Wir sind berufen zu den Aufgaben der Gegenwart und zu dem, was heute not ist. Und zu dem hilft euer Glaube nicht".

Wenn man so sagt, dann müssen wir antworten: „Jawohl, es ist so! Ohne die Hoffnung, daß der Erlöser wiederkommen wird, sein Werk zu vollenden, verliert der christliche Glaube seinen Sinn. Darum können wir nicht lassen von der Predigt, daß er kommen wird. So bleibt es dabei: Er ist gekommen vor 2000 Jahren; er wird wiederkommen; wir wissen nur nicht wann. Dazwischen aber liegt die Nacht". Das ist ja gerade das Ärgernis und die Torheit, aus der man uns den Vorwurf macht, daß wir von Vergangenheit und Zukunft träumen und darüber die Gegenwart verschlafen und uns treiben lassen.

Liebe Freunde, wenn das tatsächlich so ist, daß wir den Glauben an Jesus Christus, an die Erlösung und die Hoffnung auf sein Wiederkommen auf der andern Seite zu einem Ruhekissen benutzen, dann hätten die Leute ja recht, die den christlichen Glauben das „Gift aus dem Orient“ nennen. Sie hätten deshalb recht, weil Gott und der Herr Christus ihnen recht geben würden und uns unrecht, weil die Botschaft, die er uns sagt und die wir hören sollen, ja nicht lautet: „Christus ist gekommen und wird wiederkommen“, sondern weil die Botschaft, auf die wir uns hinweisen lassen müssen, heißt: „Der Herr Christus kommt in unsere Gegenwart hinein“. Das ist die Rede von einem „Heute des Heils“. Es ist nicht die Rede von einer Entscheidung, die vor 2000 Jahren gefallen ist als er kam, oder die fällt, wenn er kommen wird, sondern heute fällt die Entscheidung; heute werden wir angerufen, heute, jetzt, hier, daß die Stunde da ist, aufzustehen vom Schlaf. Das heißt, wir Christenmenschen haben keine Zeit zum Schlafen, keine Zeit, auch nur eine Stunde zu versäumen.

Was sagt Gottes Wort? Wir sollen uns rüsten. Seitdem die Botschaft von Christus einmal verkündigt worden ist, ist unaufhaltsam Neues im Werden, und das Neue kommt auf uns zu mit Riesenschritten. Freilich, das Neue kommt so, daß unsere Augen es nicht ausmachen und nicht sehen können; sondern nach dem, was unsere Augen sehen, sagt unser Verstand: „Was hat sich geändert, seit Christus gelebt hat? Was ist in den 2000 Jahren, die seitdem vergangen sind, besser, oder auch nur anders geworden? Ist es nicht Nacht geblieben? Liegt nicht die Welt — von Kleinigkeiten und Nichtigkeiten abgesehen, und von Errungenschaften abgesehen, die sich, aufs Ganze gesehen, auch nur als Nichtigkeiten erweisen — liegt nicht die Welt in dem gleichen Dunkel wie damals? Sind nicht alle Bemühungen vergeblich, weil die Menschen sich nicht erneuern lassen, weil es immer noch heißt: „Das Dichten und Trachten des menschlichen Herzens ist böse von Jugend auf“?, weil nun am Ende aller Anstrengungen das eherne Todesgesetz sich auftut und durchsetzt: „Der Tod ist der Sünde Sold“? Wer will da eigentlich an einen kommenden Tag glauben angesichts der Tatsache, daß es doch Nacht ist und Nacht bleibt, wenn wir auch Lichtlein anzünden, die die Sonne doch nicht ersetzen?!“ Wir wissen aus unserem Leben — und das ist ja die Tragik unseres Lebens — wie wir mit dem, was wir an guten Anfängen machen, mit dem, was wir planen und tun, doch immer im

Kreise herummarschieren. Unversehens stehen wir wieder an dem einen, dem dunklen Punkt. Und dieser dunkle Punkt erweist sich bei näherem Zuschauen als der tote Punkt, von dem wir schon einmal ausgegangen sind. Wir sind nicht weiter gekommen.

Und in dieses Dunkel und in diese Nacht, wo wir nicht weiterkommen, klingt der Weckruf hinein: „Wache auf, der du schläfst! Die Nacht ist vorgerückt, der Tag ist nahe herbeigekommen." Es ist eine fremde Stimme, die so spricht. Wir selber können so nicht sprechen, wir können das nicht glauben. Es ist eine fremde Stimme, die den nahen Tag verkündigt, wo wir nichts sehen. Wir sehen das Auf und Ab, das Kommen und Gehen, das Werden und Vergehen, das Werden und Zerbrechen.

Und nun wird uns gesagt: „Das alles geht dem Ende zu; der Tag kommt, das Reich Gottes ist nahe." So redet Gottes Wort zu uns — heute; so redet der Herr Christus zu uns — jetzt —, der vor 2000 Jahren gekreuzigt wurde und auferstand, der kommt, und mit einem solchen Wort fragt er nach dem Glauben bei uns wie mit diesem: „Ich bin das Licht der Welt. Ich bin der Tag. Ich bin das herangekommene Reich Gottes." Wo Vergebung der Sünde ist, da ist Leben und Seligkeit. Damit, daß dieses Wort zu uns kommt: „Wache auf, der du schläfst", mit dieser Botschaft macht es uns deutlich, daß der christliche Glaube, wie Gottes Wort ihn meint und der Herr Christus ihn bei uns sucht, keine Ansichtssache ist, keine tote Angelegenheit, die stehen bleibt bei dem, was vergangen ist oder kommen wird, sondern wirklich etwas macht und tut, unser Leben formt und gestaltet — oder wenigstens formen und gestalten will.

„Lasset uns ablegen die Werke der Finsternis." Wir kennen dieses Wort. Der Apostel Paulus redet da alles andere als „erbaulich", — die Bibel redet überhaupt nie „erbaulich". „Fressen und Saufen, Kammern und Unzucht, Hader und Neid", das sind die Werke der Finsternis. Hinter dem allen: „Wartet des Leibes, doch also, daß er nicht geil werde, daß ihn die Triebe nicht beherrschen", hinter dem allem wartet das böse Begehren, das unser Wesen, das alles ausmacht, wenn wir das auch nicht zugeben wollen; aber wir können's nicht leugnen und abstreiten. Wenn wir das versuchen wollten vor dem, der das Licht und der Tag ist — wir haben nichts zu leugnen, und wir haben nichts abzustreiten! Er sieht es und die Schrift sagt: „Ich weiß deine Werke".

Aber wir wollen das ablegen, jetzt ablegen, weil das nicht zu uns gehört, weil der kommt, vor dem die Finsternis keinen Bestand haben kann und vergeht. So gehört der Ruf zur Buße, wie es in der alten Kirche gewesen ist, mit dazu zum Kommen des Herrn. Ruf zur Buße, weil es das Kommen des Sünderheilands ist, die Botschaft von dem, der die Vergebung der Sünden gibt.

Deshalb ist dieser Ruf zur Buße, aus dem Munde Jesu an uns gerichtet, frohe Botschaft. Wir dürfen das ablegen, wir dürfen einen Strich unter alles ziehen, weil Jesus einen Strich unter alles gemacht hat — weil er alles durchgestrichen und unsere Schuld getilgt hat. Wir dürfen einen neuen Anfang machen: „Lasset uns anlegen die Waffen des Lichts". Aber nicht nur dürfen, nicht nur ein offener Weg, den uns diese frohe Botschaft aufgetan hat, den wir gehen dürfen, sondern wir sollen das auch tun!

Der König des Advents kommt als Herr und Herrscher. „Lasset uns anlegen die Waffen des Lichts". Waffen des Lichts! denn es geht um ein Ringen und Kämpfen, wo er kommt, und nicht um ein Haben und Besitzen; es geht um ein Wachsen und Reifen. Das ist die Botschaft des Advents von dem Kommen des Herrn. Wir stehen mitten drin in der Nacht; die Nacht ist nahe vor ihrem Ende — aber sie ist noch nicht vorbei. Des Herrn Tag ist nahe herbeigekommen — aber er ist noch nicht da.

Wenn wir den Ruf hören, stehen wir nicht mehr in der Nacht — aber auch nicht im Tage, stehen wir zwischen Tod und Leben. Aber darum ist es doch nicht so, als ob Nacht und Tag sich die Waagschale hielten. Es möchte uns scheinen — und unsere Augen sehen das, das Plus-Minus, daß die Waagschalen zurückschwingen. Und wenn es auch so aussieht, als ob die Nacht und der Tod den Sieg behalten wollten: der Tag Christi kommt; das Kommen Christi läßt sich nicht aufhalten. Der Kampf zwischen Tod und Leben endet nicht mit einem Unentschieden! Es geht dem Licht und dem Leben zu!

Die Frage, um die es heute im Advent geht, ist die, ob wir — heute — den Weckruf hören, ob wir die Botschaft hören von dem, der vor 2000 Jahren gekommen ist und der am jüngsten Tage wiederkommen wird, ob wir uns zur Buße: „Lasset uns ablegen die Werke der Finsternis", und zum Glauben: „Lasset uns anlegen die Waffen des Lichts", ob wir uns dazu rufen lassen.

Die Stunde ist da, der Herr ist nahe. Da muß eine Entscheidung fallen. „Lasset uns ablegen die Werke der Finsternis und anlegen die Waffen des Lichts".

Wir fragen so, liebe Gemeinde, ob so etwas überhaupt menschenmöglich ist, und wir meinen, daß so etwas nie richtig werden wird. „Ziehet an den Herrn Jesus Christus." Es fängt im Christenleben niemals mit dem Besserwerden an, sondern es fängt in unserem Christenleben an mit dem Klein- und Demütigwerden vor dem, der unsere Werke an den Tag bringt und richtet; und der gerade dann, wenn wir uns sein Gericht gefallen lassen — und nicht mit guten Vorsätzen darüber hinweg zur Tagesordnung übergehen — der dann bei uns bleibt als Heiland und Helfer und uns den Kampf führen hilft zwischen Tag und Nacht, jawohl, zwischen Tod und Leben.

Es ist nichts Vollkommenes bei uns, aber doch soviel, daß wir darüber dankbar sein können. Es ist für uns alle keine Möglichkeit des Sieges; aber der Mann am Kreuz, der sagt uns: „Ich habe die Welt überwunden, ich, für euch"; mehr noch: er gibt uns Teil an seinem Sieg, daß wird nicht zu verzagen brauchen und in dem Ringen des Lebens und dem Kampf der Gegenwart getrost drin stehen, daß wir glauben und es für uns wahr ist: „Ich bin bei euch".

Und wenn wir das glauben, liebe Gemeinde, dann will Gott uns Hilfe leisten, wenn er uns unter den Spott der Welt stellt. Nicht, damit wir Angst kriegen und auf den Spott der Welt hören, sondern er tut es dazu, damit wir wieder hören lernen, nicht auf jene Kritik am christlichen Glauben, aber daß wir heute und hier und ganz ernsthaft den Weckruf des kommenden Herrn hören, und daß wir uns heute und im praktischen Leben um ihn scharen — glaubend und kämpfend.

Johannes zeugt von ihm, ruft und spricht: Dieser war es, von dem ich gesagt habe: Nach mir wird kommen, der vor mir gewesen ist; denn er war eher als ich. Und von seiner Fülle haben wir alle genommen Gnade um Gnade. Denn das Gesetz ist durch Mose gegeben, die Gnade und Wahrheit ist durch Jesum Christum geworden. Niemand hat Gott je gesehen; der eingeborene Sohn, der in des Vaters Schoß ist, der hat es uns verkündigt.

Johannes 1, 15—18.

„Nun jauchzet all ihr Frommen." „Freuet euch in dem Herrn allewege, und abermal sage ich: Freuet euch!" Es ist die Weihnachtsfreude und der Weihnachtsjubel, die in den Liedern und Schriftlesungen des 4. Adventssonntages gleichsam vorweggenommen sind. Es wird damit deutlich, liebe Freunde, daß wir es garnicht fertig bringen, so zu tun, als ob wir nur wartende Menschen wären, die einem Unbekannten, der da kommen soll, entgegensehen; es ist vielmehr so, daß der, der da kommt, und dessen wir warten, kein anderer ist als der, der da war und den wir kennen. Daher die Freude und der Jubel, die sich nicht zurückdämmen lassen, weil der Herr, der war und der kommt, keinen Augenblick aufhört, bei uns zu sein als der lebendig Gegenwärtige; ob Advent oder Weihnachten, Passion oder Ostern, Himmelfahrt oder Pfingsten, ob wir die Botschaft hören von seinem Kommen oder von seinem Gekommensein, ob wir die Botschaft hören von seinem Sterben oder von seiner Auferweckung, von seiner Erhöhung oder von seinem lebendig Gegenwärtigsein im hl. Geist, in alledem ist die Freudenbotschaft: Dieser Herr ist *unser* Herr, und der Herr ist *nahe*.

Nun sind wir heute in besonderer Weise zur Rechenschaft gefordert, indem man uns das Recht bestreitet, das Evangelium von dem, der da war und der da ist und der da kommt, als die *eine* Heilsbotschaft weiterzutragen und zu bezeugen. Und je hemmungsloser die öffentlichen Angriffe gegen das Christentum werden, zeigen sie uns, daß es ja gar nicht gegen das Alte

Testament geht oder gegen den Apostel Paulus — wie man uns immer glauben machen will —, sondern gegen den **einen** Herrn, an den wir glauben, den Jesus von Nazareth, desto klarer wird auch die eine an uns gestellte Frage, über die wir uns klar sein und worauf wir Antwort geben müssen: Warum soll es ausgerechnet an diesem einen Menschen liegen? Weshalb geht es nicht auch ohne ihn? Geht es da nicht so, wie in einer großen, sich christlich nennenden Versammlung vor wenigen Wochen proklamiert wurde: „Wir vermögen nur zu glauben an den Gott des wirklichen Lebens, der uns in unserem Volk, im Krieg und in der Wirrnis und Not der Nachkriegszeit und erst recht in dem neuen deutschen Erwachen und Aufbruch so lebendig begegnet ist, daß kein ehrlicher deutscher Mensch ihm ausweichen kann."

So ganz einfach — etwa mit dem Hinweis auf die christliche Vergangenheit unseres Volkes — ist es nicht abgetan, so kommen wir nicht daran vorbei. Wir sehen, wie kümmerlich wenig von der christlichen Vergangenheit übriggeblieben ist, und es will uns scheinen, als ob im Blick auf Religion und Glauben nichts beständig ist als der Wechsel. Wir sehen, wie — um mit den Worten des letzten Parteitages zu reden — das christliche Zeitalter durch ein anderes abgelöst ist.

Es geht um Jesus von Nazareth. Er ist seit den Tagen der Aufklärung nicht mehr der Eine, sondern einer unter vielen, ein Prophet, gewiß, aber nur **einer**, ein Religionsstifter, einer der größten, gewiß, aber doch nur einer unter vielen. Jesus von Nazareth ist für die Enterbten und Bedrückten seit hundert Jahren, seit den Tagen von Karl Marx, „das Pfaffenmärchen, das dazu bestimmt ist, die Dummen auf das Jenseits zu vertrösten und bei guter Laune zu erhalten". Jesus von Nazareth ist auch heute für das bislang „christliche" Bürgertum eine abgetane Größe. Das christliche Bürgertum hat gemerkt, daß es Blut und Geist hat; „und der Jesus von Nazareth ist nicht Art von unserer Art, und nicht Blut von unserem Blut, und nicht Geist von unserem Geist". Das Bürgertum sagt — wie jene Absage auf jener sich christlich nennenden Versammlung: „Wir glauben nicht mehr an den jüdischen Messias, den sie Christus nennen, an den Löwen aus Juda, an das Passahlamm Jehovas".

Da sollten wir noch harmlos fröhlich unseres Weihnachtsglaubens leben, Weihnachten so feiern, als ob die frohe Kunde: „Christ ist geboren" ein Band schlänge um unser Volk, jedem etwas zu bringen hätte? So geht es nicht mehr! Unser Volk feiert nicht mehr Weihnachten. Wir sehen's in der Zeitung, bei öffentlichen Weihnachtsfeiern: Unser Volk feiert den Mythos der ewigen Geburt, unser Volk feiert den Mythos des neuerwachenden Lichtes, die eigene, unbändige Hoffnung wiedererwachenden Lebens, aber nicht die Geburt des Sohnes der Maria; unser Volk feiert mit Bewußtsein und mit Bedacht, aber nicht den, der da spricht: „Ich bin das Licht der Welt", nicht den, von dem bezeugt wird: „Das Leben ist in ihm erschienen".

Und damit ist uns die Frage nach dem Glauben so gestellt, daß wir nicht darüber hinwegkommen: Mythos oder Jesus von Nazareth? Wintersonnenwende oder Geburt im Stall zu Bethlehem? Gott, wie ihn heute unser Volk angeblich erlebt, oder wie ihn uns die Bibel als Vater Jesu Christi bezeugt? Wir wissen wohl, das läßt sich nicht beweisen, da steht Glaube gegen Glaube, Meinung gegen Meinung, Überzeugung gegen Überzeugung. Es bleibt dabei: „Niemand hat Gott je gesehen".

Nur ist die Frage, ob wir deshalb ein Recht haben, Gott so zu sehen, wie wir uns ihn denken, oder auf Gott zu verzichten. Und die Welt, in der wir leben, kennt Gott nicht mehr. Sie proklamiert Gott, wo es ihr paßt und nützlich scheint; sie proklamiert die Gottlosigkeit, wo es ihr frommt und besser erscheint. Aber sie bleibt — ob sie nun Gott oder die Gottlosigkeit proklamiert — dabei sich selber und ihrer Überzeugung treu: „Ich bin der Herr, mein eigener Gott! Und wo noch andere Götter sind, da leben sie von meiner Gnade und sterben von meinem Zorn". Dieser menschlich-weltlichen Selbstherrlichkeit, dieser Forderung: „Ich bin der Herr, mein eigener Gott" steht die einzige Tatsache entgegen, an der kommen wir nicht vorbei — an der kommt niemand vorbei — daran muß alle menschliche Selbstherrlichkeit zerbrechen, so machtvoll sie sich auch geben mag: das ist das Gesetz, unter das wir gestellt sind, über das keine Gewalt Herr zu werden vermag, das Gesetz „Du sollst! — Du sollst nicht!", das alle Selbstherrlichkeit und alle Selbstvergottung zunichte macht, daß eine fremde Stimme spricht: „Ich bin der Herr! Ich bin dein Gott!"

Wir mögen leugnen, daß solcher Wille, der nicht unser eigener Wille ist, über uns steht, wie ein Gefangener träumen kann, daß er frei ist; aber die Kette bleibt, und der Traum hat einmal ein Ende. „Der Tod ist der Sünde Sold", das ist das letzte Wort. Deshalb muß der Mythos her, der den Tod verklärt als Eingehen in das Leben des Volkes. Doch das Volk hat kein ewiges Leben — wenn man auch tausendmal seine Ewigkeit behauptet — und es vermag dem Tode nicht zu entrinnen.

Das ist gewiß: „Niemand hat Gott je gesehen". Aber wo wir uns seiner Herrschaft zu entwinden suchen, da müssen wir dieses Gesetz erst ableugnen; und wiederum: wo wir es nicht ableugnen, wo wir es gelten lassen, da wird uns die Herrschaft Gottes unerträglich. Denn dies Gesetz erweist unsere Selbstherrlichkeit als Aufstand, als Sklavenaufstand gegen Gott. Daher die Flucht vor dem Gesetz, die Flucht in die Lüge, daß es uns nicht zum Gericht und zum Urteil werde.

Liebe Freunde, angesichts dieses Gesetzes ist es nichts mit dem harmlosen Glauben, der so tut, als ob's Gott nicht ernst sei, als ob die Sünde nichts sei als eine psychische Zwangsvorstellung, als ob der Tod nur ein belangloser Schönheitsfehler in der Schöpfung sei, nach der Melodie: „Es ist ja alles halb so schlimm". Es erhebt sich die Frage angesichts des Gesetzes, ob dieses heilige Richten Gottes einziges Wort an uns sei; angesichts des Gesetzes fangen wir an, das Wörtlein Gnade nicht allein als Attacke auf unsern Stolz zu verstehen, sondern als einen leisen Hoffnungsschimmer, als die eine Möglichkeit, aus der Lüge des Lebens zur Wahrheit des Lebens vor, unter und mit Gott zurückgebracht zu werden.

Eben da setzt das Evangelium ein, eben da setzt die frohe Botschaft ein: „Die Gnade und Wahrheit ist durch Jesum Christum geworden". Wenn das die eine Wahrheit ist gegenüber der alten Wirklichkeit — nämlich, daß wir das Gesetz leugnen und es auf den Tod ankommen lassen —, dann heißt die neue Wirklichkeit: Gott vergibt Sünde und übt Gnade. Und es hat Gott gefallen, diese neue Wirklichkeit an diesen Einen zu binden, diesen Jesus von Nazareth, den wir als Christus, den eingeborenen Sohn Gottes bekennen.

Und das ist und bleibt eine törichte Rede. Das bleibt weit davon entfernt, als Beweis gebraucht zu werden. Wir sehen die Wahrheit und Gnade Gottes nicht. Was wir sehen, ist ein armseliges Kind, ist ein jüdischer Wanderlehrer aus Nazareth, der in Gottverlassenheit als Verbrecher am Galgen stirbt. Aber der hat uns die frohe Botschaft gebracht: „Kommet her zu mir alle. Deine Sünden sind dir vergeben. Wer mich siehet, der siehet den Vater. Mein Leib für euch gegeben, mein Blut für euch vergossen, und meinen Frieden gebe ich euch."

Wir kennen keinen, der so spricht; wir kennen keinen, der angesichts des Gesetzes so sprechen könnte, der bei uns Glauben finden würde. Ob ihm das Abbruch tut, wenn die Menschen um uns her von ihm abfallen, ob ihm das was tut, wenn die Menschen sich einen andern Heiland suchen?! Ob uns das beeindrucken darf, wenn tonangebende Leute in unserem Volk in immer wachsender Zahl ihm den Rücken kehren und sich zu den Verächtern und Verleumdern gesellen, ob das die Freudigkeit unseres Glaubens beeinträchtigen darf?

„Von seiner Fülle haben wir alle genommen Gnade um Gnade." So haben nicht nur die Apostel mit Johannes an der Spitze bekannt; so klingt es aus dem Wort der Glaubenszeugen und der Glaubenszeugnisse durch Jahrhunderte hindurch. So hören wir heute: „Von seiner Fülle haben wir alle genommen Gnade um Gnade". So schreibt ein junger Akademiker, der seit Wochen im Polizeigefängnis sitzt, an die Seinen: „Seid fröhlich und guten Mutes und sorgt euch nicht um mich. Es ist ja doch Advent; und jeden Abend, wenn draußen der Lärm des Tages verebbt, höre ich das Glockenspiel der Parochialkirche: Macht hoch die Tür, die Tor' macht weit". Es hat sich nichts geändert — wahrhaftig nicht! — seit Paulus aus dem Gefängnis an die Philipper schrieb: „Freuet euch in dem Herrn allewege, und abermal sage ich: Freuet euch!"

Er, der Jesus von Nazareth, ist der, der kommt, der Eine, in dem allein der Welt Gottes Gnade angeboten wird — auch uns — von dem wir nehmen wollen, daß wir die Fülle haben. Wenn wir auch Verfolgung leiden, aber doch so, daß die Freude über alles Herr wird: „Segnet, die euch fluchen; tut wohl denen, die euch hassen; bittet für die, so euch beleidigen und verfolgen".

Nehmet von seiner Fülle, Gnade um Gnade! Wir selber haben ja genommen, Gnade um Gnade. Wir werden und sollen und dürfen nehmen! „Eure Lindigkeit lasset kund sein allen Menschen. Der Herr ist nahe."

O Herr von großer Huld und Treue,
O komme du auch jetzt aufs neue
Zu uns, die wir sind schwer verstört.
Not ist es, daß du selbst hienieden
Kommst zu erneuen deinen Frieden,
Dawider sich die Welt empört.

Daran ist erschienen die Liebe Gottes gegen uns, daß Gott seinen eingeborenen Sohn gesandt hat in die Welt, daß wir durch ihn leben sollen.

1. Johannes 4, 9.

Der heilige Abend ist wieder da, liebe Gemeinde, und mit ihm das Weihnachtsevangelium von der Geburt im Stall, und mit ihm das Weihnachtslied vom Kind in der Krippe. Für einen Augenblick leuchtet das helle Licht durch die Nacht, klingt die Freude hindurch durch die verzagende Welt: „Euch ist heute der Heiland geboren". Wir freuen uns dieses jährlich wiederkehrenden Augenblicks. Wir tragen mit Fleiß und Bedacht auf dieses Fest alles zusammen, was unsere Freude erhöhen und was sie vertiefen könnte, damit das Leuchten des Festes bei uns bleiben und hinausleuchten möchte, bis es am grauen Alltag das Feld räumen muß.

So ist es nicht weiter verwunderlich, wenn sich am Weihnachtsfest alles vereint, was wir an Wünschen und Sehnsüchten und Hoffnungen in uns tragen und lebendig wissen. So ist es auch zu verstehen, wenn sich heute unser Volk auf alte Bräuche und Sitten besinnt, um sie in das Leuchten des Festes hineinzutragen; wenn alte Sonnwendfeiern wieder erwachen: Es muß doch Frühling werden. Der Mythos des Lichts, des schwindenden, aber doch wiederkehrenden Lichts, kündet uns die Wiederkehr des Lebens. Wir wagen einen neuen Anfang. Wo wir es nicht schaffen, schauen wir auf unsere Kinder, die werden es weiterschaffen und vollenden. Zum Mythos des Lichts gesellt sich der Mythos der Geburt, des Kindes in der Krippe. Das Kind in der Krippe muß von dem Mythos wissen. Es ist noch nicht aller Tage Abend. Wir Kinder wachsen nach und nehmen euch die Waffen und Werkzeuge aus den Händen, wenn sie den euren entfallen.

Liebe Freunde, und doch ist das alles nur Rankenwerk! Solange unsere Augen darauf schauen und daran haften, wissen wir weder von der großen Furcht noch von der großen Freude der Weihnachtsgeschichte. Es geht heute nun einmal nicht um die ewigen Gesetze von Natur und Geschichte, mit denen wir uns abfinden und nach denen wir uns einrichten müssen, während dahinter das unabänderliche Schicksal steht, womit sich unsere Gedanken lieber nicht befassen; sondern darum geht es in der Weihnachtsbotschaft und in der Weihnachtsgeschichte, daß der ewige lebendige Gott, vor dem niemand unschuldig ist und der unerforschlich ist, aus seiner Verborgenheit hervortritt, um sich uns zu bezeugen. „Die Klarheit des Herrn leuchtete um sie".

Und da kann die Wirkung keine andere sein wie immer, wo Menschenkinder der Nähe des lebendigen Gottes innewerden: „Sie fürchteten sich sehr". Die ständige Furcht ist es, die die Freude nicht aufkommen läßt.

Wir wandeln über die Erde, als hätten wir festen Boden unter den Füßen; aber der feste Boden ist nur eine dünne Lavadecke. In Wirklichkeit gehen wir dahin über einen brodelnden Vulkan, und wo die Decke bricht, da züngelt das Feuer, da schießt die Flamme empor, der Zorn Gottes über unser unheiliges, sündiges, menschliches Wesen. Vor ihm ist kein Lebendiger gerecht; das wußten die Hirten. Das wissen auch wir, wenn wir an den lebendigen Gott denken.

Liebe Freunde, wer von dieser letzten Fragwürdigkeit unseres Lebens auch nur etwas ahnt, dem ist mit keinem Mythos geholfen, den Menschen auch erdenken mögen. Wer etwas weiß von der Unentrinnbarkeit Gottes, der weiß auch, daß es an unserem Rennen und Laufen nicht liegt, der merkt auf, der tut seine Ohren auf, wenn eine Botschaft der Rettung kommt. An dieser Stelle, bei der großen Furcht, da hat die Weihnachtsbotschaft ihre Stätte: „Christ, der Retter, ist da!" Da ist die Tür aufgestoßen zur großen Freude, die uns durch Leben und Sterben hindurchtragen wird: „Die Liebe Gottes ist erschienen", die Liebe Gottes!

Wir hören die Geschichte, die uns von dem Kind in der Krippe gesagt wird; und wenn wir uns schon verwundern — wie sich die Leute immer verwundern —, daß hier nicht nur das Elend der Welt und der ganze Jammer unseres Menschseins vor uns in der Krippe liegt, sondern verbunden mit diesem Jammer und mit diesem Elend und eingehüllt in diesen Jammer und dieses Elend der Sohn des lebendigen Gottes, der Heiland der Welt. Da schieben wir solch seltsame und über die Maßen törichte Botschaft nicht beiseite wie ein Märchen. Da fragen wir, ob wir diese Botschaft *glauben* können, daß der Retter da ist, daß die Liebe Gottes für uns erschienen ist. Denn um den Glauben ist es hier zu tun.

Was unsere Augen sehen, das ist ein Mensch gleich wie wir, ein Mensch, von dem es heißt von der Stunde der Geburt an, wie der Prophet gesagt hat: „Er war der Allerverachtetste und Unwerteste". Kein Platz in der Herberge, und so kommt das Kind in den Futtertrog. Und als das Kind zum Manne herangewachsen ist: „Des Menschen Sohn hat nicht, da er sein Haupt hinlege!" Und schließlich weiß die Welt nichts anderes mit ihm anzufangen, als daß sie ihn ausstößt und ihn an den Galgen, an das Kreuz hängt.

Aber, liebe Freunde, die Botschaft von diesem Kinde, die Botschaft, die den Menschen verkündigt wird, die nennt ihn den eingeborenen Sohn Gottes, den Heiland der Welt, der die Welt mit Gott versöhnt, der den Frieden mit Gott bringt, welcher höher ist als alle Vernunft. Die Botschaft nennt ihn Immanuel, Gott *mit* uns, Gott *für* uns, die *Liebe* Gottes. Die Botschaft sagt uns, daß Krippe und Kreuz aus demselben Holz geschnitzt sind, daß dieses Kind in der Krippe den Fluch und Zorn Gottes, den wir getragen haben, hinweggenommen hat, weil er der Einzige ist, der diese Last für uns tragen und den Fluch hinwegnehmen konnte. „Das hat er alles uns getan, sein groß Lieb zu zeigen an."

Diese Botschaft, heute am Weihnachtsfest, gepredigt als die *eine* Botschaft, in der Gott uns armen Sündern hat Rat und Hilfe verschaffen wollen, daß die Furcht in Freude, das Verzagen in Zuversicht, unser Leben — das in Wahrheit ein Sterben ist — in wahrhaftiges Leben verwandelt wird: „Daran ist erschienen die Liebe Gottes gegen uns, daß er seinen eingeborenen Sohn gesandt hat in die Welt, daß wir durch ihn *leben* sollen".

Liebe Freunde, wir wollen in aller lauten Festesfreude dieses eine Wort hören und mit uns gehen heißen. Wir wollen uns darüber freuen und in den Jubel der Christenheit einstimmen und ja nicht aufhören, zu ringen und zu beten um die freudige

Gewißheit und Zuversicht des Glaubens an den eingeborenen Sohn Gottes, der in der Krippe lag.

Drum Jesu, schöne Weihnachtssonne,
Bestrahle mich mit deiner Gunst,
Dein Licht sei meine Weihnachtswonne,
Und lehre mich die Weihnachtskunst,
Wie ich im Lichte wandeln soll
Und sei des Weihnachtsglanzes voll.

Ich sage aber, solange der Erbe unmündig ist, so ist zwischen ihm und einem Knechte kein Unterschied, ob er wohl ein Herr ist aller Güter; sondern er ist unter den Vormündern und Pflegern bis auf die Zeit, die der Vater bestimmt hat. Also auch wir, da wir unmündig waren, waren wir gefangen unter den äußerlichen Satzungen. Da aber die Zeit erfüllet ward, sandte Gott seinen Sohn, geboren von einem Weibe und unter das Gesetz getan, auf daß er die, so unter dem Gesetz waren, erlöste, daß wir die Kindschaft empfingen. Weil ihr denn Kinder seid, hat Gott gesandt den Geist seines Sohnes in eure Herzen, der schreit: Abba, lieber Vater! Also ist nun hier kein Knecht mehr, sondern eitel Kinder; sind's aber Kinder, so sind's auch Erben Gottes durch Christum. Aber zu der Zeit, da ihr Gott nicht erkanntet, dientet ihr denen, die von Natur nicht Götter sind. Nun ihr aber Gott erkannt habt, ja vielmehr von Gott erkannt seid, wie wendet ihr euch denn wiederum zu den schwachen und dürftigen Satzungen, welchen ihr von neuem an dienen wollt?

Galater 4, 1—9.

Das ist unsere Not, liebe Gemeinde, daß das Leuchten der Weihnacht so schnell wieder verblaßt und das festliche Lied so schnell wieder verstummt. Drei Feiertage — wie sie in diesem Jahr aneinander gefolgt sind — werden uns ja schon zu viel, und die große Freude, die uns verkündigt wird, weicht einem Gefühl der inneren Leere; wir sehnen uns nach Tätigkeit, Arbeit, Schaffen. Das hat sicher seine guten Gründe, die wir wohl gelten lassen müssen, weil alles seine Zeit hat auf dieser Erde: Sommer und Winter, Tag und Nacht, auch Arbeit und Ruhe. Darum mögen wir morgen mit einem Seufzer der Erleichterung wieder an unser Werk gehen und tun, was uns befohlen ist — denn das ist nun mal unser Teil.

Aber das soll nicht nur so geschehen, daß von diesem Fest ein freundliches Erinnern mit uns geht, das eine Weile sein verklärendes Licht über den Alltag ausbreitet, sondern eine ernste Frage bleibt übrig, die es mit unserem Erdendasein, die es mit unserem Sorgen und Leiden, Wirken und Schaffen zu tun hat. Das ist die Frage, ob wir die Botschaft wirklich und recht gehört haben; die Botschaft nämlich von dem Kind, das in der Krippe lag, in dem Gott selbst zu uns gekommen ist, in diese Welt mitten hinein gekommen ist, mitten hinein in unser Leben mit seiner Mühsal und Last.

Haben wir diese Botschaft nicht wirklich und recht gehört, so gilt von uns — gestern wie heute — was der Apostel an die Galater schreibt: Gefangen unter den äußerlichen Satzungen, oder vielleicht wörtlicher umschrieben: Geknechtet unter die elementaren Gesetze dieser Welt. Der Apostel meint, daß Menschenkinder ohne die frohe Botschaft geknechtet bleiben unter das Gesetz, unter dem alles Leben in dieser Welt von Anbeginn steht, daß wir beständig getrieben und umgetrieben werden von dem „Du sollst! — Du sollst nicht!", daß wir immer wieder meinen, daß wir es mit unserem Sorgen und Arbeiten, Rennen und Laufen schaffen müßten, um dann doch am Ende vor der Pforte des Todes zu stehen: Es war ja alles eitel! Es ist alles eitel! Es bleibt alles eitel! Wo wir auch immer ansetzen mit der Erfüllung unserer Wünsche, wie hoch wir auch immer unsere Ziele stecken mögen, wir zerbrechen den Ring nicht, der uns umschließt. Unser Leben fährt dahin! Aber das Gesetz bleibt, als Gefängnis, dem wir nicht entrinnen. Wir warten auf den Tag vergebens, an dem wir sprechen können: „Es ist vollbracht!". Es bleibt bis ans Ende ein Sollen und Nicht-wollen, ein Müssen und doch Nicht-können, es bleibt eine stumme, unbewußte Klage der Seelen: Wann werde ich dahin kommen, nämlich, daß ich Gottes Angesicht schaue?

Liebe Freunde, das ist die Frage, die wir am Ende des Weihnachtsfestes vor uns stellen sollen: Ob nicht dieses heiße Verlangen nach Wirken und Schaffen ein Anzeichen dafür ist, daß wir uns in den Dienst dieser Gesetze hineinstürzen, um zu schaffen, was uns wieder einmal nicht geschenkt ist, um zu schaffen, was wir wieder einmal nicht gehört haben, und nicht gehört haben, wie wir es hätten hören sollen.

Darum ist uns heute hier das Weihnachtsevangelium noch einmal gesagt, aber von einer andern Seite und in einer andern Beleuchtung: daß es mit der Frage unseres täglichen Lebens zu tun hat. Daß Gottes Sohn Mensch wurde, das heißt weit mehr, als daß der ewige Gott vor langer, langer Zeit einmal einen hellen Strahl seiner immer wiederkehrenden Güte in das Dunkel unseres irdischen Daseins hat fallen lassen, damit wir wieder hoffen. So kann man es hören: Von Zeit zu Zeit, an den großen Wendepunkten der Geschichte, läßt Gott seine Freundlichkeit aufleuchten in einem Menschen, daß wir nicht verzagen und mit Mut an unsere irdischen Aufgaben herantreten. Und diesen Gottessöhnen ist es zu verdanken, wenn ein neuer Anfang gemacht wird.

Liebe Gemeinde, in diesem Sinne ist das Kind in der Krippe, dieser Jesus von Nazareth — und darin haben alle seine Gegner vollkommen recht — niemals ein Gottessohn gewesen. Er gehört nicht zu jenen, in denen sich eine große Persönlichkeit und eine große Idee in wundervoller Harmonie vereinigten, die als strahlender Stern über den Wegen der Menschheit durch diese Erdenwüste leuchten. Jesus von Nazareth hat nun einmal dieser Welt im Bereich der ihr gegebenen Ordnungen keine neuen Ziele gezeigt, hat nun einmal keine neuen Wege aufgeschlossen zu neuen Zielen, hat nun einmal die Menschen, die auf ihn hören und heute an ihn glauben, nicht für eine große Idee begeistert, um ein neues Zeitalter heraufzubeschwören, das nach 1900 Jahren als christliches Zeitalter in die Geschichte eingeht als eine vergangene Größe.

Daß Gottes Sohn Mensch wurde, ist ein schlechthin einmaliges Ereignis. Daß Gottes Sohn Mensch wurde, heißt, daß die Zeit erfüllt war, daß alle Zeit, die vor ihm liegt, und alle Zeit nach ihm in ihm ihre Erfüllung findet, oder — wenn sie das nicht will — ohne ihre Erfüllung leer dahinrauscht, Satzung, vergehendes Element einer schon vergehenden Welt.

Haben wir nun, da die Zeit für alle Zeiten erfüllt ist, haben wir ohne den Sohn Gottes von irgendeiner Zeit noch irgendwie etwas zu hoffen? Daß Gottes Sohn Mensch wurde, das ist die Kunde davon, daß das Gefängnis, in dem wir unsere Tage hinbringen, durch unser Wirken und Schaffen, Leiden und Sorgen bewegt und immer wieder angetrieben, daß das Gefängnis aufgebrochen ist. Das Gesetz ist erfüllt damit, daß Gottes Sohn, als von einem Weibe geboren und unter das Gesetz getan, kam. Der Anspruch des Gesetzes ist damit abgetan, und wo wir uns an Ihn als den Herrn und Bruder halten, da haben wir kein Gesetz der Welt mehr zu fürchten.

Da ist alles Gesetz mit seinen Satzungen und Geboten, mit seinem „Du sollst — Du sollst nicht" erfüllt und entmächtigt und das Himmelreich herbeigekommen. Darum lautet die Botschaft von dem Gottessohn: „Die Zeit ist erfüllt. Das Himmelreich ist herbeigekommen".

Liebe Gemeinde, unsere Not ist ja die, daß diese Botschaft nur von ferne an unser Ohr dringt, während die Welt vor unsern Augen steht und nachdrücklichst ihren Anspruch geltend zu machen sucht. Sie will es nicht wahrhaben, daß sie vergänglich ist. Sie will es nicht wahrhaben, daß ihr Todesurteil gesprochen ist in der Nacht, als Gottes Sohn geboren wurde von einem Weibe und daß es in Kraft gesetzt ist in dem Augenblick, als Gottes Sohn am Kreuz starb und sprach: „Es ist vollbracht!"

Die Welt will haben, daß wir Knechte sind. Darum droht und lockt sie mit dem Gesetz: „Glauben mögt ihr, was ihr wollt; aber tun sollt ihr, was ich will! Ich bin der Herr, den Gott über dich gesetzt hat, und es ist Unfug, wenn du das Gesetz nicht anerkennst. Erfüllung meiner Forderungen ist Gottesdienst. Dienst am Volk ist Gottesdienst. Erfüllung der dir gesetzten Pflicht ist Evangelium. Bete und arbeite. Bete, ja schön, bete, als ob kein Arbeiten hülfe; aber arbeite, als ob kein Beten etwas nützen könnte. Auf dein Tun kommt es am Ende an! Du sollst!"

Freunde, so redet die Welt nicht nur um uns her, sondern so redet auch die Welt, die in unserem Herzen ihr Dasein führt. Und so sind wir unversehens da, wo wir nicht sein sollten: in der Knechtschaft des Gesetzes. Das Gesetz regiert über unser Leben. „Die Erde hat uns wieder." Für die Botschaft vom Heil, daß Gott uns seinen Sohn sandte, bleibt noch Zeit und Raum in den Stunden der Erbauung und innern Sammlung. Es darf nicht zu — nur nicht zu viel werden — und die drei Tage sind ja schon zu viel. Das Leben unter dem Gesetz entspricht ja im Grunde unserer menschlichen Art. Uns verlangt ja nach eigener Leistung. Was wir nötig haben, das langt ja, wenn wir uns für den Fall der Not auf Gottes Nachsicht verlassen.

Freunde, die Zeit des Gesetzes ist vorüber! Das sollen wir hören und glauben: Gott hat seinen Sohn gesandt und unter das Gesetz getan, daß wir erlöst werden. Wir sollten hören und glauben, daß Gott uns nicht zu dem Zweck unter das Gesetz — das „Du sollst!" — gestellt hat, daß wir durch die Erfüllung Gottes Wohlgefallen erringen. Wir sollen hören und glauben, daß wir überhaupt keine Knechte sind, sondern Kinder Gottes. Und wenn er uns als Kinder unter die Vormünder und Pfleger, unter die bewahrende und züchtigende Obhut des Gesetzes gestellt hat — unter das „Du sollst! — Du sollst nicht!" —, so ist das Gesetz erfüllt. Gott hat uns holen lassen, hat seinen Sohn gesandt, damit wir durch ihn mit ihm Gottes Kinder seien.

Wir kennen und hören die Frage, ob wir uns auf diese Botschaft denn ernsthaft verlassen können. Tatsächlich macht uns diese Frage immer wieder Not. Was wir sehen — Mühsal und Last, Schwachheit und Schuld — und die bleibt! —, wird uns immer wieder zum Anlaß, daß wir es mit dem Weg des Gesetzes versuchen, daß wir darnach trachten, durch unser Besserwerden das Wohlgefallen Gottes zu erringen.

Freunde, alle diese Versuche sind umsonst! Wir kommen nicht zu Gott, denn Gott kommt zu uns. Und das läßt sich nicht umkehren. Sein Weg, der Weg der Gnade, schließt unsern Weg, den Weg der Werke, aus. Es ist gefährlich, auf diesem Weg zu gehen; damit verfallen wir dem Dienst eines Götzen. Die Zuversicht, daß wir Gottes Kinder sind, daß wir mit Gott Frieden haben, ruht nicht in uns selbst, die wir uns selbst verschaffen könnten mit irgendeinem Methodismus; sondern sie ruht allein darauf, daß Gott seinen Sohn gesandt hat, unter das Gesetz getan.

Wenn wir die Botschaft hören, daß wir bloß um seinetwillen Gottes Kinder sind, da sendet Gott seinen Sohn. Wo immer das geschieht, daß wir Gott den Vater nennen und ihn als den Vater anrufen, da sollen wir froh und gewiß sein: Wir sind Gottes Kinder; wir sind Erben seines Heils. Da ist Gottes Reichtum mitten in unserem Alltag. Da schauen wir nicht zweifelnd und sorgend und fragend auf unsere Armut. Wir haben einen Vater im Himmel, um Christi willen. Liebe Gottes ist das einzige Gesetz. Und da gehen wir nicht leichtfertig um mit diesem Willen Gottes, der uns zu seinen Kindern gemacht hat.

Ja, liebe Freunde, das ist das Evangelium der Weihnacht, die frohe Botschaft, mitten in unserem Alltag; nicht ein Schimmer der Hoffnung, der sein verklärendes Licht über unser Leben und Sterben breitet, sondern die Kunde von der großen Freude, die unser Leben unter dem Gesetz revolutioniert, revolutionieren will, revolutionieren muß, wenn wir ihr Eingang verschaffen in unser Leben, wenn wir sie nicht nur Sonntags zur Sammlung und Erbauung hören, sondern wenn sie durch unsern Alltag hindurchklingt. Die Botschaft — jawohl — die unser Leben revolutioniert:

Das ewge Licht geht da herein,
Gibt der Welt einen neuen Schein;
Es leucht wohl mitten in der Nacht
Und uns des Lichtes Kinder macht.

Das ist ein köstlich Ding, dem Herrn danken und lobsingen deinem Namen, du Höchster, des Morgens deine Gnade und des Nachts deine Wahrheit verkündigen, auf den zehn Saiten und Psalter, mit Spielen auf der Harfe. Denn, Herr, du lässest mich fröhlich singen von deinen Werken, und ich rühme die Geschäfte deiner Hände. Herr, wie sind deine Werke so groß! Deine Gedanken sind so sehr tief. Ein Törichter glaubt das nicht, und ein Narr achtet solches nicht. Die Gottlosen grünen wie das Gras, und die Übeltäter blühen alle, bis sie vertilgt werden immer und ewiglich. Aber du Herr, bist der Höchste und bleibest ewiglich.

Psalm 92, 2—9.

Das neue Jahr ist angebrochen. Wir schreiben also jetzt: 1937, und wir gehen mit einer Fülle von Wünschen und Hoffnungen, vielleicht auch Befürchtungen und Erwartungen an das Werk, das vor uns liegt. Gewiß: Der eine tut es mit zögerndem, gleichsam gehemmtem Schritt, und der andere eilt ihm entgegen in freudiger Zuversicht, der eine unter dem Druck seiner Sorgen, der andere im Gefühl seiner Kraft.

Für uns, liebe Freunde, für uns als christliche Gemeinde mögen in diesem Augenblick die Sorgen wohl überwiegen; denn wir sehen es mit Augen und können es mit Händen greifen, daß sich die Wirklichkeit in der Welt nun einmal nicht dadurch ändert, daß wir Menschen ein neues Jahr ausrufen und einen neuen Anfang beschließen. Wir haben auch nicht die Spur von einem Recht, einer den andern auf bessere Zeiten zu vertrösten, als ob die schon da wären oder mindestens ihr Kommen nahe vor der Tür stünde; sondern wir als christliche Gemeinde schleppen ja — wenn anders wir die Bruderschaft ernst nehmen, in die wir hineingestellt sind — wir schleppen ja die ganze Last des vergangenen Jahres mit ihrem vollen Gewicht ins neue hinüber; und diese Last ist in den letzten Tagen nicht nur nicht leichter, sondern um ein Erhebliches schwerer und drückender geworden.

Wenn im letzten Jahr die Verkündigung des Evangeliums aus der Öffentlichkeit unseres Volkes verbannt worden ist, so ist in den letzten Tagen durch ein allgemeines Verbot sämtlicher „Evangelischer Wochen" ein gewaltiger Angriff auf die innerkirchliche Predigt eingeleitet worden.

Wenn im vergangenen Jahre die Entchristlichung der theologischen Fakultäten praktisch vollendet worden ist, so wurde in den vergangenen Wochen durch polizeiliche Schließung von theologischen Schulen und das Verbot der Ersatzvorlesungen der Bekennenden Kirche die Selbsthilfe der evangelischen Christenheit zur Ausbildung ihrer Prediger zunichte gemacht, und den jungen studierenden Brüdern für den Fall ihrer weiteren Teilnahme der Ausschluß von allen deutschen Universitäten und der Verlust aller Rechte auf Anstellung im Kirchendienst angedroht.

Und wenn im Jahre 1936 der Kampf gegen das klare Bekenntnis zu Jesu von Nazareth als dem einen Christus und Heiland in einer Weise geführt wurde, daß man den Menschen Sand in die Augen streute und auf den Wegen der Verhandlungen und Überredungsversuche zum Ziel zu kommen suchte, und nur in einzelnen Fällen, wo das nicht half, zu Ausweisungen gegriffen wurde, so hören wir an der Schwelle des Jahres 1937 von der Verhaftung des Pfarrers Eißen in Fechingen, der sich weigerte, auf polizeiliches Verlangen seine Gemeinde zu verlassen und seine Pfarrstelle aufzugeben, und daß der Rechtsanwalt Bunke in Glogau als Vorsitzender des dortigen Bruderrats verhaftet und ins Konzentrationslager gebracht wurde.

Aber das alles, liebe Freunde, müssen wir wissen, das alles ist ja nur ein kleiner Ausschnitt, nur ein Teil der Last, die auf uns liegt und die wir nicht abwerfen können! Wir sehen auch nicht, wie das anders und besser werden könnte, sondern die Wirklichkeit heißt nun eben — wenn anders wir die Augen auftun: „Die Gottlosen grünen und die Übeltäter blühen alle". Es heißt nun einmal: „Aber der Gerechte kommt um, und niemand ist, der es zu Herzen nähme!"

Wer diese Wirklichkeit nicht sehen und diese Last nicht mittragen will, der durchaus an dem Morgen des neuen Jahres die Botschaft hören möchte, daß alles Schlimme bloß halb so schlimm ist, alles Gute aber stark und zukunftsmäßig sei, weil wir es schon schaffen und zurechtbringen werden, — Freunde, der ist in unserer Mitte gewiß fehl am Platz; denn wir haben weder den Auftrag noch die Möglichkeit, ihn in solchem Hoffen zu bestärken.

Die wir aber an dieser Wirklichkeit leiden und unter dieser Last seufzen, weil wir uns mitverantwortlich und mitverhaftet wissen, die wir es mitnehmen aus dem alten in das neue Jahr: „Wir sind die Bruderschaft der Not, wir leiden alle einen Tod, sind einer Kette Glieder"; wir sollen, liebe Gemeinde, in dieser unserer Bruderschaft nicht mit dieser sichtbaren Wirklichkeit und drückenden Not allein bleiben, und wir sollen uns nicht einbilden, wir wären allein und stünden als ein verlorenes Häuflein vor dem sicheren Untergang, und es gälte nur noch ein treues Ausharren um der Ehre willen.

Sondern wir sind gerufen zu einem fröhlichen Werk: „Das ist ein köstlich Ding, dem Herrn danken!" Es ist die Versuchung des Teufels, daß er unsere Augen verzaubert und unseren Blick gefangennimmt mit der lastenden Not: „Wo ist nun dein Gott?"! Das ist die Anfechtung der Welt, die in uns steckt als Fleisch und Blut: „Wann wird Gott dir helfen? Sei doch kein Narr, hilf dir selbst!"

Aber das ist das Werk, das Gott an uns tut: „Das Volk, das im Finstern wandelt, siehet ein großes Licht!" Da werden die blinden Augen aufgetan, daß wir hindurchschauen durch das Dunkel der Not, das uns umfängt, und was wir sehen, das ist Trost und Freude und Kraft: „Herr, wie sind deine Werke so groß, deine Gedanken sind so sehr tief!"

Die blinden Augen sehen das Kind im Stall und den leidenden Mann am Kreuz; die blinden Augen sehen ein Häuflein Menschen, das unter Elend und Verfolgung seines Weges zieht; die blinden Augen sehen das, was wir Wirklichkeit nennen und ihre Last und weiter nichts. Aber die Augen, die Gott aufgetan hat, die sehen in dem Kind im Stall den eingeborenen Sohn Gottes und in dem leidenden Mann am Kreuz den Heiland aller Welt. Die Augen, die Gott aufgetan hat, die sehen in dem armen Häuflein die Schar derer, die Gott auserwählt und berufen und gerecht gemacht hat, die arm sind und doch viele reich machen, die verfolgt werden und kommen doch nicht um, die durch Trübsal wandern, aber allezeit fröhlich sind. Die Augen, die Gott aufgetan hat, schauen auf Gottes Werke und staunen vor ihrer Größe; die haben einen Blick in Gottes Gedanken getan und jubeln ob ihrer Tiefe.

Liebe Gemeinde, ja: wir haben wohl Grund zum Danken, denn Gottes Wort ist uns gegeben und wird uns verkündigt als die frohe Botschaft, die wir hören, um sehend zu werden, um mit den Augen des Glaubens durch Not und Dunkel hindurchzudringen und hinter dem allem den Einen zu finden, der in Vollmacht spricht — jawohl —: „Siehe, ich mache alles neu!"

Vor der Welt müssen wir dabei freilich Toren und Narren, Träumer und Schwärmer heißen; es wird uns schon zugemutet, daß wir dem Wort Gottes, das uns gesagt wird, glauben und trauen sollen, auch gegen das Urteil der ganzen Welt; denn in der Welt gilt nun einmal das Sichtbare allein, in der Welt bleibt die Botschaft von dem Erlöser, der am Kreuz starb, eine törichte und anstößige Sache, und wer ihr glaubt, wird den Spott und die Verachtung tragen müssen.

Aber, liebe Gemeinde, was gilt's? Wenn um uns her die Gottlosen grünen und die Übeltäter blühen, was gilt's? Wenn sie den Gekreuzigten verlästern und sein Bild aus den Schulen und sein Gedächtnis aus den Kirchen ausrotten möchten, was gilt's? Wenn sie den Glauben an die Gnade Gottes, die um des Gekreuzigten willen uns Sündern zuteil wird, vor allem Volk verächtlich machen, was gilt's? Sollen wir uns davor fürchten? Sollen wir uns davor schrecken lassen?

Gottes Wort urteilt da anders. Gottes Wort nennt das Kreuz des Gottessohnes göttliche Kraft und göttliche Weisheit. Gottes Wort spricht eindeutig genug — auch von sehr hohen Persönlichkeiten —: „Ein Tor, der das nicht glaubt und ein Narr, der das nicht achtet." Es lohnt nicht, nein, es lohnt wahrhaftig nicht, von den Werken und Gedanken Gottes, die er uns im Glauben schauen läßt, wegzublicken auf das Prahlen und Drohen der Toren und Narren; es lohnt wahrhaftig nicht, den Kopf hängen zu lassen und sich zu fürchten, weil die Gottlosen grünen und die Übeltäter blühen, als ob ihre Herrschaft ewig wäre. Sie grünen ja nur — sagt Gottes Wort — „wie das Gras" und blühen ja nur — sagt Gottes Wort — „bis sie vertilgt werden immer und ewig".

Uns aber hat der eine ewige Gott seine Hand hingestreckt — und diese Hand läßt nicht los; der ewige Gott hat uns sein Wort gegeben — und dieses Wort trügt nicht: „Jesus Christus ist gestern und heute und in alle Ewigkeit derselbe". Das ist das Wort, das Gott zu uns redet, und das ist die Hand, die Gott uns hinstreckt und mit der er uns trägt. Und so spricht er: „Greif zu! Du hast mir Arbeit gemacht mit deinen Sünden und hast mir Mühe gemacht mit deiner Missetat; ich, ich tilge deine Übertretungen um meinetwillen und gedenke deiner Sünden nicht!" Ja! „fürchte dich nicht, denn ich habe dich erlöst, ich habe dich bei deinem Namen gerufen. Du bist mein!"

Wenn wir ihm glauben, liebe Gemeinde, wenn wir uns geborgen wissen in seinen Händen, wie sollten wir uns da eigentlich fürchten, wie sollten wir noch so tun, als wäre er nicht der Herr, dem alle Gewalt zugehört im Himmel und auf Erden, wie sollten wir nicht mit einstimmen: „Herr, du lässest mich fröhlich singen von deinen Werken und ich rühme die Geschäfte deiner Hände!"?

Das ist die Not unseres Kleinglaubens und die Sünde unseres Unglaubens, daß wir unsere Augen blenden und unseren Blick gefangen nehmen lassen von der Not, die uns bedrängt, als wäre sie die eine Wirklichkeit, unter die wir uns beugen müßten, und da bleibt dann am Ende nichts als ein Seufzen und Murren über die schwere Last, die wir mit uns herumschleppen von einem Tag zum andern, und wenn dann die Brücke kommt von einem Jahr zum andern, dann schleppen wir unsere Last mit hinüber über die Brücke mit Seufzen und Murren ins neue Jahr hinein, als Hypothek, die wir auf das neue Jahr aufnehmen. Und dann hat der Teufel ein leichtes Spiel mit uns.

Liebe Gemeinde, wo wir aber auf die Werke Gottes schauen und auf die Hände Christi, wo wir auf die Botschaft achten, daß Gott allein wahrhaftig ist, und daß seine Gnade ewig währt über uns, da wird der Bann gebrochen durch den Jubel der Erlösten: „Ist Gott für uns, wer mag wider uns sein!?" Und der Teufel muß weichen, weil er nichts mehr zu sagen hat, und weil hier seine Macht nichts mehr ausrichtet.

Darum heißt es wohl „Ein köstlich Ding, dem Herrn danken und seinem Namen lobsingen!" Denn wir bringen mit Loben und Danken bekennend zum Ausdruck, was Luther sagt: „Gott zum Freunde haben ist ja tröstlicher denn aller Welt Freundschaft haben!" Und was Paul Gerhardt singt: „Hab ich das Haupt zum Freunde und bin geliebt bei Gott, was kann mir tun der Feinde und Widersacher Rott?!"

Der Teufel wird nicht mit unserem Sorgen und Grämen vertrieben, und die Menschen werden nicht mit unserem Jammern und Klagen überwunden, und wir selber werden nicht unter Seufzen und Murren unseres Heils gewiß. Aber indem wir dem Herrn danken und ihn loben, indem wir sein Tun preisen, das als Wahrheit hineinleuchtet in die Nacht unserer Blindheit, und das als Gnade mit uns geht durch den Tag unseres Wirkens, treten wir selber auf den Weg des Heils, verkündigen wir die frohe Botschaft allem Volk, sprechen wir dem Versucher ein kräftiges und durchschlagendes: „Hebe dich weg von mir!"

Ja: wir sind gerufen zu einem fröhlichen Werk, liebe Gemeinde, indem wir ein neues Jahr beginnen. Wir wissen nicht, was es bringen wird; aber eines wissen wir: der ewige Gott ist treu und gnädig, und das Werk seiner Hände wird er nicht lassen! Das ist Grund genug, zu danken und zu singen: „Gott loben, das ist unser Amt". Alles andere findet sich; denn das Heil Gottes kommt uns entgegen, und dem Heil Gottes wandern wir zu.

„Das ist ein köstlich Ding, dem Herrn danken und lobsingen deinem Namen, du Höchster. Du lässest mich fröhlich singen von deinen Werken, und ich rühme die Geschäfte deiner Hände! Ja, du Herr bist der Höchste und bleibest ewiglich!"

Des andern Tages stand abermals Johannes und zwei seiner Jünger. Und als er sah Jesum wandeln, sprach er: Siehe, das ist Gottes Lamm. Und die zwei Jünger hörten ihn reden und folgten Jesu nach. Jesus aber wandte sich um und sah sie nachfolgen und sprach zu ihnen: Was suchet ihr? Sie aber sprachen zu ihm: Rabbi (das ist verdolmetscht: Meister), wo bist du zur Herberge? Er sprach zu ihnen: Kommet und sehet's. Sie kamen und sahen's und blieben den Tag bei ihm. Es war aber um die zehnte Stunde. Einer aus den zweien, die von Johannes hörten und Jesu nachfolgten, war Andreas, der Bruder des Simon Petrus. Der findet am ersten seinen Bruder Simon und spricht zu ihm: Wir haben den Messias gefunden (welches ist verdolmetscht: der Gesalbte), und führte ihn zu Jesu. Da ihn Jesus sah, sprach er: Du bist Simon, Jonas Sohn; du sollst Kephas heißen (das wird verdolmetscht: ein Fels).

Johannes 1, 35—42.

Liebe Gemeinde, wenn uns dieser schlichte einfache Text von der evangelischen Kirche als neues Evangelium für den ersten Sonntag in der Epiphanienzeit, also in der Zeit, über der die Losung steht: „Wir sahen seine Herrlichkeit", vorgeschrieben ist, dann liegt in dieser Tatsache schon eine Auslegung unseres Textes. Die Meinung ist nämlich die, daß in dem, was uns hier erzählt wird, für den Glauben die Herrlichkeit des eingeborenen Sohnes an den Tag kommt.

Für den G l a u b e n. Denn für die Augen geschehen hier nur kleine, unbedeutende Dinge. Johannes der Täufer ist am Ende seiner Sendung angelangt, am Ende seiner Tätigkeit, und weist auf den, der nun sein Erbe antritt. Seine beiden letzten Jünger werden mit dem Jesus von Nazareth bekannt und folgen ihm. Und schließlich wird noch ein Dritter mit in die Bekanntschaft hineingezogen: Simon Petrus, der Bruder des Andreas, der den neuen Namen Kephas, ein Fels, bekommt.

Der ganze Vorgang unscheinbar genug; aber aufgezeichnet mit einer Genauigkeit bis zu jener Notiz — am Rande möchte man sagen —: „Es war aber um die zehnte Stunde". Was sich da ereignet hat, das lebt in der Erinnerung des Evangelisten als ein Aufleuchten der Herrlichkeit Christi, als der Anfang seiner Jüngerschaft, fort. Es ist eine alte und gute kirchliche Überlieferung, daß wir in dem zweiten Jünger des Johannes keinen andern zu vermuten haben, als den, dessen Namen das vierte Evangelium trägt, den Sohn des Zebedäus.

Für uns, Freunde, erhebt sich die Frage, ob uns dieser schlichte, inhaltlich wenig evangelische Bericht — für den Jünger mag er ja seine besondere Bedeutung gehabt haben — ob der uns helfen kann, unsern Glauben fester zu gründen und unsern Jüngerdienst klarer auszurichten. Wir treten in den Dienst durch die Verkündigung. Unser Glaube lebt nun einmal nicht von dem, was wir haben, sondern von dem, was wir empfangen; und der Weg, den wir gehen, leuchtet nicht im eigenen Licht, sondern es heißt: „Dein Wort ist meines Fußes Leuchte und ein Licht auf meinem Wege". Und wir sind dieses Weges als Christenmenschen nur so lange gewiß, als über diesem Wege erkennbar die Herrlichkeit des Herrn Christus leuchtet.

An diesem Wege, den wir gehen, sind um uns viele, viele Menschen irregeworden. Wir kennen die Anfechtungen, die uns daraus erwachsen. Wir hören es: Die Zeiten sind anders geworden. Unsere Wünsche und Pläne, Gedanken und Hoffnungen, unsere Anschauungen haben sich geändert; das alles ist anders geworden. Können wir da noch — und diese Frage ist da — können wir noch ehrlicherweise die Herrlichkeit Gottes in dem Jesus von Nazareth erkennen?, der doch nicht dem Bilde entspricht, das wir uns heute in unserem Idealismus von vollendetem Menschentum machen.

Es tut nichts zur Sache, liebe Freunde, ob wir der neuen Weltanschauung, die heute propagiert wird, als Freunde gegenüberstehen oder als Feinde; es tut nichts zur Sache, ob wir sie mit Leidenschaft bejahen oder ob wir sie mit Leidenschaft bekämpfen. Wir suchen den Einen, der kämpft — aktiv —, der das Neue zum Siege führt oder ihm den Abschied gibt und es zurückdrängt. Davon erwarten wir Heil und Rettung.

Jesus von Nazareth? An ihn glauben, heißt das nicht, den aussichtslosen Versuch unternehmen, das Rad der Weltgeschichte rückwärts zu drehen? Liebe Freunde, wir müssen es uns wohl sagen lassen, daß unsere Augen nicht die Herrlichkeit zu schauen bekommen. Es ist niemals so gewesen, daß der Heiland die Erfüllung menschlicher Wunschträume und Hoffnungen gewesen wäre. Seit Menschen auf einen Heiland hoffen und von ihm träumen, ist niemand auf die Idee verfallen, der Heiland könnte der Jesus von Nazareth sein. Zu seiner Zeit hat man wohl den Kaiser Augustus als Heiland angesehen, hat ihn als den Retter der Welt gepriesen und als Gott verehrt. Aber Jesus von Nazareth? — Wohl redet man heute im Überschwang religiöser Verehrung von dem Führer unseres Volkes, der uns wieder glauben gelehrt hat. Aber Jesus von Nazareth?

Die Sklaven des Augustus haben den Jesus von Nazareth karrikiert, und die Wissenschaft hat es wieder ausgegraben: eine menschliche Gestalt am Kreuz mit einem Eselskopf. Wir kennen auch solche Karrikaturen; allerdings in einer Zeit, wo man nicht gerne Witze macht, will man den Gekreuzigten lieber ganz beseitigen, wie bei jenem großen Angriff vor wenigen Wochen im Oldenburger Land. Der Heiland, von dem wir uns ein Bild machen, sieht nun einmal ganz, ganz anders aus.

Freunde, aber Gott hat ganz andere Gedanken als wir träumen; Gott hat ganz andere Wege, als wir uns vornehmen. Die Herrlichkeit Christi — die einzige, von der er uns etwas wissen läßt in seinem Wort —: „Siehe, das ist Gottes Lamm". Die Herrlichkeit Christi — die einzige, mit der er unserem Glauben den Weg zeigt und auf diesem Weg leuchten läßt —: „... welches der Welt Sünde trägt".

Damit hebt die Christusbotschaft an. Wo das nicht gepredigt wird, da geraten wir in den Nebel unserer Träume und Phantasien hinein und meinen, ein Licht zu sehen, wie noch nie eines gewesen ist, um dann aber festzustellen: Auch dieses irdische Licht war ein Irrlicht. Es geht nun einmal in unserem Leben um den Frieden mit Gott. Es geht nun einmal in unserem Leben um die Überwindung dessen, was uns von Gott trennt. Und wir haben keinen andern Weg als den, den Johannes weist: „Siehe, das ist Gottes Lamm!"

In diesem Blickpunkt ist der Weg vorgezeichnet, und wir sollen nicht fragen, ob er breit oder schmal, hell oder dunkel, bequem oder beschwerlich ist, sondern das ist die einzige Frage:

ob es der rechte Weg ist, der zum Ziele führt. Nicht ob der Jesus von Nazareth unser Leben reich macht an Freude oder andern Gütern, die wir gerne haben möchten, sondern darin wird für uns die Herrlichkeit Christi sichtbar, daß wir ihm glauben können: hier ist der Weg, hier ist das Ziel, hier ist die Trennung von Gott aufgehoben, der Friede mit Gott ist da. „Siehe, das ist Gottes Lamm!"

Freunde, es geht um die Verkündigung dieser Botschaft, mit Luther zu reden: „Hierauf steht der Grund aller christlichen Lehre. Wer's nicht glaubt, ist kein Christ". Und wenn wir den großen Abfall um uns her sehen, daß wir doch nicht auf den Gedanken verfallen, die Botschaft von Christus, als dem Heiland der Sünder, zu modernisieren, weil kein Mensch sie mehr hören will. Damit würden wir ihm die eine Herrlichkeit rauben, die Gott ihm gegeben hat, und selbst in Nacht und Dunkelheit versinken.

Es warten unserer zwei Anfechtungen. Wir predigen und hören von dem Lamm Gottes. Wir sind eine Kirche, die predigt, und wir sind eine Gemeinde, die hört. Wir sind von Jugend auf gewöhnt zu hören, daß Johannes die Hand ausstreckt und sagt: „Siehe, das ist Gottes Lamm". Und unsere Augen folgen der Richtung, in die sein Arm weist, und wir stehen daneben: „Ja, er ist Gottes Lamm. Es wird wohl so sein. Hoffentlich ist's so; aber ganz gewiß wissen wir's nicht, denn wir leben im Glauben und nicht im Schauen". Und wenn Menschen kommen und sagen: „Wir haben seine Herrlichkeit gesehen", wir wissen, wie schnell wir bereit sind, das abzutun als Schwärmerei und Enthusiasmus.

Liebe Freunde, wir müssen's uns von diesem Evangelium sagen lassen, daß wir nicht beim Predigen stehen bleiben dürfen, daß wir nicht Jünger Jesu sein dürfen, die warten könnten, was daraufhin passiert. Wenn wir vielmehr recht hören, was gepredigt wird, dann folgt dem Hören: „Siehe, das ist Gottes Lamm!", dann folgt dem Hören das Tun. Die zwei Jünger hörten Johannes reden und folgten Jesus nach. Wir wissen nicht, was sie mit Jesus gesprochen haben. Es wird ihnen ähnlich ergangen sein, wie jenen Leuten, die zum Jakobsbrunnen eilten und Jesus fanden und dann sagten: „Wir glauben nun hinfort nicht um deiner Rede willen; wir haben selber gehört und erkannt, daß dieser ist Christus, der Welt Heiland. Wir haben den Messias gefunden!"

Liebe Freunde, es gibt aber nicht nur ein Gefunden-haben, nicht allein ein Hören und es andern sagen, sondern es gibt ein Auf-den-Weg-machen, ein Finden dessen, was Gott uns verkündigen läßt. Man muß es als große Versuchung bezeichnen, daß in der evangelischen Kirche, die eine Kirche des Predigens und Hörens ist, des Hörens und Predigens ist, das Tun in Vergessenheit geraten ist. Die evangelische Predigt ist nicht nur zum Hören da, sondern sie ist ein Hinweis auf den Ruf des Herrn Christus, dem wir folgen sollen: „Kommet her zu mir! Ihr suchet etwas? Kommet und sehet's!" Wir sind nicht Jünger Jesu, indem wir zu Hause bleiben, sondern indem wir uns aufmachen und kommen und suchen.

Nun ist die Frage, was wir tun sollen, auf dieses immer neue Aufgefordertsein: „Kommt!" In der alten Christenheit war das noch ganz einfach. Da hieß es auf den Ruf: „Kommet her zu mir!", „lasse sich ein jeglicher taufen auf den Namen Jesu Christi, so werdet ihr empfangen die Gabe des heiligen Geistes". Da war so etwas wie ein Schritt, wie ein Anfang; da war so etwas wie eine „zehnte Stunde" im Leben des Menschen, wo sich eine Begegnung ereignete zwischen ihm und dem Herrn Christus.

Unsere Taufe könnte uns wohl am Ende auch diesen Dienst tun. Da ist der Ruf Jesu an mich ganz persönlich ergangen — ob die Sitte der Kindertaufe, wie sie bei uns üblich ist — was sie auch an Vorzügen haben kann — ob diese Sitte nicht schmerzliche Lücken gerissen hat, da sie uns evangelischen Christen nicht klar vor Augen stellt, daß die Notwendigkeit des Kommens auf den Ruf auch Entscheidungen fordert, sondern uns das verhüllt.

Doch es ist nicht entschieden mit der Frage: „Meister, wo bist du zur Herberge?" Der Ruf ist nicht verstummt: „Kommet und sehet's". Jesus von Nazareth lädt den Menschen dahin ein, wo er ganz persönlich mit ihm spricht; er lädt ihn an seinen Tisch im heiligen Abendmahl, er redet mit ihm ganz persönlich zu Hause in der Bibel, und er läßt uns, wenn wir zu ihm beten, er läßt uns nicht allein mit der Last, die uns bedrückt.

Liebe Gemeinde, wo ich glaube, daß Jesus von Nazareth nicht nur das Lamm Gottes ist, sondern wo er mir sagt, daß er meine Sünde getragen hat und trägt, daß er mich persönlich erlöst hat, da ist eine Tiefe des Reichtums, da muß ich mit den Jüngern sprechen: „Wir haben den Messias gefunden!" Das ist bei weitem keine Schwärmerei und kein Enthusiasmus, wenn wir in den Jubel der Gemeinde mit einstimmen: „Wir sahen seine Herrlichkeit". Kann es da anders sein, als daß unser Menschenleben eine neue Grundlage, neuen Inhalt und neues Ziel bekommt?

Wir sind keine Zuschauer mehr; wir sind keine Menschen, die hören und warten und sich anpredigen lassen — jahrein, jahraus sich anpredigen lassen und nun warten, was daraufhin passiert. Da werden wir Jünger des Jesu von Nazareth, oder wie Paulus gerne sagt: „Wir sind in Christo". Christus ist der Herr. Da ist eine neue Grundlage, da ist ein neuer Inhalt, da ist ein neues Ziel; nun gilt in unserem Dasein — was auch sonst wichtig scheinen mag — nun gilt sein Wort, das uns trägt, nun gilt sein Auftrag, der uns ruft, nun gilt seine Verheißung.

Davon redet unser Evangelium: Sie kamen und sahen's und fanden den Messias, von dem Johannes gepredigt hatte: „Siehe, das ist Gottes Lamm". Der Glaube, der sie trägt, der bleibt nicht allein, sondern bringt dem Bruder die frohe Botschaft: „Wir haben den Messias gefunden!" Die Liebe spricht nicht vergebens: das Wort der Hoffnung ist ihr Lohn, das Wort der Verheißung, das Er dem Jünger spricht: „Du bist Simon, Jonas Sohn. Jawohl, ich weiß, was du bist; aber in Christo, du sollst Kephas heißen".

Das ist das Evangelium, wie ich es heute abend euch auszulegen habe. Liebe Brüder und Schwestern, wir wollen die Botschaft von dem Lamm Gottes nicht nur als Predigt hören, sondern als Ruf, und auf diesen Ruf nicht abwarten, sondern kommen und zu ihm beten: „Laß uns heute deine Herrlichkeit schauen! Laß uns deine Jünger, Boten, Zeugen sein, auf daß unser Leben auf neuer Grundlage und neuem Inhalt und neuem Ziel stehe, daß nämlich in uns und um uns her dein Reich komme".

Und am dritten Tage ward eine Hochzeit zu Kana in Galiläa; und die Mutter Jesu war da. Jesus aber und seine Jünger wurden auch auf die Hochzeit geladen. Und da es an Wein gebrach, spricht die Mutter Jesu zu ihm: Sie haben nicht Wein. Jesus spricht zu ihr: Weib, was habe ich mit dir zu schaffen? Meine Stunde ist noch nicht gekommen. Seine Mutter spricht zu den Dienern: Was er euch sagt, das tut. Es waren aber allda sechs steinerne Wasserkrüge gesetzt nach der Weise der jüdischen Reinigung, und ging in je einen zwei oder drei Maß. Jesus spricht zu ihnen: Füllet die Wasserkrüge mit Wasser. Und sie füllten sie bis obenan. Und er spricht zu ihnen: Schöpfet nun und bringet's dem Speisemeister. Und sie brachten's. Als aber der Speisemeister kostete den Wein, der Wasser gewesen war und wußte nicht, woher er kam (die Diener aber wußten's, die das Wasser geschöpft hatten), ruft der Speisemeister den Bräutigam und spricht zu ihm: Jedermann gibt zum ersten guten Wein, und wenn sie trunken geworden sind, alsdann den geringern; du hast den guten Wein bisher behalten. Das ist das erste Zeichen, das Jesus tat, geschehen zu Kana in Galiläa, und offenbarte seine Herrlichkeit. Und seine Jünger glaubten an ihn.

Johannes 2, 1—11.

Wir stehen den Wundergeschichten der Bibel heutzutage nicht mehr so ablehnend gegenüber wie unsere Väter, oder wie die Älteren unter uns noch vor zwei bis drei Jahrzehnten. Wir haben es ja im Laufe unseres Lebens zum Teil schmerzlich wieder gelernt, daß die Entscheidung über das, was möglich oder unmöglich ist, nicht bei uns steht. Und deshalb ist unsere erste Frage auch gar nicht mehr, auf welche Weise sich eine Wundergeschichte zugetragen haben möchte, sondern was uns mit dem Wunder eigentlich gesagt sein soll.

Wenn Jesus Blinde sehend, Lahme gehend, Aussätzige rein und Besessene heil macht, ja, wenn er sogar einen Toten ins Leben zurückholt, dann staunen wir wohl einen Augenblick und fragen: „Wie mag das zugegangen sein?"; aber im Grunde wissen wir: Das gehört zu dem Bilde dessen, der Jesus heißt — „Gott hilft" — und der Heiland ist. Und so wenig wir diese Züge aus seinem irdischen Leben entfernen können, so wenig wollen wir es, denn wir wissen wieder, daß nicht nur unsere Seele einen Erlöser braucht, sondern ebensogut auch der andere Teil unseres Ich, nämlich unser armer, geplagter Leib, der arme, geplagte Esel, weil die ganze Schöpfung gefallen ist, weil auf der ganzen Schöpfung der Fluch liegt und weil die ganze Schöpfung sich sehnt nach dem Heil Gottes, weil sie der Erlösung bedarf und ihrer harrt.

So werden uns die Heilungswunder Jesu im Evangelium zum Unterpfand dafür, daß Gott nicht allein den Schrei des Sünders nach Gnade, sondern auch das stumme Seufzen der leidenden Kreatur hören und erhören will. Unter diesem Gesichtspunkt haben uns auch die Speisungswunder ein gewichtiges Wort zu sagen; denn Hunger tut weh, und Hunger ist Not und Leid.

Mit der Geschichte von der Hochzeit zu Kana hingegen kommen wir so leicht nicht zurecht. Daß bei einer mehrtägigen Hochzeitsfeier im Orient der Wein alle wird, das ist in unsern Augen noch nicht gerade Not und Leid. Und daß Jesus diese Gelegenheit und diese Verlegenheit benutzt haben soll, einem armen, jungen Paar, das nicht weiter weiß, gleich mit ein paar hundert Litern Wein unter die Arme zu greifen, das scheint uns schon fast eine fromme Legende zu sein, zumal wenn wir uns vor Augen halten, wie zurückhaltend derselbe Jesus sonst bei seinen Wundern verfährt. Dazu kommen einige andere Unverständlichkeiten, wie der Zusammenstoß Jesu mit seiner Mutter, die scheinbare Absage: „Meine Stunde ist noch nicht gekommen!", der dann doch alsbald die Hilfe folgt. Nach der Darstellung des Evangeliums muß sie einige Minuten später erfolgt sein.

So ist es schon zu verstehen, wenn man immer wieder hinter dieser Geschichte etwas Besonderes, Unbekanntes gesucht hat. So kam man zu jenen allegorischen Deutungen, z. B. Heiligung der Ehe, nämlich daß der Herr Christus dieser Ehe durch seine Anwesenheit bei dem Fest eine besondere Weihe gegeben habe. Nun steht hier aber schlechterdings nichts davon zu lesen, daß Jesus es etwa mit dem Hochzeitspaar als solchem zu tun gehabt hätte und daß er dieser Ehe eine besondere Weihe gegeben hätte. Auch fehlt uns jeder Anhaltspunkt dafür, daß sein Handeln irgendwie symbolisch aufzufassen wäre, wie man darin ein Gleichnis für den Übergang vom alten zum neuen Bund gesehen hat: Alter Bund Wasser, neuer Bund Wein. Er wandelt Wasser in Wein, den alten Bund in den neuen, aus dem richtenden Gesetz wird die rettende Gnade.

Wer hätte das damals begreifen sollen, ja: wie sollte heute ein einfältiges Gemüt auf den Gedanken kommen? Dann wäre dies erste Wunder eine leere Demonstration gewesen, die ihren Sinn und Wert erst durch das Nachdenken der späteren Schriftgelehrten hätte bekommen können. Aber so hat Jesus nie gehandelt, und wenn er einmal in einem nicht gleich verständlichen Wort auf das Kommende hingewiesen hat — wie auf seinen Tod und die nachfolgende Auferstehung — dann hat er's immer so getan, daß sein Wort dem Glauben im Augenblick der Erfüllung deutlich wurde und nicht erst einer theologischen Auslegung bedurfte.

Wir tun darum gut, wenn wir auch bei diesem Evangelium einfach fragen; was hat Jesus damals mit seinem wunderbaren Tun gewollt? Und auf diese Frage gibt uns der Evangelist, der ja einer von den Jüngern gewesen ist, die dabei waren, die Antwort: „Das ist das erste Zeichen, das Jesus tat, geschehen zu Kana in Galiläa, und offenbarte seine Herrlichkeit, und seine Jünger glaubten an ihn!"

Das Wunder zielt also nicht auf Maria oder auf das Hochzeitspaar oder auf die übrigen Gäste; es meint die Jünger. Denen gibt Jesus ein Zeichen, aus dem ihnen seine Herrlichkeit offenbar wird, daß sie zu glauben anfangen. Und so werden wir diese Geschichte mit den Augen der Jünger Jesu zu betrachten haben, damit sie uns sagen kann, was sie ihnen sagte und gab.

Wir haben vorhin vom Altar gehört die Geschichte, die unmittelbar vorangegangen ist. Die ersten fünf Jünger, die Jesus damals um sich gesammelt hatte, stammten alle aus der Gefolgschaft des Täufers; und es wird ihnen sonderbar genug angekommen sein, daß ihr neuer Meister sie aus der Einsamkeit der Jordansteppe in die galiläische Heimat zurückführt und daß er sie dort mitten in das Gewoge und Getriebe des menschlichen Lebens hineinstellt, dorthin, wo die Menschen ihren ganz alltäglichen Freuden und Leiden, Sorgen und Hoffnungen leben, freien und sich freien lassen. Damit nimmt das erste Zeichen Jesu seinen Anfang; und dieser Anfang ist allerdings und bleibt allerdings für sein ganzes Leben und Wirken bezeichnend.

Es ist sonst ein Kennzeichen der großen religiösen Persönlichkeiten — und so war es auch bei Johannes dem Täufer gewesen —, daß sie erst einmal den Trennungsstrich ziehen zwischen sich und der Welt, daß erst mal ein Unterschied gemacht wird zwischen einem profanen und einem heiligen Bezirk und daß sie die Menschen herausrufen aus der bösen Welt in die Einsamkeit des heiligen Bezirks, wo man betet und fastet, man ein frommes Leben führt und sammelt Kräfte und Entschlüsse faßt, um den Versuchungen der Welt wieder für eine Weile gewachsen zu sein.

Wir alle wissen von diesen zwei Bezirken in unserem Leben, wir alle brauchen etwas von solcher Stille, Zeiten des Betens und Fastens. Wir wissen auch, wie Jesus diese Stille und Einsamkeit gebraucht und auch immer wieder gesucht hat. Aber sein Wirken ist von Anfang an ein Angriff auf die böse Welt; seine Botschaft verkündet die Herrschaft Gottes über den ganzen Umfang unseres menschlichen Daseins.

Wenn wir uns damit zu helfen suchen, daß es in unserem Leben einen heiligen Bezirk gibt, in dem Gott das Regiment hat, und daneben einen menschlichen Bezirk, in dem wir selber die Herren sind: Jesus erkennt eine solche Grenzziehung nicht an! Er trägt den Anspruch Gottes von Anfang an auch in die weltliche Sphäre, in die profane Welt hinein, in unser Familien- und Berufsleben, in unsere Feste und Alltage hinein.

Johannes hat als Vorläufer des Christus schon etwas davon geahnt, wenn er den Menschen, die ihn um Rat fragten, ganz schlichte, praktische Anweisungen für das Leben im Alltag gab: „Wer zwei Röcke hat, der gebe dem, der keinen hat. — Fordert nicht mehr, denn gesetzt ist. — Tut niemand Gewalt noch Unrecht.“ Aber er selber ist in der Wüste geblieben, in dem heiligen Bezirk, und wer von ihm ging, mußte auf eigene Faust den Kampf aufnehmen und sehen, wie er darin zurechtkam.

Jesus wirkt von Anfang an mitten in der profanen Sphäre, überall da, wo wir Menschen meinen, wir hätten es ganz allein mit uns zu tun. Und da — mitten in unserem gottverlassenen Leiden und Sorgen, mitten in unserem gottvergessenen Freuen und Schaffen — steht er als Bote des lebendigen Gottes: „Auch hier bin ich der Herr! Auch hier bin ich's allein, der fordert und gibt!" So bekommen jene Jünger, als Jesus sie aus der Wüste auf die Hochzeitsgesellschaft führt, einen ersten Eindruck davon, daß er einen neuen Weg geht, mitten hinein in die Welt und in das Leben, zu den Menschen in all ihrer Menschlichkeit.

Und das ist das Bezeichnende, daß dieser Anfang nicht gerade ermutigend ist. Wohl war der Herr Christus mit seinen Jüngern auf das Fest geladen. Aber mochte die Einladung nur eine höfliche Form gewesen sein, mochte der einladende Bräutigam sich in der Zahl seiner Gäste oder in ihrem Appetit verschätzt haben, auf alle Fälle führt das Erscheinen Jesu auf der Hochzeit zu einer ungewöhnlich peinlichen Situation; denn der vorhandene Wein reicht für die vielen Neuankömmlinge einfach nicht aus, so daß die Mutter Maria ihrem Sohne einen Wink gibt, sich nicht lange aufzuhalten: „Sie haben keinen Wein mehr!"

Nein, dieser Anfang ist nicht eben ermutigend; aber — und darauf kommt es hier für uns und für die Jünger an, die es miterlebten — dieser Anfang ist bezeichnend; er gehört mit zu dem ersten Zeichen, das Jesus tat, und es zeigt dies, daß Jesus da, wo er aus dem heiligen Bezirk heraus und in unser richtiges, menschliches Leben hineintritt, peinliche Situationen und Verlegenheiten schafft.

Das haben die Jünger erfahren — ja, zum ersten Male dort in Kana erfahren — aber dann immer wieder an allen Orten, wohin Jesus sie führte und an allen Tafeln, an denen er mit ihnen saß. Das erfährt überhaupt jeder, der sich außerhalb der Kirchenwände, außerhalb des kultisch-heiligen Bezirks mit diesem Jesus einläßt. Das erfahren wir alle, sobald wir den Versuch machen, ihn etwas anderes sein zu lassen, als einen Johannes in der Wüste, ihn dort mitreden zu lassen, wo wir wirklich als Menschen unser menschliches Leben leben.

Wir ertragen wohl den Christus, der in der Kirche zu uns spricht und der mit der Kirchentür hinter uns bleibt, wie Johannes in der Wüste blieb. Aber wenn er zu uns kommt, in unser Haus und Leben, in Geschäft und Beruf, dann ist auch die

Verlegenheit da. Wir laden ihn erst ein wie jener Bräutigam: „Komm, Herr Jesu, sei unser Gast!", aber wehe, wenn er dann tatsächlich kommt, dann ist die Verlegenheit da, dann ist kein Platz und Wein da!

Können wir denn Christen sein in dieser Welt und in dieser Zeit? Ist es nicht heller Wahnsinn, wenn wir uns den einzig vernünftigen Grundsatz der Selbsterhaltung aus der Hand schlagen lassen, der lautet: „Jeder ist sich selbst der Nächste!" Und auf diesen Grundsatz hat es Jesus doch abgesehen, weil er gegen die Herrschaft Gottes streitet und die Selbstherrlichkeit unseres Tuns deckt. Wir können nicht anders und wollen auch gar nicht anders; und deshalb ist es besser, Jesus kommt uns nicht zu nah; deshalb sehen wir's lieber, er geht ein Haus weiter; deshalb bedeutet sein Kommen Verlegenheit und Kleinmut, und das ist es, was Jesus seinen Jüngern dort am Anfang seines Wirkens zeigt, mit diesem ersten Zeichen: wo ich hintrete mit meinen Jüngern, da gibt es Verlegenheiten.

Auf diesem Hintergrund, wo wir es mit dem wirklichen Leben zu tun haben, da gibt es Verlegenheiten. Und auf diesem Hintergrund offenbart er seine Herrlichkeit.

Für jedes menschlich-vernünftige Urteil hat die Maria vollkommen recht: „Wo nichts ist, hat der Kaiser sein Recht verloren". Die einfachste Lösung in dieser Situation wäre schon die, daß Jesus seinen Jüngern einen Wink gibt, daß es Zeit ist, abzuziehen. So spricht die menschliche Vernunft, und diese menschliche Vernunft straft er da mit seinem Wunder Lügen. Er bleibt, und er schafft die Verlegenheit, die er selbst durch sein Kommen bereitet hat, selbst aus dem Wege; er tut mehr: er wandelt den Mangel in Überfluß!

Das ist es, was die Jünger zu sehen bekommen; das „wie" bleibt ihnen und uns verborgen; aber das Zeichen sehen sie und erkennen darin, daß ihr Meister Macht und Willen hat, die Schwierigkeiten, in die er hineinführt, auch ohne menschliche Vernunft zu überwinden. D. h.: Ihr Jünger dürft es mir glauben, daß ich in allen Situationen höchst souverän — und es kommt mir auf 500 Liter Wein dabei nicht an — höchst souverän der Herr bin und bleibe, dem alle Gewalt gegeben ist im Himmel und auf Erden, und der von dieser Gewalt auch Gebrauch macht. Die Jünger dürfen sich seiner Führung überlassen, auch gegen das Urteil des rechnenden Verstandes, sie dürfen glauben: Da ist der Herr, da ist der Helfer, dem es ein kleines ist, alles zu tun, sobald er will.

Und damit sind wir an dem Punkt angelangt, liebe Gemeinde, wo dieses Evangelium als frohe Botschaft zu uns sprechen will, zu uns, die wir ja beständig in der Versuchung stehen, daß unser Glaube an den Herrn Jesus Christus an diesem Punkte, wo er mit der menschlichen Vernunft zusammenstößt, vor dem Urteil der Vernunft kapitulieren will. Wir sehen das Tag um Tag, Woche um Woche, Monat um Monat und schon Jahr um Jahr auf dem erbärmlichen Wege, auf dem sich die Kirche befindet, wo die Zusammenstöße erfolgen zwischen dem Herrn Christus und der menschlichen Vernunft. Die steinernen Krüge stehen da, aber bisher hat es noch niemand für möglich gehalten, Wasser hineinzutun, weil es ja doch keiner glaubt, weil die menschliche Vernunft kapituliert vor dem Herrn Jesus Christus — nein, weil menschliche Vernunft ja nicht kapitulieren will vor dem Herrn Jesus Christus! Und was wir hier in der Kirche sehen, das geschieht auch in unserem eigenen Christenleben, daß unser Glaube unsicher wird, sobald wir die Folgen unseres Gehorsams gegen den Herrn Christus nicht mehr übersehen, nicht mehr berechnen oder wenigstens einigermaßen abschätzen können und die Folgen unseres Glaubens nicht mehr meinen rechtfertigen zu können — als ob der Glaube nötig hätte, sich vor der Vernunft zu rechtfertigen!

Und so kommt es dann dahin, daß wir ihm immer nur einen Teil unseres Lebens, einen heiligen Bezirk, einräumen und einen immer größeren unter der Herrschaft der eigenen Vernunft. Da wollen wir aus Angst lieber selber Herren bleiben, und sind doch vielmehr die Sklaven unserer Sorgen und Berechnungen. Da wagen wir dann nicht mehr den Blick auf ihn, sondern nehmen unser Leben wieder selbst in die Hand; und dann klagen wir wieder über unsere Ohnmacht und Hilflosigkeit, über den Haß und die Feindschaft der Welt; und wir sehen nichts davon, daß der Herr Christus ein mächtiger Helfer und lebendiger Heiland ist!

Liebe Freunde, wir sollten ihm nur die Möglichkeit geben, uns seine Herrlichkeit zu offenbaren; sollten es ihm nur zutrauen, daß ihm alle Gewalt gehört im Himmel genau so wie auf Erden; sollten es ihm nur glauben, daß er reich ist über alle und daß er denen, die ihn anrufen, helfen kann über Bitten und Verstehen. Dann sollen wir nicht zuschanden werden; denn: „Keiner wird zuschanden, der deiner harrt!" Gelobt seist du, o Christe!

„Und offenbarte seine Herrlichkeit, und seine Jünger glaubten an ihn!" Ach daß wir glauben möchten!

Ich lasse euch aber wissen, liebe Brüder, daß, wie es um mich steht, das ist nur mehr zur Förderung des Evangeliums geraten, also daß meine Bande offenbar geworden sind in Christo in dem ganzen Richthause und bei den andern allen, und viele Brüder in dem Herrn aus meinen Banden Zuversicht gewonnen haben und desto kühner geworden sind, das Wort zu reden ohne Scheu. Etliche zwar predigen Christus auch um Neides und Haders willen; etliche aber aus guter Meinung. Jene verkündigen Christum aus Zank und nicht lauter; denn sie meinen, sie wollen eine Trübsal zuwenden meinen Banden; diese aber aus Liebe; denn sie wissen, daß ich zur Verantwortung des Evangeliums hier liege. Was tut's aber? Daß nur Christus verkündigt werde allerleiweise, es geschehe zum Vorwand oder in Wahrheit, so freue ich mich doch darin und will mich auch freuen. Denn ich weiß, daß mir dies gelingt zur Seligkeit durch euer Gebet und durch Handreichung des Geistes Jesu Christi; wie ich sehnlich warte und hoffe, daß ich in keinerlei Stück zu Schanden werde, sondern daß mit aller Freudigkeit, gleichwie sonst allezeit, also auch jetzt Christus hoch gepriesen werde an meinem Leibe, es sei durch Leben oder durch Tod. Denn Christus ist mein Leben, und Sterben mein Gewinn.

Philipper 1, 12—21.

Es kann nicht gut anders sein, liebe Gemeinde, wenn wir heute abend als christliche Gemeinde unter dem Wort zusammen kommen, als daß wir uns in diesen gegenwärtigen Tagen die Frage vorlegen, wie wir wohl den Weg der christlichen Kirche durch die letzten vier Jahre, auf die wir nun heute zurückschauen, zu beurteilen haben; und wir hätten wahrhaftig Grund genug, bei diesem Rückblick trübselige Betrachtungen anzustellen. Was uns dabei bedrückt, ist vielleicht gar nicht einmal die Tatsache, daß Tausende von evangelischen Christen Bekanntschaft mit der Polizei gemacht haben — woran sie früher sicher niemals gedacht haben — und daß Hunderte von evangelischen Predigern kürzere oder längere Zeit in Gefängnissen und Konzentrationslagern festgehalten wurden, — obgleich wir sagen müssen, daß uns das sehr nahe gegangen ist und noch bewegt, weil das Unrecht ist und weil das Unrecht bleibt, weil wir das als ein Unrecht empfinden, zu dem wir keinen Anlaß gegeben haben.

Nein, was uns eigentlich bedrückt, ist vielmehr die unabweisbare Erkenntnis, daß in diesen Jahren die Kirche selber in Gefangenschaft geraten ist, daß die Kirche selber die Freiheit verloren hat, ihre Sendung auszurichten, wie sie es früher tat. Es hieße lügen, es hieße die Wahrheit bewußt verleugnen, wenn wir behaupten wollten, die Kirche des Evangeliums dürfte heute ungehindert die ihr befohlene Botschaft verkündigen. Ich brauche das nicht im einzelnen darzulegen. Das eine Wort „Lübeck" redet deutlich genug, als daß es überhört werden könnte. Lübeck, die Stadt in Deutschland, wo die Predigt des biblischen Evangeliums polizeilich verboten ist; Lübeck, die Stadt im deutschen Vaterlande, wo durch Anwendung von Gewalt sämtliche evangelischen Prediger polizeilich gehindert werden, den Herrn Christus als den einen Heiland und Retter zu bezeugen.

Diese eine Tatsache müßte genügen, um uns in unserem Rückblick sehr, sehr nachdenklich zu machen. Aber diese Tatsache steht ja nicht allein, daneben steht das Verbot aller evangelischen Wochen, daneben steht das Verbot vieler Hausbibelstunden, und daneben steht hier und da das Verbot kirchlicher Gottesdienste.

Und wir fragen: Wo geht das alles hin? Wo will das alles hinaus? Und sollen wir nun etwa heute in den allgemeinen Jubel einstimmen, wie man uns das nahelegt, weil doch immerhin die Kirche vor der völligen Vernichtung durch den Bolschewismus durch die Hilfe weltlicher Gewalt gerettet worden sei? Liebe Gemeinde, mir kommen dabei in diesen Tagen immer wieder die Worte des Psalms in den Sinn — und sie wollten mir nicht aus dem Sinn: „Dort hießen uns singen, die uns gefangen hielten, und in unserem Heulen fröhlich sein: ‚Singet uns ein Lied von Zion!' Wie sollten wir des Herrn Lied singen in fremden Landen?"

Eine gefangene Kirche, eine unfreie Kirche, und der Prozeß gegen die Kirche läuft noch. Keiner kann sagen, wann und wie dieser Prozeß zu Ende geht, ob es bald ist oder erst in Jahren, ob er mit einem Freispruch oder mit dem Todesurteil endet. Wer will das mit Sicherheit sagen und wer kann wissen, was darüber aus den Menschenkindern wird, denen die Kirche die eine rettende Botschaft von dem Herrn Jesus Christus schuldig ist?

Wir hätten also Grund genug zu trübseligen Betrachtungen. Und, liebe Gemeinde, der Apostel Paulus hatte, als er den Brief nach Philippi schrieb, auch Grund genug dazu gehabt, denn seine Lage war ja wohl haargenau die gleiche. Der Mann, der einen Auftrag an die ganze Heidenwelt hat, der Völkerapostel, der kein Ausruhen und kein Stillstehen kannte im Dienst seines Herrn, sitzt gefangen, wartet und wartet auf eine Entscheidung, die nicht kommen will, und muß schweigen. Aus der Botschaft an alles Volk ist eine Sektenangelegenheit geworden, von der Weltmission bleibt eine Winkelkirche übrig. Wie aber soll das weitergehen ohne diesen Mann, auf den doch alles ankam, dem keiner das Wasser reichen konnte, weil er ganz unbestechlich das eine Ziel verkündigte: „Aus Gnaden, allein durch Glauben". Und, weil er unermüdlich vorwärtsdrängte, mit Berechtigung sagen konnte: „Ich habe mehr gearbeitet denn sie alle!"?

Es sieht dunkel aus für die Christenheit, wenn der Bote Jesu Christi in Ketten liegt, ob er Paulus heißt — wie damals — oder ob er nun Kirche, Bekennende Kirche heißt — wie in unsern Tagen —. Mußte nicht alles zusammenbrechen, muß es nun nicht — zwangläufig — nach dem ehernen Gesetz weitergehen: „Entkirchlichung, Entchristlichung, Entsittlichung", das Ende aber ist die Nacht!? Das sind wahrhaftig trübselige Betrachtungen und kein Hoffnungsstrahl.

Liebe Gemeinde, wir hören Gottes Wort. Gott sei Lob und Dank, wir dürfen es hier aus dem Munde des Paulus hören und sollen es uns im Namen Gottes gesagt sein lassen, daß die christliche Predigt in ihrer Wirkung nicht abhängig ist von irdischen Gewalten, weder von ihrem Wohlwollen, noch von ihrer Feindschaft; weder von ihrer Förderung, noch von ihrer Hinderung. Hier geht es nun einmal nicht nach den Gesetzen unseres Denkens und nach den Berechnungen unseres Verstandes.

Wohl ist Paulus ein gebundener Mann; wohl dringt sein Wort, das er spricht, nicht mehr hinaus in die weite Welt. Aber Gottes Wort ist darum doch nicht gebunden. Gott spottet allen Versuchen, ihn in Gefängnismauern einzusperren und seinem Wort den Weg zu verlegen. Gott macht das stumme Gefängnis seiner Diener zu einem lauten Zeugnis, das weithin gehört wird, und das Echo kommt zu den Gefangenen zurück und muß sie fröhlich machen und getrost. „Meine Gefangenschaft ein Unglück? Meine Gefangenschaft ein Anlaß zu trübseligen Betrachtungen? Nein, im Gegenteil: Das ist nur mehr zur Förderung des Evangeliums geraten", so schreibt der Apostel Paulus.

Menschlich gedacht und menschlich geredet: Wie soll die Nachricht von der fortdauernden Haft des Apostels anders auf die christlichen Gemeinden wirken als bedrückend und lähmend? Wie soll die Ungewißheit über den Ausgang seines Prozesses etwas anderes zur Folge haben als Sorge und Angst? Aber der Herr Christus hat sich dieser Sache als der seinigen selber angenommen, und da ist keine Lähmung und keine Furcht und keine Angst: „Mein Bote ist gefangen, seine Botschaft ist verstummt; ihr sollt meine Zeugen sein". Und nun — gerade nun — hören es alle: Wir sind gerufen! Und weil der Herr Christus selber ruft, muß die Furcht weichen, und viele Brüder und viele Zeugen gewinnen Zuversicht und nehmen das Zeugnis auf und reden ohne Furcht und Scheu; ein Zeugenmund ist verschlossen, und viele tun sich dafür auf. Das Wort Gottes kommt nicht leer zurück; es muß tun, was ihm gefällt, und es muß gelingen, dazu es gesandt wird.

Liebe Gemeinde, hören *wir* das? Sehen *wir* das? Oder hören wir angesichts der Gefangenschaft der christlichen Kirche nur noch ein ängstliches Geflüster? Sehen wir nur noch den Druck des Terrors und verzagen wir über der Wirklichkeit, die uns umfängt? Ich meine, das wäre dann allerdings Taubheit und Blindheit, das wäre dann allerdings Undank, krasser Undank.

Gewiß, die Kirche liegt in Ketten, und was sie redet, verhallt innerhalb ihrer Mauern; den apostolischen Auftrag an alle Welt kann die Kirche nicht mehr ausrichten. Aber ist nun damit das Evangelium von Jesus, dem Gekreuzigten, auch gefangen und gebunden? Oder tönt nicht alle Welt heute wieder von der Botschaft, dreht sich in unserem Volk nicht wieder einmal alles um ihn, auch wo man es nicht wahr haben will? Vollziehen sich nicht an ihm alle echten Entscheidungen, für ihn oder gegen ihn? Er lebt, und er macht jene Unruhe, der mit keiner „Maßnahme zum Schutze der öffentlichen Ruhe und Sicherheit" beizukommen ist, solange er lebt und solange sein Wort bestehen bleibt. „Mir ist gegeben alle Gewalt im Himmel und auf Erden." Sein Wort steht! Und er sorgt dafür, daß seine Botschaft nicht aufhört. Mag man auch mit seinen Boten tun, was man will; er ruft andere, und er sorgt dafür, daß sie sich nicht fürchten, sondern glauben, und daß sie nicht schweigen, sondern reden — und wenn es die Steine sein müßten, die reden!

Liebe Gemeinde, wer von uns möchte eigentlich — im Rückblick auf die vier Jahre —, wer von uns möchte denn eigentlich als Christ wieder in der Zeit vor 1933 leben? Wer von uns wüßte nicht etwas von dem Segen dieser Jahre kirchlicher Gefangenschaft, die zur Förderung des Evangeliums haben dienen müssen? Es erhebt sich nur die Frage, ob nicht der Preis zu hoch gewesen ist und ob nicht der Preis auf die Dauer zu hoch kommt?

Wir wollen uns keine Illusionen machen. Der Apostel Paulus hat sich auch keine gemacht. Er wußte, daß während seiner Gefangenschaft die Förderung des Evangeliums zu einem guten Teil auf die verstärkte Tätigkeit seiner kirchlichen Rivalen zurückging, denen er es hier in aller Eindeutigkeit bescheinigt: sie „predigten Christum auch um Neides und Haders willen", „aus Zank und nicht lauter", „in der Absicht, mir in meiner Gebundenheit Trübsal zu schaffen".

Wir kennen das auch: wir kennen das genau so als bekennende Kirche von heute. Wir kennen das und wissen, wie die Freunde von gestern und vorgestern die Gebundenheit der bekennenden Kirche als Rivalen ausnutzen, um Eroberungen auf unsere Kosten zu machen. Und da will schon leicht die Bitterkeit kommen, wenn die bayerische lutherische Kirche in Schlesien einbricht, um Schlesien von Preußen zu trennen und als schlesische Kirchenprovinz an Bayern anzuschließen sucht. Da will die Bitterkeit wohl aufkommen, da will der Preis doch zu hoch scheinen: Was bleibt uns denn noch? Und der Seufzer des Elias drängt sich auf unsere Lippen: „Es ist genug, so nimm nun, Herr, meine Seele".

„Etliche predigen Christum auch um Neides und Haders willen." Die Last ist da — wie sie bei Paulus dagewesen ist —; aber das Gegengewicht gegen solche Last, die zu schwer werden will, ist bei uns ebenso vorhanden wie bei Paulus. Es hat nicht nur der Neid und die Begehrlichkeit der kirchlichen Rivalen bei der Gebundenheit der Kirche einen Antrieb bekommen, sondern gewiß und sichtbarlich hat auch die Liebe einen Antrieb bekommen, die Liebe, die es weiß und merkt, wie immer noch — und heute erst recht — alles Leiden in der Christenheit ein stellvertretendes Leiden ist; wobei dann jedes Glied berufen ist, mitzutragen. Und ich meine, davon dürfen wir auch etwas sehen, und daran dürfen wir uns auch freuen, wie das allgemeine Priestertum sich auswirkt als Zeugnis und Bekenntnis, aus Liebe zu den Brüdern, im Wissen um die gemeinsame Verantwortung, die nicht nur auf den Pastoren liegt, sondern auf der ganzen Gemeinde.

Was ist denn heute noch übrig geblieben von den ganzen vier Jahren, von dem Gerede um das „Pastorengezänk" im Jahre 1933, wo der einzige, der als Zeuge Jesu Christi heute im Konzentrationslager sitzt, ein Laie ist, der seiner Gemeinde den Herrn Christus verkündigt hat, aus Liebe, aus der Verantwortung für das Evangelium, weil keine kirchliche Verkündigung mehr geschah.

Ich meine, das allein wiegt viel Enttäuschungen, viel böse Erfahrungen, die wir mit Neid und Hader gemacht haben, wieder auf. Doch, wie dem auch sei, ob die Last auf unserer Seele durch Neid vermehrt oder durch Liebe gemindert wird — im Grunde darf es uns mit Paulus nur um das eine gehen, wofür kein Preis zu hoch ist: daß nur Christus verkündigt werde. Das ist geschehen, als Paulus im Gefängnis lag. Und, liebe Freunde, das geschieht auch heute, wenn die bekennende Kirche in ihrer Bewegungsfreiheit mehr und mehr eingeengt wird. Ob aus Neid, ob aus Liebe, was liegt daran? Was geht uns das an? Es ist ja seine Sache, und er wird es selber bestimmen, was aus der Botschaft werden soll. Das hängt nicht daran, aus was für Motiven Menschen das Evangelium verkündigen.

Daß wir jetzt nur nicht der Versuchung erliegen, daß wir jetzt nur ja nicht engherzig werden, daß wir uns nur nicht in den Gedanken verbohren, daß eine leidende und gefangene Kirche das Ende der Christenbotschaft bedeuten und uns zu Kopfhängern machen müßte. Der Herr Christus ist der Herr, der die Gemeinde auch unter Leiden und Verfolgungen zu seiner Kirche baut. Das müssen wir uns sagen lassen von dieser Epistel: Er trägt seine Kirche, nicht umgekehrt die Kirche ihn. Darauf dürfen wir trauen, darüber dürfen wir uns mit Paulus freuen. Ja, wir sollen es hören, und unser Herz soll darüber weit und froh werden, von allen Sorgen und Bindungen frei werden und sagen, daß im Leiden der Kirche der Herr Jesus Christus seine Herrlichkeit kund tun will.

Die irdischen Stützen unserer Hoffnung fallen dahin, eine nach der andern — ich wüßte nicht, wo noch eine stünde —, die Aussichten auf bessere Zeiten lassen uns im Stich, und unsere Sorgen umgeben uns wie Berge, wo wir nicht hinüberschauen können. Der Herr Christus aber lebt, der Herr Christus ist noch da, der Herr Christus fragt nach unserem Glauben, wo alle Stützen fallen, wo alle Aussichten schwinden und wo wir nur Berge sehen, über die wir nicht hinüberschauen können, — ob wir bereit sind, ihm unsere Hoffnungen und Sorgen zu opfern, ob wir willens sind, aus seinen Händen zu erbitten und zu nehmen, was uns nottut, ob wir's ihm zutrauen, daß die Wege, die er uns führt, die rechten Wege sind — ob sie nun Leben heißen oder ob sie Tod heißen mögen!

Und, liebe Gemeinde, weil das die eine große Frage ist, die heute vor uns steht — unausweichlich; denn wer könnte noch daran vorbei?! —, darum hat dieses Wort heute für uns Christenmenschen ein besonderes Gewicht. Gott helfe uns dazu, daß wir auf die Fragen — ob wir bereit sind, ob wir willens sind, ob wir's ihm zutrauen —, daß wir auf diese Fragen die rechte Antwort lernen und mit Paulus sprechen: „Für uns ist Christus das Leben!" Dann sollen wir die Herrlichkeit Gottes wohl schauen.

Da versammelten die Hohenpriester und die Pharisäer einen Rat und sprachen: Was tun wir? Dieser Mensch tut viele Zeichen. Lassen wir ihn also, so werden alle an ihn glauben; so kommen dann die Römer und nehmen uns Land und Leute. Einer aber unter ihnen, Kaiphas, der desselben Jahres Hoherpriester war, sprach zu ihnen: Ihr wisset nichts, bedenket auch nichts; es ist uns besser, ein Mensch sterbe für das Volk, denn daß das ganze Volk verderbe. (Solches aber redete er nicht von sich selbst; sondern weil er desselben Jahres Hoherpriester war, weissagte er; denn Jesus sollte sterben für das Volk, und nicht für das Volk allein, sondern daß er auch die Kinder Gottes, die zerstreut waren, zusammenbrächte.) Von dem Tage an ratschlagten sie, wie sie ihn töteten. Jesus aber wandelte nicht mehr frei unter den Juden, sondern ging von dannen in eine Gegend nahe bei der Wüste, in eine Stadt, genannt Ephrem, und hatte sein Wesen daselbst mit seinen Jüngern. Es war aber nahe das Ostern der Juden; und es gingen viele aus der Gegend hinauf gen Jerusalem vor Ostern, daß sie sich reinigten. Da standen sie und fragten nach Jesus und redeten miteinander im Tempel: Was dünkt euch, daß er nicht kommt auf das Fest? Es hatten aber die Hohenpriester und Pharisäer lassen ein Gebot ausgehen, so jemand wüßte, wo er wäre, daß er's anzeige, daß sie ihn griffen.

Johannes 11, 47—57.

Ja, sie möchten ihn greifen, und sie möchten ihn unschädlich machen, diese hohen Herren vom Jerusalemer Kirchenregiment; und wenn sie sich bis dahin auch auf das heftigste befehdet haben, die weltmännisch-liberalen Hohenpriester von der Sadduzäerpartei und die eng-orthodoxen Leute von der Pharisäersekte, diesem einen Mann, diesem Jesus von Nazareth gegenüber verbindet sie ein gemeinsames höheres Interesse. Es kann ja schlechterdings nicht mehr so weiter gehen: „Dieser Mensch tut viele Zeichen". Die Leute hängen ihm an, die Menschen fangen an, ihre ganzen Hoffnungen auf diesen Mann zu konzentrieren. Und eben läuft die Nachricht durchs Land, daß er sogar einen Toten nach vier Tagen wieder aus dem Grabe herausgerufen hat; und der Tote hat den Ruf gehört und ist gekommen.

Das muß ein schlimmes Ende nehmen, das muß nämlich zur Störung der öffentlichen Ruhe und Ordnung führen, das muß die weltliche Macht, die römische Obrigkeit, zum Eingreifen veranlassen. Und wenn sie auch bisher tolerant gewesen ist, und wenn sie die jüdische Volkskirche mit ihren Sonderrechten und Einrichtungen im ganzen unbehelligt gelassen hat — von einigen Eingriffen in die Besetzung höchster Ämter abgesehen —, hier wird die weltliche Macht eingreifen müssen; und dann ist eben alles aus: „Dann kommen die Römer und nehmen uns Land und Leute". Das muß verhindert werden. Es muß also vorgebeugt werden, aber wie?

Das meint hier diese Frage, die als winziger Punkt auf der Tagesordnung steht jener denkwürdigen Ratssitzung zu Jerusalem: „Was tun wir?" Daß Jesus unschädlich gemacht werden muß, daß es ihm unmöglich gemacht werden muß, weiterhin Anhänger zu gewinnen, darüber ist man sich — um der zu erwartenden Folgen willen — von Anfang an klar. Aber „was tun wir?" Daß Jesus weg muß, darüber ist man sich einig. Es geht nur darum, einen gangbaren Weg zu diesem Ziel zu finden; und die Meinungen über diesen Weg sind noch recht unsicher und geteilt.

Liebe Freunde, in Wirklichkeit ist in diesem Augenblick die Entscheidung schon gefallen. Jesus selber ist bereits das Opfer dieser Kirchenpolitik geworden. Über ihn selbst, seine Botschaft und seinen Anspruch ist man stillschweigend zur Tagesordnung übergegangen: „Was tun wir?"

Ob er die Vollmacht hat, zu sagen, was er sagt, zu tun, was er tut, zu fordern, was er fordert. Es hat keinen Sinn, sich mit solchen Erwägungen aufzuhalten. Sie spielen nun einmal keine Rolle, weil es ja feststeht, daß es im Bereich der gegebenen Tatsachen nicht möglich ist und nicht erlaubt, so zu reden, wie er redet, und so zu handeln, wie er handelt, und so zu fordern, wie er fordert.

Damit ist der Fall grundsätzlich erledigt; denn erst kommt die Wirklichkeit der unleugbaren Tatsachen — sonst würden wir nämlich in der Luft schweben oder im luftleeren Raum — und von daher beantwortet sich die Frage nach dem, was möglich und tragbar ist. Und wo dieser Rahmen des Möglichen und Tragbaren gesprengt wird, da gibt es die Frage nach der Wahrheit nicht mehr, da wird die Wahrheit zum Hirngespinst, zur Schwärmerei, zur Gefahr für den Bestand von Volk und Kirche! Und hier wird eine Wahrheit verkündigt, die an den gegebenen Grundtatsachen rüttelt, die selbst die Autorität des Todes nicht respektieren will. Wo ist dann aber noch die Grenze, die den Bestand der Wirklichkeit sichert?

Hier steht ein „Unmöglich". Dieser Mann muß verschwinden. Er stört die Ruhe. Das Handwerk muß ihm gelegt werden, sonst geht es drunter und drüber. Das Handwerk muß ihm gelegt werden, aber wie?

Und nun sehen wir, liebe Gemeinde, in unserem Evangelium, wohin das führt, wenn wir Menschen der Frage nach den möglichen, wahrscheinlichen oder sicheren Folgen unseres Tuns oder Lassens den Vorrang einräumen vor der Frage, was recht ist und was denn wahr ist. Jetzt tritt der Kaiphas auf und hält eine fromme, hohepriesterliche Rede, die ganz und gar von tiefer Verantwortung für Volk und Kirche getragen ist. So spricht ein Kirchenfürst: „Wenn nichts von uns geschieht, dann muß unser Volk zugrunde gehen, politisch und damit auch kirchlich. Wenn wir nichts tun oder uns mit halben Maßnahmen begnügen, dann tragen wir an dem Untergang des Volkes die Schuld. Darum dürfen wir uns nur von einer Überlegung leiten lassen: Wie können wir das Unheil, das wir kommen sehen, gründlich und radikal abwenden? Das Wohl unseres Volkes sei uns höchstes Gesetz. Und unter diesem Gesichtspunkt ist das meine Meinung: Es ist uns besser, ein Mensch sterbe für das Volk, denn daß das ganze Volk verderbe."

Hiermit ist der Grundsatz proklamiert: „Gut ist, was dem Volke nützt"; hiermit ist der Damm zerrissen. Was heißt jetzt noch Recht? Was heißt jetzt noch Wahrheit? Das sind unfruchtbare Theorien, das sind psychische Hemmungen, über die der einzelne hinauswachsen muß. Wir haben es mit der harten Logik der Wirklichkeit zu tun. Und nun ist kein Halten mehr: „Von dem Tage an ratschlagten sie" — nicht was recht und was wahr ist — sondern, „wie sie ihn töteten". Nun wird der Steckbrief erlassen als Verfügung der obersten Kirchenbehörde: „So jemand wüßte, wo er wäre, daß er's anzeige, daß sie ihn griffen".

Nun sind die Fronten klar, nun ist die Kampfparole ausgegeben.

Wir aber mögen vorweg aus dieser Entwicklung der Dinge das eine lernen, was hier beispielhaft deutlich wird: Wenn irgendein Zweck uns höher steht als die Wahrheit — und wenn es die besten und höchsten Ideale wären, mögen wir es auch „Volk" oder mögen wir es „Kirche" nennen — geraten wir mit tödlicher Sicherheit immer tiefer hinein in den Widerspruch gegen den, der von sich sagt: „Ich bin die Wahrheit". Und wir kommen dann nicht eher zu Sicherheit und Ruhe, als bis wir ihn aus unserem Leben hinausbefördert haben.

Es ist kein Zufall, sondern unabänderlicher Zwang, daß eine Kirchenleitung, die die Unruhe der Christusverkündigung in der Öffentlichkeit vermeiden möchte und deshalb zur Vorsicht und zum Schweigen rät, am Ende dahin kommt und kommen muß, den Herrn Christus zu verleugnen, weil sein Anspruch: „Ich bin die Wahrheit" sich mit einer halben Anerkennung der Wahrheit nicht zufrieden gibt. Und es ist ebenso kein Zufall, daß das gleiche Gesetz in unserem persönlichen Christenleben gilt. Liebe Christen, fangen wir erst einmal an, bei der Herrschaft des Herrn Christus von uns aus Grenzen zu ziehen, so müssen wir diese Grenzen immer weiter von uns weg auf ihn zuschieben, bis für ihn kein Raum mehr bleibt. Es ist in unserem Leben grundsätzlich so, daß der Herr Kaiphas das letzte Wort spricht: „Es ist besser, ein Mensch — dieser eine Mensch — sterbe".

Wir wissen — oder sollten es jedenfalls wissen — wieweit dieser eine Grundsatz: „Es ist besser, ein Mensch sterbe für das Volk, denn daß das ganze Volk verderbe", — ausgesprochen oder unausgesprochen — in unserem Volk, in unserer Kirche, in unserer Familie, im Kreise der Unseren, bei uns selber — jawohl — um sich gegriffen hat, wie an Stelle des Bekenntnisses und Zeugnisses von Jesus Christus zum mindesten die Frage getreten ist: „Was tun wir, angesichts der Unzuträglichkeiten, die sich für unsere bürgerliche Ruhe, für das irdische Fortkommen unserer Kinder ergeben? Wie läßt sich der Rumor vermeiden?

Freunde, diese Frage kann keine andere Erledigung finden als in dem Rat des Kaiphas: Man muß hier ganz und radikal

Schluß machen. „Es ist besser, ein Mensch sterbe für das Volk, denn daß das ganze Volk verderbe.“ Und wir sehen ja heute, wie solch eine klare Lösung alsbald ihre Wirkung tut: Jesus geht mit seinen Jüngern in die Wüste, zieht sich zurück in ein weltverlorenes Nest, dessen Namen man kaum kennt, so, wie er auch in unsern Tagen aus dem Gesichtskreis der Öffentlichkeit verschwunden ist. Und das dürfte doch eigentlich genügen: nun hat man ja Ruhe vor ihm und kann die Gelegenheit benutzen, um die Bewegung, die von ihm ausging, — um mit den Worten eines Zeitgenossen zu reden — „geistig zu überwinden, organisatorisch verkümmern zu lassen und politisch ohnmächtig zu erhalten“.

Auf diese Weise kommt man vielleicht sogar an den allerletzten, bitteren Konsequenzen vorbei, die ja im Grunde keiner wünscht — heute so wenig wie in den Tagen des Pilatus.

Nein, liebe Freunde, die ganze Rechnung krankt an einem grundlegenden Rechenfehler: daß dabei nämlich Menschen so rechnen und handeln, als ob sie Gottes freie Gegenspieler wären oder auch nur sein könnten. Es ist schon so, daß Kaiphas seinen Plan hat. Es ist schon so: der Plan des Herrn Kaiphas ist vollkommen richtig; er muß nach allen Regeln menschlichen Denkens zu dem gewünschten Ziele führen — und nach menschlichen Gesetzen hat er ja in der Tat am Ende zu diesem Ziel geführt.

Und dennoch ist es gar nicht der Plan des Kaiphas; dennoch ist dieser Mann nur ein Werkzeug in der Hand eines Höheren, und dessen Plänen muß er dienen, ohne sein Wissen und gegen seinen Willen. „Jesus soll sterben für das Volk, auf daß nicht das ganze Volk zugrunde gehe“. So spricht der Hohepriester. Aber indem er meint, damit seine Gedanken überzeugend zur Geltung zu bringen, „weissagte“ er, muß er ahnungslos aussprechen, was Gott ihm in den Mund legt; und indem er meint, auf diese Weise sein Werk voranzutreiben, muß er eben dem dienen, dessen Herrschaft er abwenden möchte. Denn „Jesus sollte sterben für das Volk“, wobei Gott mit diesem „für das Volk“ eben seine eigenen Gedanken hat — nämlich das Kreuz. Das Kreuz, das der Herrschaft seines Christus so wenig ein Ende setzt, daß es vielmehr diese Herrschaft erst recht begründet, und daß es zum gewaltigsten aller Zeichen wird, das alle Menschen um sich sammelt, das dazu dient, die Welt vor die

Entscheidung zu stellen und die Kinder Gottes zusammenzubringen, so daß der menschliche Plan des Kaiphas in dem Augenblick zerbricht, wo er verwirklicht wird, und daß das Reich des Christus in dem Augenblick anbricht, wo man es begräbt.

So machen die Menschen wohl ihre Politik, auch Kirchenpolitik; und was im Großen geschieht, das versuchen wir im Kleinen, indem wir unser Leben in der Welt und unser Leben mit Gott mit Klugheit und Überlegung an den Klippen vorbeizusteuern trachten, ohne zu scheitern. Wir probieren uns dann wohl in der Rolle des interessierten, aber persönlich unbeteiligten Zuschauers; wir warten darauf, ob nicht Frieden zwischen den weltlichen Autoritäten und dem christlichen Glauben doch eines schönen Tages wieder hergestellt wird, wie es ungezählte Menschen hoffen und ersehnen — wie es auch damals die Menge der Festpilger in Jerusalem ungeduldig erwartete, wenn sie fragten: „Was dünkt euch, daß er nicht kommt auf das Fest?"

Wir wissen wohl: Er ist gekommen; aber als er kam, da mußten die unbeteiligten Zuschauer mitspielen in dem Stück, das da aufgeführt wurde — ob sie wollten oder nicht. Die persönliche Entscheidung blieb keinem erspart; denn als er kam, wurde das Kreuz aufgerichtet. Und wir mögen wohl so viel Klugheit aufwenden, um dieser Entscheidung auszuweichen und sie zu vertagen — Freunde, wir bringen den Herrn Christus und den Kaiphas nicht zusammen!, sondern müssen wählen, ob wir die Botschaft „Jesus sollte sterben für das ganze Volk" im Sinne jener Ratsversammlung — die ja auch heute tagt — uns zu eigen machen, oder ob wir sie hören und annehmen wollen als das „Wort vom Kreuz, das da selig macht, alle die daran glauben".

Hier steht die Wirklichkeit und die Wahrheit gegenüber. Das ist dann wieder die Frage, worauf wir letztlich unsere Zuversicht setzen wollen? Und da wissen wir wohl, wie groß unser Respekt vor der Wirklichkeit ist, wie sie uns beherrscht in allem, was unsere Seele erhofft und fürchtet. Wir wissen aber auch und zugleich, wie die ganze Welt der Wirklichkeit — die sich so sicher, so selbstsicher gibt — wie die ganze Welt der Wirklichkeit unterminiert ist, wie alle Pläne, die wir auf sie bauen, wie der des Kaiphas, in dem Augenblick zum Untergang verurteilt sind, wo wir sie fassen, so daß wir nirgendwo einen Halt finden, der uns trägt.

Darum kommen wir ja nicht vorbei und darum kommen wir ja nicht los von dem Wort, das uns im Namen Gottes anredet; darum bleibt dies Wort das Erste und das Letzte, auf dem allein alle sogenannte Wirklichkeit erst ruhen kann. Auch der Kaiphas hat im Namen Gottes geredet. Es ist eben auch das wahr: „Ihr wisset nichts, bedenket auch nichts". Denn bei allem, was wir wissen, wissen wir doch eben tatsächlich nichts, und bei allem, was wir denken, denken wir doch eben tatsächlich nichts; denn Gott hat die Weisheit dieser Welt längst, längst zur Torheit gemacht.

Nur ob wir uns mit dem abfinden, was ihm gefallen hat, nämlich: „Gott hat die Weisheit der Welt zunichte gemacht und es hat ihm gefallen, durch törichte Predigt selig zu machen die, so daran glauben"! So hat denn seine Gnade und Wahrheit das letzte Wort und alle unsere klugseinwollenden und auf die Wirklichkeit sich berufenden Gedanken werden zuschanden vor seiner Wirklichkeit.

„Was tun *wir*?" Diese Frage ist falsch und führt in die Irre, wenn nicht die erste Frage voraufgegangen ist, die wir an Gott richten: „Was willst Du, daß wir tun sollen?" Denn so spricht der ewige und lebendige Gott durch sein Wort: „Trachtet am ersten nach dem Reich Gottes, — und *fragt* nicht erst nach Wirklichkeit und Wahrheit! — trachtet am ersten nach dem Reich Gottes und nach seiner Gerechtigkeit, so wird euch solches alles zufallen". *Er* hat's gesagt!

Und ging hin ein wenig, fiel nieder auf sein Angesicht und betete und sprach: Mein Vater, ist's möglich, so gehe dieser Kelch von mir; doch nicht wie ich will, sondern wie du willst. Und er kam zu seinen Jüngern und fand sie schlafend und sprach zu Petrus: Könnet ihr denn nicht eine Stunde mit mir wachen? Wachet und betet, daß ihr nicht in Anfechtung fallet. Der Geist ist willig; aber das Fleisch ist schwach. Zum andernmal ging er wieder hin, betete und sprach: Mein Vater, ist's nicht möglich, daß dieser Kelch von mir gehe, ich trinke ihn denn, so geschehe dein Wille. Und er kam und fand sie abermals schlafend, und ihre Augen waren voll Schlafs. Und er ließ sie und ging abermals hin und betete zum drittenmal und redete dieselben Worte. Da kam er zu seinen Jüngern und sprach zu ihnen: Ach wollt ihr nun schlafen und ruhen? Siehe, die Stunde ist hier, daß des Menschen Sohn in der Sünder Hände überantwortet wird. Stehet auf, laßt uns gehen! Siehe, er ist da, der mich verrät!

Matthäus 26, 39—46.

Liebe Gemeinde, es ist uns ein Geheimnis um diese Nacht in Gethsemane. Wir können es nicht wagen — und es wäre nicht fromm — wenn wir in dies Geheimnis einzudringen versuchen wollten. Denn was da zwischen Jesus und seinem Vater vorgegangen ist, davon hat kein Menschenauge etwas gesehen und davon hat kein Menschenohr etwas gehört. Aber was Gottes Wort darüber sagt, das — freilich sollen wir hören, dem sollen wir nachdenken, das sollen wir nachbeten; denn das ist *uns* gesagt.

Es ist uns ja des öfteren gesagt im Evangelium, daß der Herr Christus die Einsamkeit gesucht hat, daß er die stillen Stunden gebraucht hat, um mit seinem himmlischen Vater zu sprechen, sich Sammlung und Kraft und Vollmacht und heiligen Geist für sein Werk schenken zu lassen. Aber jene Nacht in Gethsemane ist etwas anderes, etwas ganz anderes.

In dieser Nacht will er allein sein, und wir spüren: er will doch nicht allein sein. Allein, ja; aber er will nicht das Gefühl der Verlassenheit haben. In dieser Nacht geht es um die Entscheidung, um die Schwelle von dem Leben zum Tode, und die Stelle und die Schwelle heißt Sterben. Und da heißt es: „Er fing an zu zittern und zu zagen, und seine Seele war betrübt bis an den Tod". Das entscheidende Wort ist gesprochen — es wird gesprochen zwischen dem Vater und dem Sohn. Aber davor bangt dem Herrn. Da sollen die drei Jünger, die ihm persönlich am nächsten standen, die sozusagen den engsten Kreis seiner Jünger bildeten, bei ihm bleiben: „Bleibet hier und wachet mit mir". — Liebe Freunde, so weit wir wissen, ist es das erste und einzige Mal, daß der Herr Jesus mit einer persönlichen Bitte um persönlichen Beistand, um persönliches Mittragen an seine Jünger herangegangen ist. Und in diesem Bitten wird der Herr Christus enttäuscht auf der Schwelle zwischen Leben und Tod. Und er muß — von den Menschen verlassen — in der Einsamkeit in die letzte Entscheidung, vor der ihm graut.

Liebe Freunde, das bedeutet, daß in Gethsemane an den Herrn Christus die letzte und die größte Versuchung herantritt. Da sind die schlafenden Jünger, und daneben steht der Teufel und fragt: „Eine Bitte hast du an die Menschen gerichtet, eine kurze Stunde mit dir zu wachen. Meinst du, daß es lohnt? Da sind die Jünger! Meinst du, daß es lohnt, für diese Menschen zu sterben? Meinst du, daß es lohnt, in ihren Herzen die Kraft des Glaubens, in ihren kalten Seelen das Feuer der Liebe anzuzünden?" Und in dieser Versuchung ist Jesus allein. Dabei ist das nur eine Seite, nur — ja, die eine Seite der Last, die auf der Seele liegt.

Der Herr Jesus betet: „Mein Vater, ist's möglich, so gehe dieser Kelch von mir". — Soweit wir wissen, ist es das erste und einzige Mal, daß Jesus an seinen himmlischen Vater um persönliche Hilfe, um persönlichen Beistand eine Bitte richtet; und diese Bitte, diese eine Bitte wird ihm nicht gewährt, Gott bleibt stumm. Da ist kein Wort des Vaters, das tröstet. Und wenn er sich schon ganz hineingibt in Gottes Willen: „Doch nicht wie ich will, sondern wie du willst!", auch da ist keine Antwort, sondern Jesus muß es wissen: Ich bin allein, die Entscheidung liegt bei mir. Da ist er in der tiefsten Verlassenheit. Und wieder fragt der Versucher: „Meinst du, daß es lohnt? Meinst du, daß du den Zorn Gottes versöhnen kannst, der nicht mal seinem treuen Knecht, seinem Sohn, den er dahingegeben hat, Trost schenkt, eine Sekunde der Hoffnung? Laß deine Hoffnung fahren!"

Wir ahnen ja nur etwas von der Verlassenheit dieser Stunde, schauen in die dunkelste der Nächte: Der Heiland von allen Menschen verlassen, von Gott verlassen, anders als in der Wüste, wo er versucht wurde. Hier ringt er mit der Verzweiflung, mit dem Tode: Ist dieses Sterben möglich? Hat dieses Sterben denn irgendeinen Sinn?

Wenn wir das hören, bekommen wie eine Ahnung, merken wir etwas von dem, was der andere Evangelist sagt: „Und es kam, daß er mit dem Tode rang und betete heftiger. Es ward aber sein Schweiß wie Blutstropfen, die fielen auf die Erde."

Liebe Gemeinde, in dieser hoffnungslosen Dunkelheit ringt der Heiland der Welt um uns und um Gott. Und seine einzige Hoffnung sind die schlafenden Jünger. Jesus tritt zu ihnen, spricht ihnen zu, um sein einsames Ringen fortzusetzen. Aber als er zu den Jüngern kam, war es anders. Da stand nicht mehr der Versucher: „Meinst du, daß es lohnt um diese Menschen?" Er hat eine Antwort gehört auf diese Frage: „Mein Vater, ist's möglich?", hat die Antwort gehört: „Es ist nicht möglich, daß der Kelch an dir vorübergeht. Es ist kein anderer Weg, einen Tropfen von Glauben, einen Funken von Liebe in ihnen zu wecken, als das Opfer deines Leben".

Die schlafenden Jünger waren die Antwort; und so hat Jesus es verstanden. Er geht wieder hin, und diesmal betet er nicht, ob es möglich sei, daß der Kelch an ihm vorübergehe — denn daß es nicht möglich ist, ist ihm gewiß geworden; er betet darum, daß in dem Kelch ihm der Wille Gottes klar werde: „Mein Vater, ist's nicht möglich, daß dieser Kelch von mir gehe, ich trinke ihn denn, so geschehe dein Wille".

Und als er wieder ohne Antwort bleibt, geht er wieder hin und findet die Jünger schlafend. Und wieder steht der Versucher da; aber er kommt nicht zu Worte, sondern er hört den Vater sprechen: „Hier siehst du meinen Willen". Und er ging wieder hin und betete dieselben Worte, und diese Worte sind das Amen unter das Gebet: „Ja, Vater, so geschehe dein Wille".

So geht der Herr Christus seinen Weg, nicht wie er hereingegangen ist nach Gethsemane mit Zittern und Zagen. Er geht ihn allein, aber nicht verlassen. Jawohl, die Menschen haben ihn verlassen; aber er hat die Menschen nicht verlassen. Gott hat ihn verlassen, aber er hat Gott nicht verlassen.

Liebe Gemeinde, das ist der Sieg im Gebetskampf in Gethsemane; und wir stehen davor, ja: es bleibt uns nichts anderes übrig, als anzubeten vor dieser einsam gewordenen, verlassenen, enttäuschten Liebe, die sich von aller Einsamkeit und Verlassenheit nicht hat enttäuschen lassen, vor dieser Sünderliebe des Heilandes, die sich nicht erbittern läßt, die *alles* trägt, *alles* glaubt, *alles* hofft, *alles* duldet.

Und wir beten an vor diesem Gehorsam des Heilandes, vor diesem einsam gewordenen, verlassenen, enttäuschten Sohnesgehorsam vor dem himmlischen Vater. Dieser Gehorsam hört auf keinen Versucher, wandelt sich nicht in Gleichgültigkeit und Enttäuschung, sondern kämpft sich durch zu der Gewißheit, daß das der gnädige Wille des Vaters ist. Dieser Sohnesgehorsam, diese Sünderliebe, die unser Trost ist. Darüber wird aus der dunkelsten Nacht die heiligste Nacht, in der der Heiland das Ja gesprochen hat zu dem Kampf um unsertwillen.

Liebe Gemeinde, das hören, sollte für uns Trost sein, wenn wir in den heutigen Tagen — und am heutigen Abend besonders — an die denken, die verlassen sind, weil keine Freunde ihnen beistehen und weil Gott ihnen die Türe nicht auftut. Wir gedenken ihrer in der Fürbitte, daß der Herr Christus, der in anderer Weise durch die Einsamkeit und Verlassenheit und Enttäuschung gegangen ist, ihnen nahe sein möchte in ihrer Einsamkeit und Verlassenheit und Enttäuschung und ihnen zu Trost und Kraft werden möchte.

Wir wissen wohl; mit dem, was wir Glauben und Treue nennen, ist es nicht getan. Es ist wahrhaftig nicht damit getan, daß der Petrus sagt: „Ich will mich nimmermehr an dir ärgern!", sondern damit, daß der Herr Christus uns nicht losläßt, daß der heilige Gott uns nicht losläßt, sondern in unserer Mitte steht und uns hält.

Dafür sollen wir dankbar werden; *darauf* sollen wir hören; *darüber* sollen wir getrost werden; *dafür* sollen wir Gott loben und anbeten, und sollen sprechen:

„Mein Lebetage will ich dich aus meinem Sinn nicht lassen!"

Und er trieb einen Teufel aus, der war stumm. Und es geschah, da der Teufel ausfuhr, da redete der Stumme. Und das Volk verwunderte sich. Etliche aber unter ihnen sprachen: Er treibt die Teufel aus durch Beelzebub, den Obersten der Teufel. Die andern aber versuchten ihn und begehrten ein Zeichen von ihm vom Himmel. Er aber erkannte ihre Gedanken und sprach zu ihnen: Ein jeglich Reich, so es mit sich selbst uneins wird, das wird wüst, und ein Haus fällt über das andere. Ist denn der Satanas auch mit sich selbst uneins, wie will sein Reich bestehen? dieweil ihr sagt, ich treibe die Teufel aus durch Beelzebub. So aber ich die Teufel durch Beelzebub austreibe, durch wen treiben sie eure Kinder aus? Darum werden sie eure Richter sein. So ich aber durch Gottes Finger die Teufel austreibe, so kommt ja das Reich Gottes zu euch. Wenn ein starker Gewappneter seinen Palast bewahrt, so bleibt das Seine mit Frieden. Wenn aber ein Stärkerer über ihn kommt und überwindet ihn, so nimmt er ihm seinen Harnisch, darauf er sich verließ, und teilt den Raub aus. Wer nicht mit mir ist, der ist wider mich; und wer nicht mit mir sammelt, der zerstreut. Wenn der unsaubere Geist von dem Menschen ausfährt, so durchwandelt er dürre Stätten, sucht Ruhe und findet sie nicht; so spricht er: Ich will wieder umkehren in mein Haus, daraus ich gegangen bin. Und wenn er kommt, so findet er's gekehrt und geschmückt. Dann geht er hin und nimmt sieben Geister zu sich, die ärger sind denn er selbst; und wenn sie hineinkommen, wohnen sie da, und es wird hernach mit demselben Menschen ärger denn zuvor. Und es begab sich, da er solches redete, erhob ein Weib im Volk die Stimme und sprach zu ihm: Selig ist der Leib, der dich getragen hat, und die Brüste, die du gesogen hast. Er aber sprach: Ja, selig sind, die das Wort Gottes hören und bewahren.

Lukas 11, 14—28.

Das hat niemand für möglich gehalten, daß der Stumme reden werde; hier aber geschieht das Unmögliche aus der Vollmacht des Jesus von Nazareth: er treibt die Teufel aus, und der Teufel gehorcht, und der Stumme redet! Ein Wunder:

„Und das Volk verwunderte sich". Damit ist die Frage gegeben, unabweisbar und unabwendbar, unausweichlich: Wer ist eigentlich dieser Mann? Woher hat er eigentlich seine Macht? Das ist die Frage, die auch unserer Zeit und unserem Volk von neuem gestellt ist und die heute auf eine Antwort drängt: denn der Stumme redet; und es ist offenkundig vor der Welt: er redet, weil derselbe Jesus von Nazareth es ihn geheißen hat.

Will sagen: die christliche Kirche redet, ihr ist die Sprache wiedergegeben, und der Bann des Schweigens ist von ihr genommen, und sie bekennt — und wer könnte es bestreiten! —, daß es kein anderer ist als eben derselbe Jesus von Nazareth, von dem wir hier im Evangelium hören, der die Gewalt des stummen Teufels zerbrochen hat durch sein Machtwort: „Ihr sollt meine Zeugen sein!" Die Kirche redet wieder, und an der Tatsache, daß sie mit ihrem Reden Jesus von Nazareth als ihren Befreier aus der Macht des Teufels bezeugt, an der Tatsache ist nicht zu zweifeln; und „das Volk wunderte sich", und die Frage ist wieder lebendig: Wer ist eigentlich dieser Mann? Woher hat er eigentlich seine Macht?

Oder ist am Ende jene Gewalt, die der Kirche den Mund verschloß, gar nicht so ernst zu nehmen; reden wir hier vom Teufel und von Jesus von Nazareth als einem Überwinder nur zu dem Zweck, um dem, was wir sagen, ein größeres Gewicht und größeren Nachdruck zu geben? Während es sich in Wirklichkeit bei dem Schweigen der Kirche um gar nichts anderes handelte, als um eine höchst natürliche Trägheit und Scheu vor möglichen Unannehmlichkeiten?!

Liebe Gemeinde, wenn das so gewesen wäre mit dem Schweigen einer stummgewordenen Kirche, wenn es nur das gewesen wäre, dann würde der Kirche, die heute wieder redet, die den Jesus von Nazareth bekennt, dann würde der Kirche nicht diese Flut von Haß entgegenbranden, dann würde nicht der Teufel sein ganzes höllisches Heer mobilisieren, um das Verlorene in seinen Besitz zu bringen und um zu verhindern, daß der Sieg Jesu weiter um sich greift. Wir brauchen ja nur die Augen aufzumachen, um zu sehen, und wir brauchen ja nur die Ohren aufzumachen, um zu hören. Die Feindschaft um uns her gilt ja gar nicht der Kirche, ihren Gliedern und Hirten, sie gilt dem Herrn der Kirche; der Haß, der uns entgegenschlägt, meint gar nicht uns armselige Zeitgenossen, nein, er meint den Jesus Christus, dessen Namen wir tragen; hier ringen nicht Menschen mit Menschen — wenn es auch um Leben und Tod geht, und das ist schon ernst genug! — nein Freunde, hier ringt der Teufel mit dem Erlöser um Verdammnis und Seligkeit.

Und darum ist Jesus von Nazareth der bestgehaßte und meistverleumdete Mann in unserem Geschlecht; darum muß alles, was er tut und schafft, als gottwidrid und teuflisch verdächtigt werden; denn die Methoden des Teufels, der ein Mörder von Anfang und ein Lügner ist, sind stets die gleichen gewesen und bleiben die gleichen; er verstellt sich zum Engel des Lichts, zum Vertreter Gottes, und der Sohn Gottes muß ein Teufelsknecht heißen. So erleben wir's denn heute wieder, was damals die Jünger erleben mußten: der Teufel steckt sich hinter die Menschen; und da Jesu Wundertat schlechterdings nicht bestritten werden kann, so kann nur sein göttlicher Auftrag angezweifelt werden: „Er treibt den Teufel aus durch Beelzebub, den Obersten der Teufel".

Mit derselben Lüge wird heute gekämpft, mit derselben Verleumdung wird heute die Autorität Jesu unterhöhlt; und wo wir dieser Lüge begegnen, da packt uns ein Grauen und Bangen um die Seelen unseres Volkes und zumal unserer Jugend. Denn was damals einige wenige aussprachen, das hat heute in unsern Tagen tausend und aber tausend falsche Propheten gefunden. Sie predigen es auf allen Gassen und in allen Schulen, daß der Geist Jesu ein fremder, teuflischer Geist, und daß sein Tun und Wirken nichts als Satanswerk sei.

Und der Beweis? Die Kirche redet, die Gemeinde eben dieses Jesus, die ihre Sprache durch ihn wiederbekommen hat, bekennt, daß Jesus ihr Herr ist, die Kirche, die mitten in dieser höllischen Begriffsverwirrung als einzige die Lüge als Lüge, das Böse als böse anzusprechen wagt und den Teufel seinen Herrschaftsanspruch bestreitet: „Ich glaube, daß Jesus Christus sei mein Herr!"

Liebe Gemeinde, wir sollen ganz getrost sein: diese Lüge, die als Beweis hindeutet auf die Kirche, die nun einmal Lüge Lüge nennt und Böses böse, diese Lüge ist viel zu töricht, als daß sie von Menschen ernsthaft geglaubt werden könnte auf die Länge: den Teufel, der selber sein eigenes Reich zerstört, den gibt es nicht, das glaubt keiner. Wo diese Lüge gestraft wird und die Botschaft aufgedeckt wird, da ist ein anderer am Werk, der, der gekommen ist, die Werke des Teufels zu zerstören; da tritt der auf den Plan, der sich als der Stärkere erweist.

Und wenn ausgerechnet in diesen unsern Tagen die Botschaft der christlichen Kirche wieder vernehmbar wird, wo ihre Verkünder und Hörer alsbald Gefahr laufen, verdächtigt, verleumdet und verfolgt zu werden — wie das am Tage ist, so mag uns das, daß die Kirche redet, ein tröstliches Wunderzeichen dafür sein, daß dem Reich des Teufels dort eine Grenze gesetzt ist; daß dem Teufel dort sein Herrschaftsanspruch genommen ist, wo Jesus Christus sein Reich aufrichtet: „So ich durch Gottes Finger die Teufel austreibe, so kommt ja das Reich Gottes zu euch!" Da mögen dann wohl Lästerungen kommen und Leiden kommen und Trübsale kommen — ja, sie kommen gewiß —, allein: gerade sie müssen den Nachweis erbringen, daß der Stärkere da ist, an dem Lästerungen und Leiden und Trübsal sich als machtlos erweisen, an dem alle Angriffe zuschanden werden. Deshalb klingt aus dem Dunkel der Verfolgung das Triumphlied der Erlösten, darum heißt es in dem Siegeslied der Gemeinde, die den Glauben und die Sprache wiedergefunden hat: „Jesus ist Sieger!".

Liebe Gemeinde, viele Menschen hören dieses Lied, viele erfreuen sich daran und schöpfen daraus neue Hoffnung. Die christliche Kirche hat ungezählte Freunde, die ihren Kampf mit heißen Wünschen verfolgen und begleiten, weil sie fürchten, es möchten sonst, wenn die Kirche schweigt, die dämonischen Gewalten den Sieg davontragen; und Jesus von Nazareth ist nicht nur der bestgehaßte und meistverleumdete Mann in unserem Geschlecht, er ist zugleich derjenige, dem die höchste Achtung und Sympathie entgegengebracht wird von solchen, die ihm früher gleichgültig und ablehnend gegenübergestanden haben und die heute überzeugt sind, daß die Abkehr von ihm für uns alle — und die ganze europäische Welt etwa — das Ende bedeuten muß. Ja, irgendwie haben wir alle an dieser Überzeugung auch teil; aber wir haben auch Anteil an der Versuchung, die uns aus dieser Sympathie erwächst. Freunde, mit Sympathie und Achtung ist hier nämlich nichts auszurichten; in dem Kampf Jesu mit dem Reich des Satans hilft keine noch so wohlwollende Neutralität; in diesem Kampf zählt der Dienst in der Etappe nicht als Kriegsjahr: „Wer nicht mit mir ist, der ist wider mich; und wer nicht mit mir sammelt, der zerstreut!"

Das ist ein Wort, das klingt uns maßlos hart und radikal in den Ohren; und wir suchen wohl seiner schroffen Strenge zu entgehen, indem wir uns daran erinnern, daß derselbe Jesus auch einmal das Wort gesprochen hat: „Wer nicht wider uns ist, der ist für uns!" Liebe Freunde, wir können uns hinter dem Wort nicht verstecken; das sanfte Wort ist gegen den Dünkel der Jünger gesprochen, die keinem Fremden das Recht zugestehen wollten, im Namen Jesu zu wirken. Aber wir sind nicht in dieser Lage. Dieses scharfe Wort richtet sich gegen alle Halbheit, die dem Leiden des kämpfenden und gelästerten Erlösers entschlüpfen und aus dem Wege gehen möchte. Hier gibt es nur ein klares Für oder Wider; und das ist genau die Frage, die uns alle heute angeht und an der keiner von uns vorbeikommt.

Es heißt den Machtwillen und die Zähigkeit des bösen Feindes gründlich verkennen, wenn wir uns einbilden wollten, wir könnten am Reiche Gottes und an seinen guten und gnädigen Gaben auf die Länge teilhaben, ohne daß wir wirklich und persönlich Christus unsern Herrn nennen und ohne daß wir wirklich und persönlich sein Eigentum werden. Mit Sympathie und Achtung ist da nichts zu machen. Für eine kleine Weile mag es gut gehen; der Herr Christus ist nicht ängstlich und kleinlich mit seinen Gaben; wir alle — aber nicht nur wir, auch alle, die das heute tun —, haben von Jugend auf aus seiner Fülle genommen und sind durch ihn vor manchem Teufel bewahrt und vielleicht auch von dem einen oder dem andern Teufel befreit worden; aber der Böse kommt zurück, und wenn er bei seiner Rückkehr nicht auf den trifft, der ihm gewachsen ist, wenn er das Haus leer findet, dann geht es nach dem unheimlichen Wort Jesu, daß er noch sieben schlimmere Gäste mitbringt und es nachher schlimmer wird denn zuvor, und der letzte Betrug wird ärger denn der erste.

Liebe Gemeinde, wir haben das in erschütternder Eindeutigkeit vor Augen: diese selben Menschen, die sich heute nicht genug tun können in der Lästerung des Herrn Christus, diese selben Menschen sind allesamt einmal auf seinen Namen getauft worden; diese selben Menschen haben alle oder doch zum größten Teil ihm am Konfirmationstage die Treue gelobt; diese selben Leute waren wohl bis auf wenige Ausnahmen noch vor fünf Jahren wohlwollend neutral, hielten es jedenfalls nicht für unter ihrer Würde, damals — ehe das dritte Reich anbrach — sich in der Öffentlichkeit als Vertreter des christlichen Glaubens gegenüber der Gottlosigkeit in empfehlende Erinnerung bringen. Aber das Wort des Herrn Christus hat die Halbheit nicht geduldet, und es hat nicht getrogen: Wer nicht mit mir ist, der ist wider mich; und wer nicht mit mir sammelt, der zerstreut!" Und das ist wahr!

Wir könnten von den Leuten sprechen, die eine gemäßigt gläubige christliche Kirche bauen wollten mit neutralen und erträglichen Heiden. Wir können das menschlich gut verstehen, und es kann noch so gut gemeint sein; aber was ist daraus geworden? Jesu Wort hat ihr Werk zerschlagen: Wer nicht mit mir sammelt, der zerstreut!

Man braucht kein Prophet zu sein, um vorauszusagen, was aus solchen „wohlwollenden Neutralen" — auch in unserer Mitte — werden wird, die heute als freundlich interessierte Zuschauer — vielleicht mit einem politischen Einschlag — dem Glaubenskampf der Gemeinde Jesu zuschauen: Sie werden auch in fünf Jahren oder auch schon in fünf Monaten bei denen sein, die den Jesus von Nazareth dazu verdammt hat, ganz oder gar nicht bei ihm zu sein, — es sei denn, sie hörten auf den Ruf Jesu: her zu mir!

Ja, liebe Gemeinde, was wird aus uns, denen es ernst ist mit dem Willen, Kirche Jesu Christi zu sein und nicht wieder stumm zu werden, nachdem uns der Glaube und die Sprache wiedergeschenkt ist. Wir sagen's ja wohl und wiederholen es immer von neuem, und sprechen es den Aposteln Jesu nach: „Wir können's ja nicht lassen, daß wir nicht reden sollten, was wir gesehen und gehört haben!" Und wie oft lassen wir's doch, weil uns der Mut versagt; und wie oft reden wir nur im Widerspruch und Trotz, ohne wirklich sammeln zu wollen.

Was ist aus dem Haus geworden, aus dem Jesu den stummen Teufel vertrieben hat, und wer wohnt jetzt dort als Herr und Gebieter? Am Ende doch nur unser bißchen persönlicher Mut, unser bißchen Trotz und Verzagtheit? Dann mag die Kirche bald eine Beute des Satans werden, der wiederkommt mit sieben ärgeren Geistern, und dann mag das Verhängnis seinen Lauf nehmen — mit Recht; denn wir sind gewarnt: „Wer nicht mit mir ist, der ist wider mich; und wer nicht mit mir sammelt, der zerstreut!"

An ihm hängt alles? denn er ist's, der dem Teufel wehrt; er ist's, der den Sieg gewinnt: Er — und nicht wir. Er — und nicht eine noch so orthodoxe Kirche!

Aber mit ihm haben wir teil an seinem Sieg, mit ihm hat die Kirche teil am Reich Gottes!

Mit ihm: was heißt das, liebe Gemeinde, und wie geschieht das? Es heißt nicht ein überströmendes Gefühl, es heißt nicht Sympathie und Achtung, es heißt nicht eine leidenschaftliche Begeisterung, es heißt nicht, was jene Frau empfand und in die Worte faßte: „Selig der Leib, der dich getragen hat und die Brüste, die du gesogen hat!" „Mit ihm", das heißt: ihn als das Wort Gottes hören, das Gott mit uns redet und dies Wort bewahren und halten als den tragenden Grund für all unser Kämpfen und Leiden!

Und wenn wir diesen Grund haben, dann geht es! Wo wir aber den Grund unter den Füßen verlieren, hilft all unser Mut und Trotz nicht einen Schritt weiter; wo dieser Grund trägt, kann uns keine Angst und Verzagtheit zuschanden machen; denn über dies Wort, das er mit uns redet, hat kein Teufel Gewalt — in gar keinem Fall! Und dieses Wort heißt: „Immanuel" — „Gott mit uns"! Es heißt, daß im Lehren und Leiden, im Sterben und Auferstehen Jesu von Nazareth Gottes Reich zu uns kommt, auf daß ich sein eigen sei und in seinem Reich unter ihm lebe und ihm diene, sein Wort höre und bewahre in ewiger Gerechtigkeit, Unschuld und Seligkeit.

Weniger langt nicht und mehr brauchen wir nicht! Das meint Jesus, wenn er uns im Kampf mit dem Teufel, in dem Kampf um unsere Kirche, um die Gemeinde, um unser Volk, wenn er uns das Wort zuruft: „Selig sind, die das Wort hören und bewahren!"

Und da sie versammelt waren, sprach Pilatus zu ihnen: Welchen wollt ihr, daß ich euch losgebe? Barabbas oder Jesus, von dem gesagt wird, er sei Christus?

Matthäus 27, 17.

Es geht uns beim Hören der Leidensgeschichte wohl allen, und es geht uns wohl immer wieder von neuem so, liebe Freunde, daß die Gestalt dieses Römers, des Pilatus, uns Mitleiden einflößt, während wir uns von allen andern, die den Tod Jesu herbeiführen helfen, mit großer Schärfe lossagen und trennen. Der kalte Haß der jüdischen Obrigkeit erfüllt uns mit Abscheu, der grundlose und unergründliche Verrat des Judas erweckt unser Grausen, und der wankelmütige Fanatismus der großen Masse stößt bei uns auf Verachtung; aber Pilatus ist etwas anderes: Pilatus ist ein armer, schwacher Mensch, der vergeblich mit seiner Verantwortung zurechtzukommen sucht und dem eine Aufgabe gestellt ist, der er einfach nicht gewachsen ist. Er kann sich selber nicht entscheiden, und so schiebt er andern die Entscheidung zu in der Hoffnung, die andern würden vielleicht wagen, was er selber nicht wagt. Er ist bemüht, die andern zur Entscheidung zu bringen, und sein Bestreben — und es ist ein heißes Bestreben — geht dahin, durch kluge Hilfe zu erreichen, was ihm selber nicht gelingen will, aber als das allein Rechte gewiß ist.

Und ist diese Frage: „Barabbas oder Jesus?“ nicht eine außerordentlich klug ausgewählte Hilfe, den andern zur richtigen Entscheidung zu helfen? Ist das nicht ein ganz unzweideutiges Entweder — Oder, angesichts dessen es ein Schwanken nicht geben kann? Wer auf diese Frage Antwort gibt, übernimmt mit offenen Augen die Verantwortung für die Entscheidung, die er trifft. Kein Zweifel: diese Frage ist klar, und wer diese Frage beantwortet, muß sich klar sein, was er tut, und bekennt sich wissend zu einer Entscheidung. Wer zu dem Mörder ja sagen will, muß das Nein zu Jesus sprechen, und wer das Ja zu Jesus spricht, muß zu dem Mörder das Nein sagen. Das ist wahr!

Und dennoch stimmt diese kluge Rechnung des Pilatus nicht; es bleibt ein Rest, und dieser Rest ist die Last, die auf Pilatus liegen bleibt. Dieser Rest ist die Verantwortung, die er nicht los wird. Er hat diese Frage nämlich gestellt; er hat diese Wahl: „Barabbas oder Jesus?" freigegeben, als ob es wirklich eine freie Wahl wäre, die ihn selber nichts anginge, in der er selber der Unparteiische, der persönlich Unbeteiligte bleiben oder auch nur sein könnte. Und was ist im Grunde schon daran gelegen? Pilatus hat den Tumult um Jesus nicht gewollt und nicht herbeigeführt, er hat keinen Finger dazu gerührt. Was kümmern ihn die religiösen Streitigkeiten des Volkes, das er regiert? So mag denn das Volk selber wählen und entscheiden, was aus dem so heiß umstrittenen Mann aus Nazareth werden soll.

Diese Entscheidung scheint recht und billig. Pilatus scheint dabei ganz draußen bleiben zu können. Aber es ist doch nur Schein. Dennoch wird Pilatus darüber zum Henker des Mannes, dessen Leben er hat retten wollen; und das christliche Glaubensbekenntnis verkündet es durch die Jahrhunderte, daß wir glauben an Jesus Christus, der gelitten hat unter Pontio Pilato. Kein persönliches Wohlwollen und kein Händewaschen in Unschuld hat das verhindern können.

„Barabbas oder Jesus?" Liebe Freunde, kein Mensch hat das Recht, andern Menschen diese Frage vorzulegen, ohne selbst die Antwort auszusprechen; kein Mensch hat das Recht, diese Entscheidung andern zu überlassen, ohne persönlich Stellung zu nehmen. Denn es geht hier nicht um eine freie Wahl, an der sich beteiligen kann, wer will, und an der sich nicht zu beteiligen braucht, wer sich nicht beteiligen will; denn mit dem Namen Jesu ist ein Anspruch verbunden, an dem auch Pilatus nicht vorüber konnte und an dem keiner vorüber kann, dem dieser Name begegnet. Es ist der Jesus, von dem gesagt wird, er sei Christus.

Wo dieser Anspruch, er sei Christus, wo dieser Anspruch nicht ernsthaft gehört wird — und Pilatus hat ihn nicht ernsthaft hören wollen: „Was ist Wahrheit? Da sehet ihr zu" — da ist keine Möglichkeit mehr, zu wählen, da ist die Entscheidung schon gefallen; da fällt unsere Stimme schon von selbst dem Barabbas zu, ob wir uns dessen bewußt sind oder nicht. So ist es dem Pilatus ergangen. Indem er diese Frage stellt: „Barabbas oder Jesus?", hat er schon den Anspruch Jesu für seine Person zurückgewiesen, hat er schon den Unschuldigen preisgegeben; indem er sich gegen ihn entschied.

Und wiederum: wo dieser Anspruch Jesu, daß er der Christus sei, ernstgenommen wird, da ist gleichfalls keine Möglichkeit mehr, zu wählen, weil da die Freiheit der Wahl für uns zu Ende ist; denn der Jesus, der der Christus ist und dem wir glauben, daß er der Christus ist, der spricht: „Ihr habt mich nicht erwählt, sondern ich habe euch erwählt".

Da ist weder Raum für einen Barabbas, noch für irgendjemand sonst, zwischen dem und Jesus von Nazareth wir zu wählen hätten. Da gibt es die Frage gar nicht mehr: „Welchen wollt ihr, daß ich euch losgebe? Barabbas oder Jesus?", denn wer so fragt, der ist gar nicht frei, zu tun, was er will oder was wir wollen, und indem er so fragt, hat er schon den Feinden Jesu das Feld überlassen, ist er selbst schon ein Feind Jesu geworden.

So ist Pilatus gescheitert, trotz allen Wohlwollens und trotz aller guten Absicht, die Dinge zum besten zu kehren. Er ist gescheitert — nicht an dem Jesushaß der großen Masse, gescheitert nicht an der Feindschaft der Hohenpriester, sondern er ist gescheitert an dem Felsen des Ärgernisses, an dem Anspruch Jesu, daß er der Christus sei, der König der Wahrheit. „Barabbas oder Jesus?" Indem er diese Frage stellt, stößt Pilatus das Tor auf, hinter dem sich der Kreuzweg Jesu auftut; und alsbald fällt hinter ihm die Tür ins Schloß, und er muß weiter als er wollte.

Liebe Gemeinde, die Wogen des Jesushasses branden in diesen Tagen und Wochen gegen uns heran. Es scheint gefährlich, sich unzweideutig und offen für diesen Jesus auszusprechen und einzusetzen, und menschliche Vorsicht und Klugheit mögen uns mehr als einmal den versuchlichen Rat geben, es dem Pilatus nachzutun und die Entscheidung den andern zu überlassen: „Wählt doch selbst; ihr seid ja frei, euch zu entscheiden, ob ihr Barabbas haben wollt oder Jesus, von dem gesagt wird, er sei Christus".

Allein, wir sollten es wissen, liebe Freunde, so wird keiner — und so werden auch wir nicht die Verantwortung los. Im Gegenteil: hier fällt die Verantwortung mit ihrer ganzen Schwere auf den Fragenden zurück: Wo ist deine Entscheidung? Wo ist dein Zeugnis? Wo ist dein Bekenntnis? Gewiß, hier ist ein jeder für sich gefragt, ob er den Anspruch Jesu, daß er Christus, der ein Heiland und Herr sei, hören und anerkennen will. Aber hier ist keiner für sich allein gefragt, sondern hier ist jeder von uns zugleich für den andern gefragt, ob wir dem andern das bekennende Zeugnis nicht schuldig bleiben, das bekennende Zeugnis, das heute so lauten müßte: Jawohl, Brüder und Schwestern, ihr seid vor die Wahl gestellt und es sieht so aus, als ob ihr frei wählen könntet, wem ihr dienen wollt. Aber täuscht euch nicht, die Wahl ist nicht frei! Und wer meint, frei entscheiden zu können, der hat sich schon gegen Christus entschieden. Wir aber wollen das Bekenntnis sprechen mit dem Josua des alten Bundes: „Ich aber und mein Haus wollen dem Herrn dienen".

Ja Herr, hilf uns durch deinen heiligen Geist, daß dein Leiden unsere Leidensscheu, und daß dein Sterben unsere Todesfurcht überwinde, auf daß wir Zeugen deines Leidens und deines Sterbens und deines Auferstehens seien.

Die aber vorübergingen, lästerten ihn und schüttelten ihre Köpfe und sprachen: Der du den Tempel Gottes zerbrichst und baust ihn in drei Tagen, hilf dir selber! Bist du Gottes Sohn, so steig herab vom Kreuz! Desgleichen auch die Hohenpriester spotteten sein, samt den Schriftgelehrten und Ältesten, und sprachen: Andern hat er geholfen und kann sich selber nicht helfen. Ist er der König Israels, so steige er nun vom Kreuz, so wollen wir ihm glauben. Er hat Gott vertraut, der erlöse ihn nun, hat er Lust zu ihm; denn er hat gesagt: Ich bin Gottes Sohn. Desgleichen schmähten ihn auch die Mörder, die mit ihm gekreuzigt waren.

Matthäus 27, 39—44.

Liebe Gemeinde, nun geht das Drama schnell zu Ende. Im Anfang hat es so ausgesehen, als ob wirklich aus dem Werk des Jesus von Nazareth etwas Großes werden sollte. Die Kunde lief durch das Land: „Das Reich Gottes ist da!", und die Massen kamen in Bewegung.

Übriggeblieben ist ein einsamer Mann, und dieser einsame Mann hängt am Kreuz, ein Bild des Jammers und des Elends, eine Zielscheibe des Spottes und der Verachtung, über seinen Häupten die römische Inschrift: „Jesus von Nazareth, der Juden König". Wer das liest, spürt den Stich, merkt, wie es vom Erhabenen zum Lächerlichen nur ein Schritt ist. Ein König? — mit der Dornenkrone. Ein König? — ohne Land und Leute. Ein König? — ohne Macht und Recht.

Und was sich sonst angesichts des Todes in den härtesten Herzen regt: das Mitleid, erstirbt unter diesem Fluch der Lächerlichkeit, und dieser Fluch kennt kein Erbarmen. Der ärgste Verbrecher, der tiefgesunkene Mensch darf immer noch auf Teilnahme hoffen, wenn's zum Sterben geht; denn wo es zum Sterben geht, gehört er dann doch irgendwie zu uns, die wir unter dem gleichen Todesschicksal stehen. Das bringt der Tod normalerweise noch fertig, aus dem elendesten, tiefgesunkenen Menschenleben noch eine Tragödie zu machen, die uns mitleben und mitleiden läßt.

Vor dem Kreuz dieses Jesus von Nazareth hört auch das Mitleid auf; statt dessen bleibt nur roher Spott. Was da passiert, das ist weit entfernt von dem, was wir Tragödie nennen. Ein König?: „Steige herab vom Kreuz!" So wird das Possenspiel bis zum letzten Augenblick getrieben. Wer den Fluch der Lächerlichkeit trägt, muß sich alles gefallen lassen, selbst von den Verbrechern am Kreuz; denn selbst die Verbrecher stehen turmhoch über dem Jesus von Nazareth. Ein Recht haben sie, das haben sie nicht verwirkt; das Recht auf das Mitleid der andern.

Und nun ist das Prophetenwort wahr: „Er ist der Allerverachtetste und Unwerteste", so verachtet, daß noch im Tode statt des natürlichen Mitleids Hohn und Spott ihm das Geleit geben. Tiefer geht es nicht: „Ich aber bin ein Wurm und kein Mensch, ein Spott der Leute und Verachtung des Volkes. Alle, die mich sehen, spotten mein, sperren das Maul auf und schütteln den Kopf". Alle; der römische Soldat genau so gut wie das jüdische Volk, die Ratsherren und Richter genau so gut wie der Verbrecher am Galgen.

In dieser Todesstunde, liebe Freunde, vollendet sich die Einzigartigkeit und Einsamkeit Jesus von Nazareth. Es ist kein Mensch, der sich rühmen könnte, dem Herrn Jesus mit seiner Hilfe beigestanden zu haben. Es ist niemand, der sich rühmen könnte, dem Herrn Jesus sein Sterben erleichtert zu haben. Vor dem Kreuz hört das Rühmen auf. Da bleibt nichts als menschliche Bosheit; menschliche Bosheit, die sich hinter einem Fetzen von Tugend zu verbergen sucht und hier nackt an den Tag kommt als unseres Menschenwesens innerste Natur.

Vor dem Kreuz macht alles edle Menschentum — oder was wir sonst noch so nennen können — Bankrott. Dem Menschentum ist nicht mehr zu helfen. Hier wird das Abgrundtiefe unserer Sünde offenbar, weil es deutlich wird, daß das, was wir Mitleid nennen, nicht einmal eine echte Regung ist, daß in dem Mitleid der Fluch der Lächerlichkeit und in dem Fluch der Lächerlichkeit die nackte Selbstsucht triumphiert; und von dem menschlichen Idealismus bleibt nichts mehr übrig. Da mögen wir uns einreden — aber keiner glaubt es —, daß in der Tiefe des menschlichen Herzens noch irgendein göttlicher Funken säße, ein Keim, den zu entwickeln unser Auftrag sei: das Kreuz Jesu kreuzt jeden Plan zur Selbsterlösung, und alle unsere Pläne und Hoffnungen werden zu Utopien und Hirngespinsten.

Wer Augen hat zu sehen, der soll in der Verlassenheit Jesu, mit dem kein Mensch mehr Mitleid hat, unsere eigene Gottverlassenheit erkennen. Zwischen Gott und uns ist am Kreuz die Kluft da, die nicht mehr zu überbrücken ist.

Wenn jener griechische Weise sagt: „Gebt mir einen Punkt, auf dem ich stehen kann, und ich hebe die Welt aus den Angeln", so mögen wir ihm nachsprechen: „Gebt uns einen Punkt, wo wir stehen können, dann wollen wir wohl eine Brücke bauen über die Kluft zwischen Gott und uns". Aber der Punkt, auf dem wir stehen können, den gibt es nicht! Das Kreuz Jesu erschüttert jeden menschlichen Standpunkt. Es bleibt dann nur das Nichts übrig, nur unser eigenes Ich als Götze, und dieses Ich spottet unter dem Kreuz — ohne es zu ahnen — seiner selbst.

Und die andere Frage, liebe Freunde, die sich aus diesem Teil der Leidensgeschichte ergibt: Ist dieser Mann nicht auch am Ende, der einsam am Kreuz hängt, der statt des Mitleids Spott und Hohn über sich ergehen lassen muß; ist er nicht auch zu Ende? Sein Lebenswerk endet ja doch auch mit einem Bankrott. Es wird ja deutlich, daß die Menschen ihn nicht wollen. Er hat die Menschen überschätzt, wenn er sich ihnen angeboten hat als Brücke zu Gott: „Wer mich siehet, der siehet den Vater", und „Niemand kommt zum Vater, denn durch mich". Wer *will* denn zu Gott? Es ist, als ob ein Traum ausgeträumt ist: „Wir Menschen *wollen* Gott ja gar nicht! Wir wollen Frömmigkeit, Religion; aber hinter aller Frömmigkeit und Religion steckt ja nichts als die Aussicht, die die Menschen von Anfang an in ihren Bann geschlagen hat: „*Ihr* werdet sein wie Gott".

Wenn Nietzsche sagt: „Wenn es einen Gott gäbe, es müßte ihm unerträglich sein, daß er nicht Gott sein sollte", so kommt uns das gotteslästerlich vor; aber unser eigenes Herz ist dabei. Wir ertragen ja nur einen Gott, der das tut, was *wir* wollen, und nicht den, der mit seinem Willen über uns herrscht. Das ist der Grund des Mißerfolges und der Ablehnung Jesu. Der Heiland, nach dem wir uns sehnen, muß eine Herrschaft aufrichten — meinetwegen auch eine fromme Herrschaft aufrichten — in dem Sinne, daß Gott unsern Plänen dienstbar gemacht werden soll.

So kommt keiner über den Hohn hinweg. Es ist ein Funke von Wahrheit in diesem Hohn und Spott: „Steige herab vom Kreuz!", wie ein Letztes: „Sei doch der Unsere. Schaffe du doch unserem Sehnen Erfüllung, sei du die Erfüllung, nach der wir ausgeschaut haben! Aber nein, du bleibst ja hängen am Kreuz. Du bist nicht der, der unsere Wünsche erfüllt! „Andern hat er geholfen, und kann sich selber nicht helfen." Darum sagen wir uns mit Recht und Grund von ihm los: wir wollen dich nicht! Sieh zu, wie du mit deinem Gott fertig wirst und wie dein Gott mit dir fertig wird. Wir wollen deinen Gott nicht.

Liebe Gemeinde, die Parole: „Erlösung von Jesus Christus" ist keine neue Erfindung. Diese Parole hat schon unter dem Kreuz des Herrn Christus gestanden, und sie ist nichts Neues. Spott und Hohn branden über diesen einsamen Mann, weil er die Herrschaft Gottes über den Menschenwillen gestellt hat. Und es ist genau dasselbe, ob diese Spötter geheißen haben: Pilatus und Kaiphas oder sonst ein namenloser römischer Soldat, oder ob sie heute heißen: Rosenberg und Ludendorff oder irgendwelche namenlosen Menschen. Ist nicht dieser und jener der immer sich gleich bleibende Mensch, der sich gleich bleiben will? Ja, liebe Gemeinde, du bist's, ich bin's, wir alle sind es, Menschen, die mit ihren Sehnsüchten los sein, erlöst sein möchten.

Es ist leicht, sich von diesem Jesus loszusagen. Diese Menschen, die ihn am Tage der Kreuzigung verspotteten, haben's fertig gebracht. Das ist nur verständlich und natürlich. Aber wenn es leicht ist, sich von ihm loszusagen, liebe Brüder und Schwestern, um so schwerer ist es, von ihm loszukommen. Er sagt sich nicht los; er schweigt zu all dem Spott und antwortet nicht, er flucht ihnen nicht.

Wir sehen das hier als Zeichen, und dieses Zeichen weist daraufhin, daß Jesus am Kreuz doch nicht am Ende und geschlagen ist. Es hilft uns nicht, daß wir uns von ihm lossagen. Er hält uns dennoch fest! Es ist nicht Gleichgültigkeit, wenn Jesus den Spott auf sich nimmt, wenn er für den Hohn und Spott kein Wort der Erwiderung hat. Er hört alles mit wachem Bewußtsein. Als man ihm den Rauschtrank geben wollte, der ihm über die Todesstunde hinweghelfen sollte, hat er ihn von sich gewiesen; er wollte alles hören, er wollte mit Bewußtsein alles hören, was er hören sollte. Er hat sich nicht losgesagt, er hat sie festgehalten und die Leute, die sich von ihm lossagten, nicht losgelassen, sondern sich mit jenem ersten Kreuzeswort zu ihnen, zu seinen Feinden, bekannt: „Vater, vergib ihnen, denn sie wissen nicht, was sie tun".

Das ist der Widerhaken, der uns nicht losläßt, der den Paulus gepackt hat und den Saulus von Tarsus nicht wieder losgelassen hat, und „es wird dir schwer werden, wider den Stachel zu löcken".

Es ist schwer, von ihm loszukommen, nein: es ist nicht möglich, von ihm loszukommen. In dem allem bleibt die Unruhe, und sie kommt immer wieder, bis der Spott der Menschen im Tode erstirbt; oder bis der spottende Mensch sich für überwunden erklärt, bis der Mensch, der Gott nicht Herr sein lassen will, sich überwinden läßt und der Spott und der Hohn sich wandelt in die Anbetung des Gekreuzigten: „Mein Herr und mein Gott!"

Und da der Sabbat vergangen war, kauften Maria Magdalena und Maria, des Jakobus Mutter, und Salome Spezerei, auf daß sie kämen und salbten ihn. Und sie kamen zum Grabe am ersten Tage der Woche sehr früh, da die Sonne aufging. Und sie sprachen untereinander: Wer wälzt uns den Stein von des Grabes Tür? Und sie sahen dahin und wurden gewahr, daß der Stein abgewälzt war; denn er war sehr groß. Und sie gingen hinein in das Grab und sahen einen Jüngling zur rechten Hand sitzen, der hatte ein langes weißes Kleid an; und sie entsetzten sich. Er aber sprach zu ihnen: Entsetzet euch nicht. Ihr suchet Jesus von Nazareth, den Gekreuzigten; er ist auferstanden und ist nicht hier. Siehe da die Stätte, da sie ihn hinlegten! Geht aber hin und sagt es seinen Jüngern und Petrus, daß er vor euch hingehen wird nach Galiläa; da werdet ihr ihn sehen, wie er euch gesagt hat. Und sie gingen schnell heraus und flohen von dem Grabe; denn es war sie Zittern und Entsetzen angekommen. Und sagten niemand etwas; denn sie fürchteten sich.

Markus 16, 1—8.

„Sie flohen von dem Grab; denn es war sie ein Zittern und Entsetzen angekommen; und sagten niemand etwas, denn sie fürchteten sich."

Dieser Schluß des alten Osterevangeliums steht in einem merkwürdigen Gegensatz zu dem, was wir herkömmlicherweise unter Osterstimmung verstehen. Osterstimmung hängt ja doch wohl irgendwie mit dem natürlichen Auf und Ab alles Lebens auf dieser Erde zusammen, mit der Flut und Ebbe in dem Wogen unseres Blutes, mit dem Kommen und Gehen der Generationen, mit dem Blühen und Welken der Jahreszeiten. Osterstimmung, das ist ein neues Sehnen und Hoffen, das unsere Seele im Gleichklang mit der Natur schwingen läßt, nach jener uralten Gottesordnung, die diese Welt trägt: „Solange die Erde steht, soll nicht aufhören Saat und Ernte, Frost und Hitze, Sommer und Winter, Tag und Nacht".

In dieser Ordnung ist dafür gesorgt, daß alles in seinen festbestimmten Grenzen bleibt, daß keine Welle zu hoch schlägt:

hier gibt es nur gedämpfte Freude, denn im Frühlingshoffen kündigt sich schon wieder das Herbstsehnen an; hier gibt es nur ein gedämpftes Leid; „denn ein neuer Frühling folgt dem Winter nach". Hier ist alles aufeinander bezogen und abgestimmt in dem ewig gleichbleibenden und wiederkehrenden Rhythmus von — wie wir so gerne sagen —: Auf und Ab, Kommen und Gehen, Knospen und Welken, Werden und Vergehen.

Liebe Freunde, Ostern! Ostern als christliche Botschaft gehört in diesen Kreislauf offensichtlich ganz und gar nicht hinein: Ostern bringt vielmehr den alten Rhythmus völlig durcheinander; es hat mit dem Frühling genau so viel oder so wenig zu tun wie mit dem Herbst, mit dem Blühen genau so viel oder wenig wie mit dem Verwelken. Ostern ist eben nicht ein Stück der alten gewohnten Gottesordnung, von der geordneten Welt, in der wir leben, sondern es ist eine schlechthin neue, unerwartete Tat des lebendigen Gottes, die das gleichförmige Auf und Ab des Weltgeschehens unterbricht und durchkreuzt. Hier beginnt ein Neues in der Botschaft von ewigem Leben und ewigem Tod, von ungedämpfter Freude und maßlosem Leid, und diese Botschaft heißt: „Er ist auferstanden!"

Es kann ja gar nicht anders sein, liebe Freunde; wer diese Kunde vernimmt, den muß Zittern und Furcht und Entsetzen packen — oder er muß sich mit kühlem Zweifel dagegen wehren; denn hier stehen wir vor dem lebendigen Gott, der in seine eigene Ordnung hineingreift und mitten in dem alten Kreislauf ein Neues, Anderes anfängt.

Seit Ostern gibt es zwei Welten; eine alte und eine neue, eine überwundene und eine kommende, und mit diesem Ruf: „Er ist auferstanden!" tritt die neue Welt ihren Siegeszug an, hinein in die alte, in der wir leben, von der wir selbst ein Stück sind.

Aber, liebe Gemeinde, es bleibt ein Geheimnis um diese Botschaft, und dieses Geheimnis sehen wir von unserem Standpunkt des Werdens und Vergehens aus nur mit seiner dunklen Seite, während die helle Seite uns abgewandt bleibt.

„Er ist auferstanden!" Das ist die Predigt, mit der die Apostel hinausgezogen sind in alle Welt, und sie haben diese Predigt zum eigentlichen Kernpunkt ihrer Christusverkündigung gemacht. So hören wir's am Pfingsttage aus dem Munde des Petrus und nicht anders auf dem Marktplatz von Athen aus dem Munde des Paulus; und wo heute irgendein Bote Jesu Christi die frohe Botschaft verkündet, immer wieder gipfelt sie in dem Zeugnis: „Der Herr ist auferstanden!"

Allein: woher stammt denn diese Predigt; woher haben einst die Jünger erstmalig diese Gewißheit geschöpft? Und schon stehen wir mit dieser Frage vor der dunklen Seite des Osterevangeliums. Wir können allerhand sehen; aber alles, was wir sehen im Osterevangelium, das sagt uns nur, woher die Predigt, woher diese Gewißheit der Jünger nicht stammt. Sie kommt nämlich nicht aus der Tatsache, daß am Ostermorgen das Grab leer gewesen ist; das leere Grab konnte das Entsetzen der drei Frauen nicht bannen, und ebensowenig vermochte die Kunde vom leeren Grab die verängsteten Jünger von ihrer Furcht zu befreien. Und wenn auch bis zum heutigen Tage kein Mensch eine andere, stichhaltige Erklärung für das leere Grab hat zeigen können, als eben die: „Er ist auferstanden, er ist nicht hier!" — denn er war nicht da —, so fehlt doch dieser Erklärung jede beweisende Kraft. Denn der Auferstandene ist nicht in der Weise in die alte Welt zurückgekehrt, daß man sein Wiederdasein nach den Gesetzen dieser alten Welt hätte beweisen und nach Belieben hätte feststellen können.

So bezeichnet das leere Grab nur die Grenze zwischen der alten und der neuen Welt; und was wir als Kinder dieser alten Welt sehen können, ist nur die dunkle Seite eines Geheimnisses: Es ist da — aber wir schauen nicht hindurch. Die lichte Seite, wo wir etwas erkennen könnten, ist von uns abgewandt. In der Tat gibt es keine menschliche Erklärung dafür, daß plötzlich in dieser Welt des ewigen Kreislaufes die Botschaft von der Auferstehung Jesu verkündet wurde, die Botschaft, die überall — bei den Jüngern nicht weniger als bei den drei Frauen am Grabe — ungläubiges Entsetzen hervorrief, wie der Evangelist Lukas sagt, als die Frauen den Jüngern die Botschaft von der Auferstehung brachten: „Es deuchten sie ihre Worte als wären es Märlein, und sie glaubten ihnen nicht".

Und dennoch ist diese Botschaft von eben denselben Jüngern verkündigt worden; irgendwoher muß sie demnach stammen, und zwar als eine felsenfeste Gewißheit; denn um die Botschaft haben die Jünger jahrelanges Leiden und sogar den Tod auf sich genommen. Aber es ist ein Geheimnis, und die helle Seite dieses Geheimnisses können wir mit den Erfahrungsmöglichkeiten dieser Welt nicht sehen. Da bleiben wir angewiesen auf das, was jene Jünger uns sagen, und sie sagen uns von einer Engelstimme, die erstmalig diese Kunde ausgesprochen hat, ohne Glauben zu finden; und sie sagen uns weiterhin von Erscheinungen des Auferstandenen, die den Zweifel überwanden.

Diese helle Seite des Geheimnisses aber gehört der neuen Welt an, die können wir nicht konstatieren, und durch alle Berichte von diesen Erscheinungen spüren wir noch heute das Zittern und Entsetzen hindurch, mit dem die Jünger das hinnahmen, was ihnen widerfuhr. Denn es kommt über sie ohne ihr Zutun und fast gegen ihren Willen; der Glaube an die Osterbotschaft wird ihnen geradezu aufgenötigt durch die höhere Gewalt ihres auferstandenen Herrn. Diese Gewißheit ist *sein* Werk — und nicht das ihre, ist sein Geschenk — und nicht ihre Leistung. Von Gethsemane bis Pfingsten ist Jesus der *allein* Handelnde; hier zerbricht er alles Menschenwerk und macht Raum für Gottestaten, macht er Bahn für die Botschaft von der neuen Welt Gottes.

Und nun ist die Osterbotschaft da, liebe Freunde, und mag ihr Ursprung noch so dunkel und geheimnisvoll sein und mit unsern Erfahrungsmöglichkeiten nicht zu fassen; die Botschaft läuft und wird verkündigt, und wohin sie auch immer kommen mag, sie findet Gehör in allen Völkern und Rassen, in allen Ländern und Zeiten, unter allen nur denkbaren Verhältnissen. Und doch bleibt sie in ein Geheimnis gehüllt. Wohl findet sie überall Glauben, aber sie findet nicht bei allen Menschen *den* Glauben. Wir stehen hier wieder vor der dunklen Seite des Geheimnisses; die helle Seite können wir nicht sehen, die ist nicht konstatierbar für Menschenaugen.

Die Osterbotschaft: „Er ist auferstanden!" wird tatsächlich nur dort aufgenommen und geglaubt, wo irgendeine persönliche Beziehung und Verbundenheit mit dem *gekreuzigten* Jesus besteht. „Ihr suchet Jesus von Nazareth, den Gekreuzigten!", sagt der Engel im Evangelium zu den Frauen. „*Der* ist auferstanden, *der* ist nicht hier!" Niemand hat den Auferstandenen zu sehen bekommen als allein die, die ihn als den Gekreuzigten kannten, und bei allen Berichten über Jesu Erscheinungen wird sichtlich Wert darauf gelegt, daß es derselbe Jesus ist, der am Karfreitag am Kreuz gehangen hat. Und diese enge Verbundenheit zwischen dem Ereignis des Karfreitags und der Ostertatsache bleibt auch späterhin ein entscheidend wichtiges Stück der christlichen Verkündigung. Kreuzestod und Auferstehung gehören zusammen, und die kann man nicht auseinanderreißen. Es ist einfach wahr: Wer den Gekreuzigten nicht haben will, der findet auch den Auferstandenen nicht, und wer an den Auferstandenen nicht glauben will, muß auch den Gekreuzigten verlieren!

Die Tatsächlichkeit dieses Geheimnisses läßt sich nicht leugnen; aber sie läßt sich auch nicht als Notwendigkeit erweisen, weil die helle Seite, das Geheimnisvolle des Kreuzes und der Auferstehung, uns nicht zugänglich ist; denn die helle Seite ist wiederum der neuen Welt zugekehrt und kann nur von ihr aus, mit den Augen des Glaubens, geschaut werden. Und so hören wir es denn aus den Zeugnissen der Apostel, wie eine neue Welt zustandekommt, wo bekannt und bezeugt wird: „Christus ist um unserer Sünde willen dahingegeben und um unserer Gerechtigkeit willen auferweckt".

Das Geheimnis ist zunächst voll Schrecken und Dunkel: Gott hat sich also doch zu dem bekannt, den die Menschen — wir Menschen — verraten, verleugnet, von sich gestoßen haben! Wehe uns, wenn es so wäre, furchtbar, wenn es so wäre — und das Osterevangelium sagt: es ist so! — Aber aus dem Dunkel wird Licht, aus dem Schrecken wird Freude für die, die den Gekreuzigten suchen und sich vor ihm beugen. Gott hat unser Menschenwerk vom Karfreitag zunichte gemacht: der Stein war abgewälzt. Jawohl: der Stein war sehr groß; denn er barg alle Bosheit der Welt; aber alle Bosheit der Welt kann die lichte Seite, kann Gottes Erlösungswerk nicht hindern; der Gekreuzigte ist der Lebendige.

Und nun scheiden sich an ihm die Wege: für den Glauben heißt es: „Christus ist um meiner Sünde willen dahingegeben und um meiner Gerechtigkeit willen auferweckt; Ehre sei dir, o Herr!" Und für den Unglauben, der den Gekreuzigten nicht haben will, der keine Erlösung aus Gnaden will, wird die Osterbotschaft vom Leben des Gekeuzigten zum Todesurteil; und darum kann sie nicht wahr sein, darum soll sie nicht wahr sein!

Der Glaube oder der Unglaube, die neue oder die alte Welt, die Herrlichkeit und Herrschaft des gekreuzigten und auferstandenen Herrn oder die Selbstherrlichkeit und Eigenherrschaft des unerlösten alten Menschen — das ist seit Ostern, seit der Botschaft: „Er ist auferstanden!" das Thema der Weltgeschichte und die eigentliche Frage unseres Lebens.

Liebe Gemeinde, wir spüren heute etwas von der Härte und Unausweichlichkeit dieses Entweder-Oder, das seit Ostern in der Welt ist. Der Kampf gegen die Predigt von dem gekreuzigten und auferstandenen Heiland ist auf der ganzen Linie entbrannt, und man versucht, uns allenthalben einzureden, die alte Welt wäre eigentlich wunderschön, die alte Welt wäre auf dem besten Wege, aus eigenen Kräften neu zu werden, und darum sei die Botschaft von Jesus Christus, soweit sie von der Vergebung der Sünden handelt, darum sei diese Botschaft nun überflüssig geworden; und krampfhaft ist das Bemühen, Jesus für das Diesseits der alten Welt zu reklamieren und die Einzigartigkeit seines Lebens und Sterbens, das Geheimnis seines Kreuzes und seines Auferwecktwerdens als eine bedeutungslose Lächerlichkeit abzutun.

Uns will wohl bange werden angesichts dieser neuerwachten Gegnerschaft einer ganzen Welt; und wir bekommen es ja auch zu hören, wie wenig sichtbare Garantien dafür, daß Gott die neue Welt schafft, wie wenig sichtbare Garantien wir für die Wahrheit unseres Glaubens haben: ein Kreuz und vielleicht ein leeres Grab, die neunzehn Jahrhunderte zurückliegen; was ist damit schon anzufangen?! Ist es da zu verwundern, daß viele Menschen anfangen zu zweifeln und zu zagen; läßt sich da die biblische Osterbotschaft von der neuen Welt, von dem herbeigekommenen Reich Gottes, läßt sich diese Botschaft überhaupt noch halten? Ist es nicht ehrlicher, ist es nicht wahrhaftiger, mit der alten Welt, der vor-österlichen Welt, Frieden zu machen, die sich doch offenbar als sehr viel stärker und dauerhafter erweist, als wir gemeint und geahnt haben?!

Liebe Ostergemeinde, hier können wir niemanden halten, der seine eigenen Wege gehen will; wir leben in einer Zeit der

Entscheidungen, und die wird zu einer Zeit der Scheidungen. Aber es ist besser, wir trauen nicht dem, was unsere Augen sehen, das vergeht —! und er sagt uns: „Selig sind, die nicht sehen und doch glauben!"

Der auferstandene Christus ist durch die Jahrhunderte hindurch vor seiner Gemeinde hergegangen, und er geht auch heute vor uns her, sein Sieg soll auch unser Sieg sein. Und wie unsere Väter im Glauben an ihn gewußt haben von jener Gewißheit, die der Auferstandene seinen ersten Jüngern schenkte, so wissen auch wir davon und wollen es als eine glaubende und bekennende Gemeinde weitersagen, was uns fröhlich macht im Grunde unseres Herzens in dem Auf und Ab, in dem wir stecken, in der weiten Welt, die uns mitnimmt. Ich denke, was uns fröhlich macht mit einer großen Freude, das ist: „Der Herr ist auferstanden; er ist wahrhaftig auferstanden!"

Tod, Teufel, Hölle, Welt und Sünd
Durch Christi Sieg gedämpfet sind,
Ihr Zorn ist kraftlos worden.

Wer steht bei mir wider die Boshaften? Wer tritt zu mir wider die Übeltäter? Wo der Herr mir nicht hülfe, so läge meine Seele schier in der Stille. Ich sprach: Mein Fuß hat gestrauchelt; aber deine Gnade, Herr, hielt mich. Ich hatte viel Bekümmernisse in meinem Herzen; aber deine Tröstungen ergötzten meine Seele. Du wirst ja nimmer eins mit dem schädlichen Stuhl, der das Gesetz übel deutet. Sie rüsten sich wider die Seele des Gerechten und verdammen unschuldig Blut. Aber der Herr ist mein Schutz; mein Gott ist der Hort meiner Zuversicht.

Psalm 94, 16—22.

Mit einer großen, großen Gemeinde im ganzen deutschen Vaterlande gedenken wir am heutigen Abend derjenigen Brüder und jener einen Schwester, die in der Gefangenschaft oder in der Verbannung leben müssen um ihres Bekennens und um unseres Glaubens willen. Es ist immerhin noch ein kleines Häuflein, wenn wir auf die Zahl blicken; aber es ist eine große, große Not, die sich da vor unsern Augen auftut, und diese Not wiegt um so schwerer, als wir es ja seit Urvätertagen nicht mehr wußten, was das heißt: „Er — Jesus — ist unter die Übeltäter gerechnet".

Daß Christenmenschen dem Herrn Jesus Christus ihr Leben opferten — auch im buchstäblichen Sinne des Wortes: etwa als Sendboten der Heidenmission — daß immer wieder einzelne auf Reichtum und Ehren verzichteten, um ganz in den Königsdienst des Herrn Jesus Christus zu treten, das wissen wir wohl, das haben wir wohl gesehen und erfahren; aber wir haben zugleich der Überzeugung gelebt: mochte die Welt darüber den Kopf schütteln, mochte sie den Glauben an den Galiläer bewitzeln und bespötteln, im Grunde hatte sie eine geheime Hochachtung vor einer solchen christlichen Überzeugungstreue und vor einer solchen christlichen Lebenskraft; und man ließ den Jüngern Jesu — wenn man sich auch gesellschaftlich von ihnen absetzte — man ließ ihnen den guten Ruf der persönlichen Ehrenhaftigkeit.

Liebe Gemeinde, so ist das heute nicht mehr; das ist anders geworden, und das macht diese gegenwärtige Not so schwer, daß ein Jünger Jesu heute keinen Anspruch auf irgendwelche „Ehre" mehr hat, daß ein Jünger Jesu nicht nur Ablehnung und Haß und Spott und Feindschaft tragen muß — das mußte er früher auch —, sondern daß er auf jene Ablehnung und Verachtung, Schmähung und Schande stößt, wie sie der anständige Mensch gegenüber dem unanständigen, wie sie der rechtlich denkende Mensch gegenüber dem Verbrecher, wie sie der Gerechte gegenüber dem Sünder empfindet und zum Ausdruck bringt. Das ist unsere Last, daß wir unausgesetzt Strolche, Volksfeinde und Landesverräter genannt werden — und können's nicht wehren. Das macht das Leiden der Gefangenen und Ausgewiesenen so bitter, daß der Tenor dieser Stimmen immer wieder ist: Sie müßten gezüchtigt, sie müßten unschädlich gemacht werden „zum Schutze von Volk und Staat". Da ist es wieder, mitten in unserem Leben, grausam harte Wirklichkeit geworden: „Unter die Übeltäter gerechnet". Und es hilft nichts, dagegen aufzubegehren; die Schmach Jesu ist tatsächliche, unabwaschbare Schmach, und wer heute „Jesus" sagt, muß diese Feindschaft in Kauf nehmen, wird diese Schmach wohl oder übel tragen müssen. Wir müssen es tragen und können niemand davor bewahren oder davon befreien; denn alle Bittgänge sind vergeblich, weil die Welt sich selber aufgeben müßte, wollte sie das Wort vom Kreuz Jesu von Nazareth als Botschaft des Heils, wollte sie den Glauben an diesen einen Erlöser als den allein seligmachenden Glauben anerkennen.

Wir hören heute wohl den Ruf unserer gefangenen und verbannten christlichen Brüder: „Wer steht bei mir wider die Boshaften? Wer tritt zu mir wider die Übeltäter?" Und, liebe Christen, unser Herz selber muß wohl um die vorwurfsvolle Frage, ob das alles, was geschehen ist, geschehen wäre und noch geschähe, wenn unsere brüderliche Liebe treuer gesorgt und tapferer gewagt hätte? Doch ist es ja heute am Tage tatsächlich so, daß jede Bitte um Gerechtigkeit und Frieden mit Hohn beantwortet wird, und daß sie nur zur Folge hat, daß die Welt ihren Herrschaftsanspruch über die Gemeinde Christi neu anmeldet und geltend macht, und daß die Fesseln nur immer fester gebunden werden. Hier hilft keine Freundschaft und

Brüderlichkeit, keine christliche Solidarität, die mit der Welt verhandelt, um sie zu versöhnen, oder mit ihr ringt, um sie zu überwinden; das ist heute sinnlos. Die Welt ist gegenüber dem Christentum immer stärker gewesen, und wir haben in diesem Kampf nur die eine Verheißung, wenn wir auf das Christentum gucken, und die heißt: „In der Welt habt ihr Angst!" Das ist in diesen Jahren die Lektion, die wir haben lernen sollen, und soweit wir sie immer noch nicht gelernt oder wieder vergessen haben, werden wir immer weiter daran herumbuchstabieren und immer weiter daran lernen müssen, bis wir uns in Geduld und Demut unter dieses unser Kreuz beugen.

Es ist freilich eine bittere Erfahrung und Erkenntnis, daß wir durch keine noch so treue Einsatzbereitschaft, durch keine Mühe und kein Auf-uns-nehmen jenen Frieden schaffen können, der dem Leiden unserer Brüder ein Ende macht; eine bittere Erfahrung und Erkenntnis, ja auch für unsere Brüder selber, die Woche um Woche, Monat um Monat und nun zum Teil schon über ein Jahr nach unserer Hilfe gefragt und ausgeschaut haben; eine bittere Erfahrung und Erkenntnis, aber noch viel mehr für die Gemeinden, die ihrer Hirten beraubt sind. Und — auch das muß ja um der Liebe und um des Mitleidens der Glieder willen gesagt werden: Es ist bitter für die Angehörigen, für Frauen und Kinder, Mütter und Geschwister, über denen die dunkle Wolke hängt: Er ist unter die Übeltäter gerechnet; denn der Jünger ist nicht über seinen Meister; er ist auch unter die Übeltäter gerechnet, „zum Schutze von Volk und Staat".

So klagen wir denn mit ihnen allen und schütten mit dieser Klage alles aus, was in unserer Seele an Eigenem übrigbleibt, nachdem unsere Hoffnungen und Träume zerronnen sind: „Ich hatte viel Bekümmernisse in meinem Herzen. Sie rüsten sich wider die Seele des Gerechten und verdammen unschuldig Blut".

Jawohl: wider die Seele des Gerechten; ja: unschuldig Blut; denn wir lehnen es um der Wahrhaftigkeit und um der Ehrlichkeit willen ab, auch nur andeutungsweise von Vergehen und Schuld der Leute zu reden, die vergebens auf einen richterlichen Urteilsspruch nach dem für alle Volksgenossen geltenden Recht warten. Hier ist weder Raum für ein Schuldbekenntnis noch für ein Gnadengesuch, weil das eine wie das andere nur eine Lüge wäre; sondern wir müssen es um der

Wahrhaftigkeit und um der Ehrlichkeit willen, wir können nichts anderes tun, als die Klage unseres Herzens ausschütten; und diese Klage muß heraus als Zeugnis unserer Bruderschaft: „Sie rüsten sich wider die Seele des Gerechten", die Klage muß heraus als unser Bekenntnis zu den Brüdern, die als Übeltäter gebrandmarkt werden: „Sie verdammen unschuldig Blut".

Liebe Freunde, mag die christusfeindliche Welt dieses Bekenntnis annehmen, mag sie das Zeugnis hören und sich davon strafen lassen — oder mag sie es auch nicht hören und sich nicht davon strafen lassen — das ist nicht entscheidend; aber wir sind es der Christenheit schuldig, zu sagen: „Sie rüsten sich wider die Seele des Gerechten und verdammen unschuldig Blut", damit die Christenheit sich nicht irreführen läßt und nicht mit einstimmt in das erlogene Urteil, als litten unsere Brüder um Unrecht und nicht um der Schmach Jesu Christi willen — wie es doch die Wahrheit ist.

Und wir sind dieses Zeugnis und Bekenntnis uns selber schuldig, daß wir, liebe Brüder und Schwestern, nicht auf verkehrte Wege unseres Helfenwollens geraten, sondern erst einmal hören, lernen, was der Herr der Kirche, der Herr Christus, uns durch das Leiden seiner Zeugen sagen will. Wir müssen es eingestehen, daß wir nichts ausrichten können gegen die Macht und List der Feinde Jesu; aber indem wir das zugeben, hören wir auf das wieder lebendiggewordene Bekenntnis der leidenden Christenheit: „Wo der Herr mir nicht hülfe, so läge meine Seele bald im Tode. Mein Fuß hat gestrauchelt; aber deine Gnade hielt mich".

Es geht gar nicht darum, es geht heute, ganz konkret in unserer Lage, ja gar nicht darum, daß wir aus dem Leiden herausgenommen werden, sondern es geht darum, daß der Herr uns im Leiden seiner Gnade gewiß werden läßt. Das ist seine entscheidende Hilfe, die er leisten will, wenn wir es uns von ihm gesagt sein lassen: „Meine Kraft vollendet sich in eurer Schwäche".

Dies Wort haben etliche von unsern leidenden Brüdern neu hören gelernt als das Wort, das der Herr Christus heute zu ihnen spricht; und sie verkünden es uns, daß dieses Wort nicht eine fromme Redewendung ist, mit der aus der Not eine Tugend gemacht wird, sondern daß dieses Wort eine lebendige Wahrheit ist, und daß auch wir uns dieser Wahrheit so öffnen dürfen, daß die Gnade des Herrn Christus alle Bitterkeit aus den Herzen überwinde und austreibe.

Das mag uns wenig dünken, weil wir ja doch immer noch und immer wieder auf das Sichtbare schauen und ängstlich werden um der Schwachheit unseres Herzens willen, das sich ja doch immer noch sehnt nach Licht und Freude aus allen Kümmernissen heraus. Jesus sagt — wir haben es eben gehört in der Bergpredigt — Jesus sagt es denen, die geschmäht und verfolgt werden um seinetwillen: „Seid fröhlich und getrost, es wird euch im Himmel wohl belohnt werden"; und wir hören als einen Lobgesang von dem leidenden Diener Gottes aus der Tiefe der Not heraus das Zeugnis: „Ich hatte viel Bekümmernisse in meinem Herzen; aber deine Tröstungen ergötzen meine Seele".

Wir sind ratlos, wie wir den Leidenden und Gefangenen, die heute sonderlich in der Nacht des Leidens sitzen, wie wir ihnen Trost bringen sollen — und es gibt doch nur einen wahrhaften Trost, und der ist mehr als Trost, der ist Erquickung, ist Frieden, ist Freude; und dieser Trost heißt: „Der Herr ist nahe bei denen, die zerbrochenen Herzens sind und hilft denen, die ein zerschlagen Gemüt haben". Und wir müssen es uns sagen lassen, daß alles Tröstenwollen — und wenn es von noch so viel Brüderlichkeit getragen ist — vergeblich und eitel ist, es sei denn, der ausgesprochene Trost sei eine Antwort auf den uns widerfahrenen Trost Gottes: „Jesus, meine Freude! Deine Tröstungen ergötzen meine Seele".

Liebe Gemeinde, ich darf es bekennen — und am heutigen Abend muß ich es bekennen — daß mir solcher Trost: „Jesus, meine Freude! Deine Tröstungen ergötzen meine Seele", daß mir solcher Trost zugekommen ist aus dem Zeugnis unserer gefangenen Schwester Senta Laue, zugekommen ist aus dem Zeugnis unseres gefangenen Bruders Bunke im Konzentrationslager Lichtenburg. Und wir meinen, trösten zu wollen, und erfahren von den Leidenden Trost, weil Gott ja hier schon längst getröstet hat.

Liebe Freunde, wo wir das erfahren, da stehen wir beschämt da mit unserer Brüderlichkeit, beschämt mit unserer klug sein wollenden Frage, ob es Gott nicht am Ende doch mit den stärkeren Bataillonen, nein: ob es Gott nicht am Ende mit der Ungerechtigkeit hielte. Der getröstete, der getroste Glaube der um Jesu willen Leidenden, liebe Gemeinde, ist der einzige Beweis dafür, daß Gott das Recht liebt.

Und darüber sollen wir selber freudig und getrost werden, wenn wir an unsere gefangenen Brüder und Schwestern denken — wie Gott die führen wird, das ist seine Sache; er weiß es, und sein Wille ist der beste: „Du wirst ja nimmer eins mit dem schädlichen Stuhl, der das Gesetz übel deutet"; soll heißen: du wirst nicht gemein mit den ungerechten Richtern, die ungerecht das Recht gebrauchen. Aber daß unsere Brüder und Schwestern im Glauben an die Hilfe und an den Trost des gekreuzigten und auferstandenen Heilandes erhalten bleiben und lebendig gemacht werden aus diesem Trost heraus, daß ihnen und uns dieser Trost in aller Angst, Not, Verfolgung, Gefahr und Trübsal erhalten bleibe, darum zu beten — miteinander darum zu beten — füreinander und darin nicht müde zu werden, das ist unsere Aufgabe. Liebe Gemeinde, es ist heute eine Zeit, da der Herr Christus aufs neue zu uns kommt — die Heilige Schrift nennt das eine „Zeit der Heimsuchung", und da er uns bereit finden will, ihm nachzufolgen, und darum ist es eine Zeit, da die Welt uns bedroht und abwenden möchte von dem einen Heiland. Herr, hilf uns, daß wir dabei bleiben als Brüder: „Aber der Herr ist mein Schutz, mein Gott ist der Hort meiner Zuversicht".

Halt im Gedächtnis Jesum Christum, der auferstanden ist von den Toten, aus dem Samen Davids, nach meinem Evangelium, für welches ich leide bis zu den Banden wie ein Übeltäter; aber Gottes Wort ist nicht gebunden. Darum erdulde ich alles um der Auserwählten willen, auf daß auch sie die Seligkeit erlangen in Christo Jesu mit ewiger Herrlichkeit. Das ist gewißlich wahr: Sterben wir mit, so werden wir mitleben; dulden wir, so werden wir mitherrschen; verleugnen wir, so wird er uns auch verleugnen; glauben wir nicht, so bleibt er treu; er kann sich selbst nicht verleugnen. Solches erinnere sie und bezeuge vor dem Herrn, daß sie nicht um Worte zanken, welches nichts nütze ist denn zu verkehren, die da zuhören.

2. Timotheus 2, 8—14.

Der Apostel schreibt dieses Wort, das wir eben gehört haben, liebe Gemeinde, an seinen Schüler und Mitarbeiter Timotheus, gleichsam als ein letztes Vermächtnis. Es ist aber nicht das Vermächtnis eines Mannes, der befriedigt auf den Erfolg und Ertrag seiner rastlosen Lebensarbeit zurückschaut und sein Lebenswerk mit Vertrauen und Zuversicht in die Hände des besten seiner Mitarbeiter legt, sondern die Lage im 2. Timotheusbrief ist die, daß es um den Apostel einsam, ganz, ganz einsam geworden ist, und die Lage ist die, daß sein Lebenswerk vor seinen Augen vom Verfall bedroht ist; während der Zeuge und Bote des Evangeliums, der Apostel Paulus, im Gefängnis gebunden gehalten wird, zankt man in der Gemeinde — um Worte, um Nichtigkeiten, die lediglich verwirren und auflösen.

So ist das Bild von der jungen christlichen Kirche, wie es uns hier begegnet, sehr, sehr trübselig, und auch die menschliche Stimmung, aus der heraus Paulus an Timotheus schreibt — man lese nur einmal den 2. Timotheusbrief — die menschliche Stimmung ist keineswegs froh und zuversichtlich im Blick auf die kommenden Dinge und ihre Entwicklung. Und gerade weil es so ist, liebe Freunde, und nicht anders, haben wir allen Anlaß, auf dieses Wort recht genau hinzuhören, das der Apostel seinem Mitarbeiter und Nachfolger sagt, als auf ein Wort, das auch uns heute gesagt wird; die wir unter dem gleichen seelischen Druck und unter der gleichen Belastung stehn, wie der Apostel, und weil der gleiche Druck und die gleiche Belastung uns heute Not machen. Was ist denn eigentlich aus der jungen Bekennenden Kirche geworden? Wie haben wir eigentlich die Aussichten der jungen Bekennenden Kirche zu beurteilen?

Ich habe zwei Wochen Ruhe hinter mir, liebe Gemeinde, und in diesen zwei Wochen ist es mir immer nachgegangen und in stillen Stunden hat es mich bedrückt und gequält, daß wir wieder einmal an dem Punkt sind, wo um Worte und Nichtigkeiten herumgestritten und herumgeredet wird und doch sehen, wie der Feind ganz ernst macht und die Zeugen Jesu an der Ausübung ihres Dienstes hindert, bis buchstäblich hin zu den Banden, von denen Paulus hier schreibt und in denen er beschlossen liegt. Jene Zeit, da ein frohes Aufwachen durch die evangelische Christenheit ging, jene Zeit, da wir auf einen neuen Tag frohen Wirkens und Schaffens hofften und danach ausschauten, die ist vorüber, und wenn sich heute die Gemeinden zusammenfinden — und oft sind es riesige und gewaltige Kundgebungen, zu denen sie sich zusammenfinden —, aber nicht wahr, es geschieht ja nicht eigentlich, um ein neues Hoffen, ein frisches Wollen da kundzutun, sondern die Kundgebungen geschehen vielmehr deshalb, damit wir unsere gemeinsame Sorge und Hilflosigkeit vor dem Herrn der Kirche bekennen. Und währenddessen geht der Feind weiter, erobert er eine Stellung nach der andern. Wer wagt es eigentlich heute noch, auf ein gutes Ende der Sache Jesu Christi in unserem Volk zu hoffen? Wer bringt denn noch das Vertrauen auf, daran zu glauben?

Das ist es, was uns drückt und was uns doch gar nicht drücken dürfte, liebe Freunde; gerade diese Frage, gerade dieser Zweifel ist uns Christenmenschen nicht erlaubt; gerade diese Frage, gerade dieser Zweifel liefert ja den Beweis dafür, daß wir am Sichtbaren hängen, das doch vergänglich ist und bleibt. Und wir wissen, wie bei diesem Schauen auf das Sichtbare der Glaube klein und matt wird wie bei dem Petrus, der auf den großen Wind schaute und darüber den Glauben verlor und zu sinken begann.

Laßt uns aus dem Munde des Petrus hören, daß es für die Sache Jesu Christi ganz gleichgültig ist, wie wir ihre Aussichten beurteilen, was wir sehen und vor Augen haben; hier bedeutet unser Fürchten so wenig wie unser Hoffen. Und wenn wir in den vergangenen Monaten und Jahren es haben lernen müssen, daß Gott alle unsere menschlichen Pläne zunichte gemacht hat, mit denen wir das Reich Gottes bauen wollten, so sollen wir es gewiß auch lernen, daß Gott auch mit unsern Sorgen um sein Reich nichts zu schaffen haben will, die das Ende herannahen zu sehen meinen. Nein, seine Sache bleibt *seine* Sache, und wenn uns auch das Vertrauen in seine Sache schwindet, sie bleibt darum *doch* seine Sache, und weil es seine Sache ist, „darum kann sie" — wie wir immer gesungen haben — „nicht untergehn". Das meint Paulus mit dem Wort „glauben wir nicht" — er meint nicht den Unglauben, sondern er meint die Zuversicht, daß Gott für seine Sache einsteht — „glauben wir nicht, so bleibt er treu, er kann sich selbst nicht verleugnen".

Ob die Feinde Jesu nicht glauben *wollen* und darum jubeln: „Das Wort Gottes ist gebunden und unwirksam gemacht!", oder ob seine Anhänger nicht glauben *können* und deshalb klagen: „Jawohl, das Wort Gottes ist gebunden und unwirksam geworden"; die Wahrheit Gottes bleibt, bleibt unabhängig von allem menschlichen Denken und Wollen und Gott läßt sein Wort und Wahrheit laut werden, wenn immer und wo immer er sie laut werden lassen will; denn „Gottes Wort ist nicht gebunden", wird uns hier gesag. Wie könnte es sonst das lebendige Wort Gottes sein, wenn es gebunden wäre?

Liebe Gemeinde, da streitet nun freilich das gehörte Wort mit der geschauten Wirklichkeit, da besteht ein Gegensatz zwischen dem, was wir sehen und dem, was uns gesagt wird. Ich brauche das hier nicht weiter auszuführen; denn wir leben ja nicht mehr in einer Zeit, wo man nach Rußland schauen müßte, um Beispiele zu bekommen, und wir haben die Anekdote aus dem Leben Luthers von der an die Kette geschlossenen Bibel nicht mehr nötig, um zu sehen, daß Gottes Wort gebunden ist. Wir haben das alles unmittelbar vor Augen, wie das Wort Gottes in Fesseln gelegt wird, angefangen bei dem Verzeichnis der unerwünschten Bücher, auf dem ungefähr alle gute christliche Literatur draufsteht bis hin zu den Gefängniszellen, die sich hinter den Boten Jesu Christi schließen, ja bis hin zum Gebet der christlichen Gemeinde, Gott möge unserem Volk die freie und ungehinderte Verkündigung des Evangeliums wieder schenken. Und wenn wir heute und gestern und vorgestern in der Zeitung gelesen haben von Prozessen gegen katholische Geistliche, so zeigt uns das nur, daß die Verordnung des Führers vom August vorigen Jahres, nach der in kirchlichen Prozessen keine Hauptverhandlungen stattfinden durften, liquidiert worden ist, und daß die Verfahren nicht nur gegen katholische, sondern auch gegen evangelische Geistliche und Laien wieder in Gang kommen.

Ich sage, wir wissen aus Erfahrung um die Frage, was denn nun eigentlich gilt: die Wirklichkeit — und diese Wirklichkeit heißt: „Gottes Wort ist gebunden", und das bedrückt uns schwer genug als Wirklichkeit — oder gilt das Wort, das unsere Ohren zu hören bekommen, das den ganzen Druck unserer Sorge als eine Täuschung zurückweist und als nichtig erklärt.

Liebe Freunde, diese Frage ist für Paulus genau so schwer gewesen wir für uns, und seine Antwort haben wir gehört; wir hören es hier, Paulus sagt es uns: „Ich leide bis zu den Banden wie ein Übeltäter". Wir hören hier die ernstzunehmende und unbestrittene und unbestreitbare Tatsache, daß Gottes Wort gebunden ist. Paulus hat seine Gefangenschaft nie leicht genommen; sie war für ihn bitterernste Wirklichkeit, echtes Leiden und schweres Tragen. Aber auf diese Wirklichkeit folgte ein Aber, ein gewaltiges Aber: Aber „Gottes Wort ist nicht gebunden!" Ich sage mit Bedacht: es ist ein gewaltiges Aber in dem 2. Timotheusbrief; denn dieses Aber kann sich auf keine sichtbaren Tatsachen irgendwelcher Art berufen. Wir erinnern uns vielleicht an den Philipperbrief; da hat Paulus einmal ausgeführt, daß sein erzwungenes Verstummen als Folge seiner Gefangenschaft viele andere Christenmenschen als Zeugen Jesu Christi und als Verkünder des Evangeliums auf den Plan gerufen hat. Da konnte er sagen, daß seine Gefangenschaft „nur mehr zur Förderung des Evangeliums" geraten sei. „Früher verkündigte ich allein; jetzt sind es viele, viele Menschen, die das Evangelium predigen".

Aber von solch einer sichtbaren, tröstlichen Erfahrung, daß das Wort Gottes nicht gebunden ist — und nicht gebunden sein kann — von solch tröstlicher Erfahrung ist im 2. Timotheusbrief nicht die Rede. Die Gemeinde ist keineswegs durch die Gefangenschaft des Apostels so frei geworden, daß sie nun um so lauter die frohe Botschaft bezeugt; und alsobald findet das Zeugnis: „Gottes Wort ist nicht gebunden!" keinen Halt mehr in irgendwelchen greifbaren Tatsachen und Ereignissen, sondern alle menschliche Vernunft — auch die des Paulus — muß hier urteilen, daß es dem Feind gelungen ist, die Botschaft vom Kreuz Christi zu unterdrücken und zu binden.

Und eben darin, liebe Freunde, wissen wir uns mit Paulus in der gleichen Verdammnis. Wenn heute ein Bote Jesu Christi festgesetzt wird wegen seines Bekenntnisses, — denn es ist nicht so, wie noch vor zwei Jahren, — daß andere dafür aufstehen, sondern, daß die andern es mit der Angst kriegen. Ich habe Beispiele genug erlebt, noch vor wenigen Wochen, kurz vor meinem Urlaub. Wir hatten einen Mann, der für uns druckte; er wurde verhaftet und nach einer Zeit wieder freigelassen, aber drucken tut er nicht mehr, der Mann wagt es einfach heute nicht mehr. Und darauf hat es der Feind ja abgesehen, daß alles eingeschüchtert wird; das ist ja seine Absicht, das Wort Gottes so zu binden, daß es nicht mehr laut wird.

Und so können wir denn heute nur durch ein gewaltiges Aber aus der Trübseligkeit des wirklichen Zustandes unserer Kirche und Gemeinde heraus erlöst werden; so können wir nur durch ein gewaltiges Aber zu dem Bekenntnis und dem Glauben kommen: „Gottes Wort ist nicht gebunden!"

Ich hätte es leicht und billig, liebe Gemeinde, jetzt von dem bekannten „Dennoch des Glaubens" zu reden; liebe Brüder und Schwestern, ich möchte das nicht tun; denn wenn wir von dem „Dennoch des Glaubens" reden in der evangelischen Kirche, so tun wir das nur allzugern im Sinne eines letzten trotzigen Widerstandes gegen das Unabwendbare, den w i r zu leisten entschlossen sind. Wir tun das in der Weise, daß wir mit Martin Luther singen: „Das Reich muß uns doch bleiben", und „Das Wort sie sollen lassen stahn", und wir meinen ja gewöhnlich damit doch nichts anderes, als daß wir gewillt sind, etwas festzuhalten, was wir als Vätererbe zu besitzen glauben.

Wenn wir von dem „Dennoch des Glaubens" reden, das ein Aber bedeutet: „Aber Gottes Wort ist nicht gebunden!", dann ist das „Dennoch des Glaubens" nur da echt, wo es unsere Antwort ist auf das Dennoch der Erlösung Gottes, auf das Wort, das er sprach, als er in seinem Sohn zu uns Sündern ins Fleisch kam, und als er sein Sterben am Kreuz, von den Sündern überantwortet, zur Pforte des Lebens für uns Sünder machte.

Von diesem Wort Gottes an uns spricht Paulus; von diesem Wort gilt das „Dennoch", das gewaltige Aber, auf dem aller christlicher Glaube beruht: „Aber Gottes Wort ist nicht gebunden!" Ja, nun wird dieses „Dennoch", nun wird die Gebundenheit des Boten zum Zeugnis für die Freiheit der Botschaft: „Ich dulde", sagt Paulus, „aber ich erdulde alles um der Auserwählten willen, auf daß auch sie die Seligkeit erlangen". Denn nun wird im Leiden des Apostels, im Leiden der Boten Jesu Christi ein Wort so laut und deutlich, daß die Gemeinde es hören lernt, und sie wird gefragt, nicht nur, ob sie das Wort hören will, nein, ob sie das Wort glauben will, leben will. Und dieses Wort heißt: „Sterben wir mit, so werden wir mitleben!"

Liebe Gemeinde, wo dieses Wort an uns kommt, daß es gelebt sein will, wo dieses Wort geglaubt wird, da hört das Zanken um Worte auf; da ist es nicht so, daß man eine Überzeugung gegen eine andere Überzeugung als die bessere oder richtigere ausspielt, ein Bekenntnis gegen ein anderes Bekenntnis — etwa evangelisch gegen katholisch oder lutherisch gegen reformiert oder Theologie gegen Theologie. Nun kommt ein ganz anderes Entweder-oder auf uns zu. Wir können uns die Frage nicht aussuchen, sondern da sucht die Frage sich uns aus, da stellt sie uns vor die Entscheidung, da knöpft sie sich uns vor: „Dulden wir, so werden wir mitherrschen", das ist das eine! „Verleugnen wir, so wird er uns auch verleugnen", das ist das andere! Und eine Drittes gibt es da nicht!

Ich meine, liebe Freunde, wir sind heute bereits gestellt; ich meine, es geht heute im gewöhnlichen Alltag unseres Lebens mitten in dieser Welt, es geht heute bereits um das Eine, um dieses Entweder-oder: „Dulden wir?" oder „Verleugnen wir?", und jene Brüder und Schwestern, die um des Evangeliums willen leiden und dulden wie die Übeltäter, verkündigen eben mit ihrem Leiden, daß Gottes Wort nicht gebunden ist, daß es frei und ungebunden waltet, daß Gottes Wort stärker einschließt als eine Gefängnistür und eine Konzentrationslagertür, stärker bindet als irgendeine irdische Macht binden kann — und wenn sie noch so viel Kerkertüren und Konzentrationslagertore aufmacht! — weil das Wort Gottes eine Freiheit schafft, die keine Macht der Welt uns zu geben vermag.

Und wir tun gut, liebe Freunde, auf dieses Wort zu hören, in dem Gott das Unausdenkliche an uns vollbringt; und wir haben in der Kirche kein anderes Wort zu verkündigen als das „Dennoch", das der heilige und gnädige Gott zu uns sündigen und trotzigen Menschen spricht, das „Dennoch", mit dem er um uns wirbt, das wir glauben sollen, das heißt daß wir ihn über alle Dinge — ernsthaft: über alle Dinge — fürchten und lieben.

Es wird uns heute von allen möglichen Seiten zugemutet, von diesem Wort, von diesem „Dennoch", das Gott zu uns Menschen spricht, von diesem Wort zu lassen, daß der lebendige Gott es mit den Sündern hält, daß dieser lebendige Gott ausgerechnet zu uns Menschen spricht und daß es diesem lebendigen Gott gefallen hat, seinen Sohn ausgerechnet im jüdischen Volke Mensch werden zu lassen; wir wissen ja, wie groß der Anstoß und das Ärgernis ist.

Wir wissen, wie gerade um dieses Wortes willen heute das Leiden über die Gemeinde Jesu Christi kommt. Wir könnten dem Leiden wohl entgehen, indem wir Jesus — wie man es auch früher schon getan hat — als einen edlen Tugendhelden darstellten, und wenn wir darauf verzichteten, ihn als das eine und entscheidende Wort des lebendigen Gottes zu verkündigen, in dem alle Verheißungen des alten Bundes ihre Erfüllung finden. Wenn wir darauf verzichteten, wir brauchten dann nicht mit ihm zu sterben und zu dulden. Aber was bliebe uns dann? Dann würden wir auch nicht mitleben und mitherrschen.

Dieser Ausweg ist uns versperrt; wir sollen und müssen hindurch, wir sollen und müssen es jetzt wieder lernen, daß Gottes Wort ungebunden bleiben will, damit es uns losbinden kann; daß Gottes Wort ungeschoren bleiben will, damit es uns retten kann. Es gibt kein anderes Evangelium; „Halt im Gedächtnis Jesum Christum, der auferstanden ist von den Toten, aus dem Samen Davids!" Das ist gewißlich wahr!

Seid aber Täter des Worts und nicht Hörer allein, wodurch ihr euch selbst betrüget. Denn so jemand ist ein Hörer des Worts und nicht ein Täter, der ist gleich einem Mann, der sein leiblich Angesicht im Spiegel beschaut. Denn nachdem er sich beschaut hat, geht er davon und vergißt von Stund an, wie er gestaltet war. Wer aber durchschaut in das vollkommene Gesetz der Freiheit und darin beharrt und ist nicht ein vergeßlicher Hörer, sondern ein Täter, der wird selig sein in seiner Tat. So sich jemand unter euch läßt dünken, er diene Gott, und hält seine Zunge nicht im Zaun, sondern täuscht sein Herz, des Gottesdienst ist eitel. Ein reiner und unbefleckter Gottesdienst vor Gott dem Vater ist der: die Waisen und Witwen in ihrer Trübsal besuchen und sich von der Welt unbefleckt erhalten.

Jakobus 1, 22—27.

Unser Gruß am heutigen Tage gilt zunächst und vor allem euch, meine lieben Jungen und Mädel, die ihr jetzt in den kirchlichen Unterricht eintretet und damit zugleich regelmäßig Besucher unseres Gemeindegottesdienstes werdet. Es wird in eurem Unterricht wie in unsern gemeinsamen Gottesdiensten immer wieder darum gehen, daß ihr das Wort zu hören bekommt, das der lebendige Gott mit uns und zu uns Menschenkindern gesprochen hat, daß ihr dieses Wort immer wieder so zu hören bekommt, daß ihr es merkt: hier werde ich angeredet, in diesem Wort spricht er mit mir; hier habe ich es mit dem lebendigen Gott zu tun, daß ich ihm auf sein Wort Rede und Antwort stehen muß.

Nicht wahr, Gott will ja nicht — wir haben es vorhin vom Altar her aus dem Munde des Propheten Jesaja gehört — Gott will ja nicht, daß sein Wort, mit dem er zu uns redet, leer zu ihm zurückkommt, daß es ungehört verhallt, sondern Gott will ja, daß sein Wort uns erreicht, und daß es bei uns und in uns etwas schafft.

Ihr wißt es — und wir alle wissen das — wie unser Herr Jesus Christus das Wort Gottes mit dem Samen verglichen hat, der ausgesät wird: er soll keimen, er soll wachsen, er soll Frucht bringen. So ist es auch mit dem Wort Gottes. Und wenn wir fragen, was für eine Frucht damit gemeint ist, die aus dem Wort Gottes wachsen soll, was Gott denn eigentlich im Sinne hat, wenn er sein Wort an uns richtet, die Antwort: große Freude heißt diese Frucht, frohe Botschaft: wir Menschenkinder sollen Gotteskinder heißen; d. h. wir sollen dessen froh und gewiß sein, daß wir zu Gott als dem Vater gehen dürfen, daß wir ihm gehören, daß wir alles, was uns froh macht, aber auch alles, was uns bedrückt, all unser Freuen und Sorgen, aber auch unsere Schuld und Not zu ihm bringen sollen und bei ihm lassen dürfen, so daß nichts im Leben und im Sterben uns von Gott, unserem Vater, trennen kann.

Diese lebendige Zuversicht will das Wort Gottes in uns Menschen wecken, diese lebendige Zuversicht soll die Frucht sein, die aus dem Wort Gottes in uns wächst, und diese Zuversicht will das Wort Gottes so in uns erhalten, daß wir mit unserem Leben dem lebendigen Gott zu Dienste stehen und nicht fremder Herren Knechte werden; denn „Gott dienen" — sagt der alte Kirchenvater Augustin — „Gott dienen ist für uns Menschenkinder die rechte Freiheit".

Aber nun wird es für euch darauf ankommen, liebe junge Menschenkinder, und auch für uns alle, liebe Gemeinde, die wir durch das Wort Gottes angeredet und gerufen werden, daß wir dieses Wort Gottes recht hören; denn mit dem, was wir so für gewöhnlich „Hören" nennen, ist es tatsächlich nicht getan. Daran erinnert uns das heutige Epistelwort, das ich eben gelesen habe, daß nicht mit dem Hören — was wir so nennen — alles getan ist, daran erinnert es uns mit starkem Nachdruck, wenn es uns mahnend und warnend zuruft: „Seid aber Täter des Worts und nicht Hörer allein, wodurch ihr euch selbst betrüget".

Wir können tatsächlich Gottes Wort hören und noch einmal hören und immer wieder hören, ohne daß es uns irgendetwas hilft, ohne daß unser menschliches Leben jene frohe Zuversicht und Gewißheit bekommt, die die Heilige Schrift Glauben nennt, die uns im Glück demütig und im Leiden getrost macht, die Zuversicht, die uns der Vaterliebe Gottes gewiß macht, die uns um Jesu Christi willen unsere Schulden vergibt. Wir können Gottes Wort so hören, daß wir es uns sagen und vielleicht auch andern sagen: „Jawohl, so ist es; dies Wort hat durchaus recht; und wir Menschenkinder haben vor Gott Unrecht, denn wir tun Gottes Willen nicht, und darum kommt alles darauf an, daß Gott uns gnädig ist und uns zu sich zieht; und darum gibt es nur die eine Rettung für uns, daß wir uns von dem Herrn Jesus Christus als dem Heiland Gottes helfen und uns retten lassen!"

Und indem wir das sagen und predigen, kann alles bleiben, wie es war. Wenn dann ein schweres Leid kommt, so daß es auf Hauen und Stechen geht, dann sind wir ohne Trost; wenn uns unser Gewissen plagt, sind wir der Vergebung Gottes nicht gewiß; und wenn Brüder oder Schwestern kommen und unsere Hilfe brauchen, so wissen wir selber — arm, wie wir sind — keinen Rat. So haben wir bei allem Hören des Wortes wohl etwas läuten hören von ferne her, aber wir wissen nicht, wo die Glocken hängen.

Nicht wahr, liebe Gemeinde, wenn ich das sage, so ist das nicht nur meine eigene Erfahrung, sondern wir alle wissen von solcher Not unseres Kleinglaubens und Unglaubens in unserem Leben, von dem Zweifel, der dann gerade mit Macht über uns herfällt, wenn wir den Trost und die Kraft des Wortes ganz besonders nötig hätten, wenn der Glaube, daß Gott unser Vater ist, seine Tragkraft und seine Widerstandskraft ganz besonders erweisen müßte. Und nun ist es Tatsache: da wird es dann offenbar: Wir haben Gottes Wort eben noch nicht recht gehört, sondern es ist uns damit ergangen, wie jenem Mann, der in den Spiegel schaute. Er hat da wohl etwas gesehen; sein eigenes Angesicht hat er gesehen, eine selbstverständliche Tatsache, eine Angelegenheit, die keinen Anlaß zur Beunruhigung gibt, die man wieder vergessen mag. Es ist ja gar nichts geschehen, ich bin ja *ich*, und dabei bleibt's! Es ist ja nichts weiter.

Liebe Gemeinde, kein Zweifel: Gottes Wort ist ein Spiegel; und wer hineinschaut, mag sich wohl darin erkennen. Aber wer in diesen Spiegel recht hineinschaut, wer das Wort wirklich recht hört, der kann nicht davongehen und vergessen, was er geschaut hat; der kann sich nicht dabei beruhigen: „Schön, ich bin ja *ich*; es ist ja nichts Beunruhigendes", und der darf sich nicht damit zufriedengeben, daß er einem andern den Spiegel vorhält und sagt: „Du bist ja auch nicht besser. Ja, alle Menschen sind Sünder"; sondern wer recht hört, der weiß: „Hier spricht Gott mit mir von meiner Schuld, indem er mir seinen heiligen, göttlichen Willen vor Augen hält". Da kann man nicht so tun, als ob nichts passiert wäre, sondern da geschieht etwas, was man nicht einfach wieder vergessen kann. Da bin ich verurteilt, da bin ich verhaftet, und ich komme nicht anders wieder los, als bis ich das Wort gesagt bekomme, das mich begnadigt: „Gehe hin — ein anderer hat für dich die Schuld gebüßt aus freien Stücken, dem dankst du dein Leben und dem bist du's schuldig — gehe hin und sündige hinfort nicht mehr!"

Liebe Gemeinde, das ist das Wort Gottes, das uns zu seinen Kindern macht, das Wort, das uns die gewisse Zuversicht schenkt, daß Gott um Jesu Christi willen unser Vater ist. Und das bleibt die Grundlage und Quelle unseres Glaubens, daß wir dieses Wort nicht vergessen, das Gott zu uns gesprochen hat und spricht. Und da ist dieses Wort mehr als ein Spiegel, in dem wir uns unser eigenes Angesicht beschauen; hier ist ein geöffnetes Fenster, das ist uns aufgetan, daß wir hindurchschauen und sehen: Sehet, welch eine Liebe hat uns der Vater erzeigt, wir sollen Gottes Kinder heißen!

Liebe Freunde, dieses Wort ist nicht nur zum Hören da, und wer von diesem Wort meint, es sei genug, daß er es hörte, der hat es noch gar nicht recht gehört; denn dieses Wort ist das Tun Gottes an uns. Es macht wirklich frei, es tut wirklich unsere Sünde hinweg, es schenkt wirklich seine Liebe in unser armseliges Leben hinein und bindet uns damit erst recht an seinen Willen, so daß wir Antwort geben müssen — und nicht anders können — auf seine frohe Botschaft, auf sein gnadenvolles Evangelium: „Lasset uns ihn lieben, denn er hat uns zuerst geliebt".

Das meint der Apostel, wenn er spricht in jenem etwas rätselhaft anmutenden Wort von dem „vollkommenen Gesetz der Freiheit". Er meint, wo wir die Liebe Gottes empfangen, wo wir das Wort Gottes recht hören, daß wir dort frei, gern und freudig Gottes Willen tun, weil da die Liebe Gottes ausgegossen ist in unser Herz. Und wiederum, wo uns dieser Dienst Gottes, wo uns dieses Tun des Willens Gottes eine schwere Last, eine harte Pflicht und ein bitteres Muß zu sein dünkt, liebe Gemeinde, da haben wir das Wort noch nicht recht gehört oder die frohe Botschaft, in der Gott uns rein macht von allen Sünden, wieder vergessen. Und dann ist es Zeit, daß wir zurückkehren, daß wir uns von neuem dahin rufen lassen, wo unser Glaube Kraft und Leben und Zuversicht bekommt, auf daß er wieder in der Liebe tätig werde; denn so will Gott es haben, daß die Liebe, die aus dem Glauben wächst, seine Taten auf Erden tun soll.

Davon spricht der Apostel, liebe Gemeinde; wir wissen alle, wie wir Christenleute heute in einen gewaltigen Kampf um unsern Glauben gestellt sind; und wir wissen wahrhaftig, daß es nicht so aussieht, als ob der Kampf leichter würde oder bald von uns genommen würde. Wir können mit gutem Gewissen sagen, daß der Kampf uns verordnet ist. In diesem Kampf will Gott, daß wir stehen und ein klares und mutiges Bekenntnis ablegen.

Aber in diesem Kampf droht uns eine Gefahr, von einer Seite, wo wir es nicht ahnen oder jedenfalls nicht erwarten. Wir reden heute überall so viel vom und über den Glauben. Es ist nicht mehr so, wie noch vor fünf Jahren, daß man in einer Tischgesellschaft die Worte: Glauben, Kirche, Religion nicht in den Mund nehmen durfte; das ist heute überall Tages- und Stadtgespräch. Aber wir sollten nicht denken, damit, daß wir dafür Partei nehmen, hätten wir den Glauben, für den wir eintreten; mit der Stellung, die wir dazu einnehmen, damit wäre es getan! Und doch sind das zwei Dinge; es ist durchaus möglich, daß wir auf der richtigen Seite stehen, aber nicht sehen, daß wir nicht aus der Liebe Gottes für die Menschen kämpfen, die von uns die frohe Botschaft hören sollen, sondern daß wir aus irgendeiner menschlich-moralischen Entrüstung heraus gegen die Menschen kämpfen, die unserer geheiligten Überzeugung zu nahe treten.

Freunde, dann kämpfen wir auf eigene Faust; Freunde, dann täuschen wir uns, wenn wir meinen, unser Tun, unser Kampf wäre ein Dienst Gottes. Und so mögen wir uns wohl und immer wieder prüfen — und gerade im heutigen Ringen der Geister — ob unser Reden und Tun Antwort ist auf das Wort, durch das uns Gott zu seinem Dienst erlöst und freigemacht hat, ob wir von unserem Reden und Tun sagen dürfen: „Die Liebe

Christi dringet uns also". Sonst kommen wir vor dem Angesicht Gottes in eine ganz gefährliche Situation; sonst möchten wir am Ende im Kampf für den Glauben da unsern Glauben verlieren.

Darum tut es heute doppelt und dreifach not, daß wir auf das Wort Gottes achten und es hören mit dem Gebet, daß Gott durch seinen heiligen Geist zu uns reden und unsern Glauben wecken und stärken wolle, daß wir in unserem Kampf am Ende nicht zugrunde gehen in Verzweiflung oder in Haß. Denn dann wäre unser Tun nicht Tun des Wortes Gottes; dann hilft es weder uns zur freudigen Gewißheit, noch hilft unser Tun irgendeinem Menschen, noch unserem Volke zum Heil.

Ich sage, die Gefahr ist groß. Mich hat doch innerlich seit langem nichts mehr so erschüttert wie das Wort, das ich in der vergangenen Woche aus dem Munde eines einsam gewordenen Amtsbruders hörte, dem ich auf dem Friedhof begegnete: „Ach, lieber Bruder", sagte er mir, „die Barmherzigkeit unter den Menschen ist gestorben".

Wie böse muß es doch mitten in unserem Kampf für den christlichen Glauben um das rechte Hören des Wortes Gottes stehen, wenn hier das Tun fehlt; und ich fürchte — weil ich mein eigenes Herz nur zu gut kenne — ich fürchte, diese Not ist größer, als wir meinen und als wir wahrhaben wollen. Wir trösten uns leicht mit der Härte dieser Zeit; aber wir sollten uns so nicht über unsern Mangel an Liebe und Barmherzigkeit hinwegtrösten, sondern wir sollten es ruhig eingestehen, daß diese Zeit ganz kräftig dabei ist, uns von der Liebe Christi zu trennen; wir sollten es eingestehen, damit wir umkehren und uns besinnen auf das Wort, das wir vorgesehen haben, das Wort, das Gott mit uns spricht von der Gnade über den Sünder; wir sollten es eingestehen, damit wir uns neu schenken lassen, was uns verloren zu gehen droht.

„Es fehlt ja nicht", sagte mir neulich ein katholischer Bischof, „es fehlt ja nicht an Gottes Barmherzigkeit; die ist ja auch in unsern Tagen alle Morgen neu; es fehlt ja auch nicht an der frohen Botschaft vom Kreuz und von der Auferstehung des Herrn Jesus Christus. Die Botschaft hat nicht etwa ihre lebenschaffende Kraft verloren, sondern das Evangelium steht in Kraft und wird in Kraft stehen bleiben, so wahr Gottes Wort

Gottes Wort ist, bis an der Welt Ende." Und wenn wir dennoch matt sind und arm und verzagt, und wenn uns dennoch mangelt an Liebe und Barmherzigkeit, die zum Tun wird und Gott dient an denen, die unsern Dienst nötig haben, dann liegt es daran, daß wir das Wort nicht recht hören, das Gott zu uns spricht, und dann soll gerade diese Not — in unserer Situation — dann soll uns diese Not zur Erkenntnis und zum rechten Hören bringen. Denn so spricht der Herr Christus: „Ihr habt nicht, darum daß ihr nicht bittet", und: „Wahrlich, wahrlich ich sage euch: so ihr den Vater etwas bitten werdet in meinem Namen, so wird er's euch geben".

Und so, liebe Gemeinde, wollen wir denn beten miteinander, füreinander, beten im Blick auf unsere Jugend, die im christlichen Glauben unterwiesen werden soll, beten für unser Volk, beten im Blick auf uns selbst, die wir unsern christlichen Glauben unter was weiß ich für Umständen bezeugen und bewähren müssen im Kampf mit der Welt, wie im Dienst an den Brüdern, miteinander und füreinander beten:

So hilf uns, Herr, zum Glauben
Und halt uns fest dabei.
Laß nichts die Hoffnung rauben,
Die Liebe herzlich sei!
Und wird der Tag erscheinen,
Da dich die Welt wird seh'n,
So laß uns als die Deinen
Zu deiner Rechten steh'n!

Es ist aber nahe gekommen das Ende aller Dinge. So seid nun mäßig und nüchtern zum Gebet. Vor allen Dingen aber habt untereinander eine inbrünstige Liebe; denn die Liebe deckt auch der Sünden Menge. Seid gastfrei untereinander ohne Murren. Und dienet einander, ein jeglicher mit der Gabe, die er empfangen hat, als die guten Haushalter der mancherlei Gnade Gottes: so jemand redet, daß er's rede als Gottes Wort. So jemand ein Amt hat, daß er's tue als aus dem Vermögen, das Gott darreicht, auf daß in allen Dingen Gott gepriesen werde durch Jesum Christum, welchem sei Ehre und Gewalt von Ewigkeit zu Ewigkeit! Amen.

1. Petrus 4, 7—11.

Das ist wohl das besondere Kennzeichen unserer Tage, und darin unterscheidet sich unser heutiges Christsein von aller Frömmigkeit, von der wir herkommen, daß wir wieder von neuem lernen, wie das Reich Gottes keine friedliche Verschmelzung eingeht mit irgendwelchen Reichen dieser Welt, ob diese Reiche nun auf äußere Macht oder auf geistige Kultur oder auf beides gleichzeitig sich gründen mögen. Es ist weder so, daß das Reich Gottes die Reiche der Welt in sich aufnimmt und so zum Gottesstaat auf Erden wird, noch ist es so, daß irgendein Reich auf dieser Welt das Reich Gottes sich aneignen und eingliedern könnte, um auf diese Weise seiner Vergänglichkeit zu entrinnen und ein ewiges Reich zu werden. Darin unterscheidet sich unser Christsein heute von der Frömmigkeit alter Tage; wir hören wieder darauf, daß Jesus Christus mit der Botschaft von seinem Kreuz und seiner Auferstehung ein Reich angefangen hat, das eben nicht von dieser Welt ist, das aber, weil es da ist, allen Reichen und Mächten dieser Welt ihre Vorläufigkeit bescheinigt und ihr kommendes Ende ganz gewiß bezeugt.

Und so achten wir Christen nun wieder auf jene Zeichen, die der Christenheit das Kreuz vor Augen stellen, das sie zu tragen berufen ist und das zugleich zum Gericht wird, mit dem die Mächte dieser Welt, indem sie der Christenheit das Kreuz auflegen, sich selbst den Untergang bereiten. Wir leben heute als Christenmenschen auf dieser Erde nicht mehr in jener naiven

Gläubigkeit wie noch vor ein paar Jahren, als ob wir hier eine geruhsame und gesicherte Heimat hätten, aus der es lediglich mit dem Tode auszuwandern gilt in eine noch bessere, noch friedvollere, noch gesichertere Heimat, sondern wir wissen, daß wir mit dem Herrn Christus Gäste und Fremdlinge sind auf Erden und daß es nicht Zufall ist, daß uns in unsern Tagen ein Kampf verordnet ist; ja, wir wissen um die Schmach und das Leiden der Gemeinde Jesu, wir wissen, daß es mit dem allem seine Richtigkeit hat, weil wir mit diesem Kreuz der Auferstehung warten sollen, „eines neuen Himmels und einer neuen Erde" nach seiner Verheißung.

So kommt es denn, daß dieses Apostelwort: „Es ist aber nahe herbeigekommen das Ende aller Dinge", so kommt es, daß uns diese Botschaft vom Ende etwas zu sagen hat; so kommt es, daß wir wieder anfangen, sie als frohe Botschaft, als Kunde von der Vollendung und Erlösung zu hören: „Es ist aber nahe herbeigekommen das Ende aller Dinge". Das hallt in unserer Seele nicht wider wie früher, als schreckender Posaunenton des jüngsten Gerichts, sondern als frohe Botschaft, als tröstliche Antwort auf jene ängstliche Frage und Klage unserer Väter im Glauben:

O Jesu Christ, du machst es lang
Mit deinem jüngsten Tage;
Den Menschen wird auf Erden bang
Von vieler Not und Plage.
O komm doch, komm doch, Richter groß,
Und mach uns bald in Gnaden los
Von allem Übel
Amen.

Hier ist die Antwort: „Erhebet eure Häupter, darum daß sich eure Erlösung naht".

So muß denn die Zeit der Anfechtung — seltsam genug — als Anfang dienen, daß unser Glauben neue Zuversicht, daß unser Hoffen einen starken Antrieb nach vorn bekommt; denn wir fangen wieder an, auf das Wort der Verheißung, deren Erfüllung noch aussteht, zu merken und uns ihr nach vorn entgegenzustrecken. Ja, wir können dies Aufwachen und Aufblühen geradezu mit Augen sehen, und wir können es förmlich mit

Händen greifen. Es geht durch die Christenheit heute eine erwartungsvolle Unruhe, und wir selber haben daran teil im Blick auf kommende Entscheidungen und Geschehnisse.

Aber wir sollten nicht übersehen, liebe Freunde, daß diese Botschaft: „Es ist aber nahe herbeigekommen das Ende aller Dinge", daß dieser Zustand seine ganz besonderen Gefahren und bestimmten Versuchungen für uns Christenmenschen heute in sich birgt. Es gilt, die zu sehen, es gilt, die zu meiden, es gilt, die zu überwinden. Sonst könnten wir in unserem neuen Weg auf Irrwege geraten. So wenig wir nämlich so leben dürfen, als ob wir hier inmitten unserer irdischen Aufgaben eine gesicherte Heimat hätten, so wenig dürfen wir so tun, als ginge uns, die wir dem kommenden Herrn und seiner Vollendung entgegenharren, dies ganze Erdenleben nichts mehr an, als dürften wir in der Begeisterung unseres hoffenden Glaubens nur nach vorn schauen und hier alles andere seinen eigenen Weg laufen lassen. Die fromme Begeisterung, die die Welt hinter sich lassen möchte, ist noch stets zum Fanatismus geworden, der in seiner Maßlosigkeit sich selber verzehrt; die fromme Begeisterung, die das Ziel ihrer Hoffnung vorwegnehmen möchte, ist noch stets zum Rausch geworden, der uns wohl eine kleine Weile träumen läßt, als hätten wir die Nichtigkeiten dieses Lebens überwunden und uns über sie erhoben; aber der Rausch dauert nur so lange, bis wir wieder aufwachen und kraftlos zurücksinken und im Sturz auf den harten Boden der Wirklichkeit schlagen. Nein, noch sind wir nicht — noch nicht — von dieser Welt erlöst; und sie überwinden, braucht andere Kraft als jenes Gefühl der Überlegenheit, die ein Wort in uns weckt wie dieses: „Die Gestalt dieser Welt vergeht". Sie ist eben noch nicht vergangen, sie ist noch höchst wirklich da — rings um uns her und mitten in unserer eigenen Brust; sie ist noch höchst wirklich da, nicht nur mit Drohungen, sondern auch mit Lockungen, die wir kaum spüren, ehe es zu spät ist; Lockungen, die es darauf abgesehen haben, uns zu Fall zu bringen, uns von unserem Glauben abzubringen „in Mißglauben und Verzweiflung und andere große Schande und Laster".

Liebe Gemeinde, dagegen Widerstand zu leisten, sollten wir uns nicht aus eigener Kraft vermessen, sondern uns an den halten, der seine Kraft in unserer Schwachheit mächtig werden lassen will und seinen Geist als die Quelle wirklicher Kraft verheißen hat denen, die ihn darum bitten. Und deshalb tut es uns jetzt eben Not, auf die Mahnung zu hören, die der Apostel gibt, die solcher frommen Begeisterung Maß und Schranken setzt: „So seid nun mäßig und nüchtern zum Gebet". Kommt es doch darauf an, daß derselbe Herr, der in Herrlichkeit kommen wird, sein Reich zu vollenden, schon jetzt und alle Tage bei uns ist und sein will, mitten in der Not und Angst dieser Welt und dieses Lebens mit uns ist, damit er uns bei sich im rechten Glauben erhält und so durch alle Drohungen und Lockungen der Welt hindurchträgt.

Wo das nicht geschieht, wo er nicht ist, wird uns dieser Kampf zu schwer, schwerer als daß wir ihn bestehen könnten. Und Jesus selber hat davon gewußt; er hat die Seinen gewarnt und uns darauf hingewiesen, daß dieses Ringen im Blick auf das Ende nicht leichter, sondern immer schwerer und gefahrvoller werden würde. Er hat von der zunehmenden, ja überhandnehmenden Ungerechtigkeit gesprochen, um deretwillen „die Liebe in vielen erkalten würde".

Und, Freunde, wir wissen ja wohl auch etwas davon, wie das Kämpfen um unsern Glauben gegen eine Welt, die ihn uns nehmen möchte, gegen die Ungerechtigkeit, die uns widerfährt, uns hart macht — hart nicht nur gegen die Ungerechtigkeit, sondern auch gegen die Menschen, die solche Ungerechtigkeit üben, ja, vielleicht sogar gegen die Menschen, die wohl unseres Glaubens sind, denen wir aber in unserem Mißtrauen gerade heute den Vorwurf machen, sie kämpften nicht recht mit und ließen uns im Kampf allein und ließen uns mit der Last, die wir zu tragen haben, im Stiche. Und wir wissen wohl selber, wie wir darüber immer härter und immer ärmer und immer kälter werden und unser Kampf nicht mehr getragen ist, und wir nicht mehr wissen von jener heimlichen Freude und jener heimlichen Kraft, um die wir wissen und von der wir predigen sollten.

Wir empfangen ja stets nur so viel an Liebe und Kraft, die uns trägt und stärkt, als wir auch selber Liebe weiterzugeben gewillt und bereit sind; und da, wo wir mit unserem Vergeben am Ende sind, sperren wir auch der vergebenden Liebe Gottes, aus der wir schöpfen möchten, den Zufluß ab, und dann wird das leere Flußbett unseres Lebens, durch das ein Strom von der Liebe Gottes durch unser Menschenleben hindurchfließen sollte, zum giftigen Sumpf, und darüber brütet das Fieber. Es ist gefährlich, die Schleusen, durch die die Liebe auch zu unsern Brüdern kommen soll, diese Schleusen zuzumachen; denn „die Liebe deckt auch der Sünden Menge".

Die Ausleger haben wohl die Frage aufgeworfen, ob in diesem seltsamen Wort: „Die Liebe deckt auch der Sünden Menge", die Liebe gemeint sei, mit der wir unsern Schuldigern ihre Sünden zudecken, oder ob damit die Liebe des Heilandes gemeint sei, mit der er uns unsere Sünden vergibt und zudeckt. Aber das ist immer eine törichte und trügerische Frage gewesen, weil es nie das eine oder das andere, weil es nur beides zusammen geben kann in lebendiger Wirklichkeit; denn dieser Strom will fließen, muß fließen; oder aber wir scheiden uns, indem wir uns von dem Bruder scheiden, dem unsere Liebe zuteil werden soll, zugleich von der Liebe des Herrn, von der wir leben.

Und deshalb, Freunde, mögen wir heute ja achtgeben, daß wir, wo wir wieder auf das Kommen des Herrn schauen, es mit unserem Glauben und Hoffen nicht in der Weise halten, daß wir darüber die Liebe zu kurz kommen lassen. Unser Glauben und unser Hoffen müßten darüber auch zugrunde gehen. Und darum werden wir angesichts des kommenden Endes so nachdrücklich auf die Liebe hin angesprochen, weil ja unsere Not offenbar wird: „Vor allen Dingen habt untereinander eine inbrünstige Liebe". Und es gehört zum rechten Maßhalten und zur rechten Nüchternheit unseres Betens, daß wir in unserem Glaubenskampf um den Geist der Kraft bitten, der zugleich der Geist der Liebe Christi ist, die Sünden trägt, zudeckt und vergibt; und es gehört ausdrücklich zum Maßhalten und Nüchternsein, es gehört ausdrücklich in dieser letztbetrübten Zeit dazu, wo es ja beständig um die großen, entscheidenden Fragen geht, daß wir die geringen Dinge, die kleinen und eben darum lästigen Anforderungen an unsere brüderliche Liebe nicht versäumen. Darum steht hier dieses sonderbare Wörtchen: „Seid gastfrei untereinander ohne Murren".

Nicht wahr, die unscheinbare, helfende Tat, das freundlich tröstende Wort, das Offensein für die fragende Not des Bruders; wir wissen, liebe Gemeinde, wie leicht uns darüber das Murren ankommt, weil wir meinen, wir hätten wichtigere, eiligere Dinge zu tun; heute, wo es um das Kommen des Herrn Christus geht, müssen wir im Bilde sein, heute, wo es um das Bekenntnis geht, um das Schicksal der ganzen Kirche, müssen wir dabei sein.

Und dennoch, wie viel Bekenntnisbetrieb, der nur Betrieb ist, treibt uns schon wieder um, und wie viel kirchlicher Leerlauf findet in uns nur die untätigen, interessierten Zuschauer, wo wir es doch wissen sollten, daß wir berufen sind, Haushalter zu sein der mancherlei Gnade Gottes, wo wir doch berufen sind, mit der Gabe, die ein jeglicher empfangen hat, einander zu dienen. Und die Lästermäuler, die den Glauben an Jesus Christus als eine leere und nutzlose Sache vor den Leuten verächtlich machen, nehmen sich und haben da den Schein des Rechts, indem sie auf diesen Betrieb und Leerlauf hinweisen.

Freunde, dieser Schein des Rechts, dieser Betrieb und Leerlauf dürfte heute nicht sein. Es sollte niemand, der uns reden hört, mit gutem Gewissen sagen dürfen, daß wir um Meinungen streiten; es sollte keiner, der uns wirken sieht, mit innerem Recht glauben dürfen, es ginge uns um unsere Interessen; es geht uns ja auch gar nicht darum, sondern daß das Wort weitergetragen wird, das Gott zu uns spricht in der Botschaft von Jesus Christus; es geht uns darum, daß der Dienst getan wird, zu dem der Herr uns ruft. Aber hier genügt es ja nicht, das Rechte gewollt zu haben, sondern wir sind gerufen und gefordert, seine Zeugen zu sein, und wir sollten es wirklich und wahrhaftig sein; denn unser Herr und Meister spricht: „Ich bin das Licht der Welt!", aber nicht nur ich, sondern: „Ihr seid das Licht der Welt. Lasset euer Licht leuchten vor den Leuten, daß sie eure guten Werke sehen und euren Vater im Himmel preisen!"

Es heißt doch nun einmal — wir kommen nicht daran vorbei, mit keiner Zukunftshoffnung daran vorbei —: Unser Christenstand soll sich hier auf Erden im Leben bewähren; und wir hören noch einmal die Mahnung: „Seid mäßig und nüchtern zum Gebet". Wir sollten uns, in Anknüpfung an den Spruch, den wir vorhin vom Altar gehört haben, wohl daran erinnern lassen, daß wir zu beten haben um den Geist der Kraft und der

Liebe und der Zucht, daß es aus unserem Tun und Reden hervorgeht, daß wir nicht uns selber gehören, daß wir nicht tun und lassen, was uns gefällt, sondern daß wir unter dem Kommando dessen stehen, der uns zu seinem Eigentum gemacht hat und zu seinem Dienst gerufen hat, daß wir, die wir auf sein Reich warten, schon glaubend in seinem Reich leben und ihm dienen.

Und, meine lieben Konfirmanden, die ihr nun vor den Altar tretet, das gilt auch euch — nicht anders als uns allen; und euer himmlischer Vater helfe euch, daß euer Erdenleben wie das unsere in all seinem Kämpfen und Ringen getragen werde von dem Geist der Kraft des Herrn Christus, und daß euer Leben lebendig bleibe in dem Geist der Liebe, damit wir unsere Brüder tragen können, damit die Liebe zur Wirkung kommt als Zeugnis des Herrn Christus durch den Geist der Zucht, auf daß in eurem Leben und im Leben der Gemeinde und der Kirche es wahr werde, was Gott mit uns vor hat und in uns sucht, „auf daß in allen Dingen — nicht wir — sondern Gott gepriesen werde durch Jesum Christum, welchem sei Ehre und Gewalt von Ewigkeit zu Ewigkeit!"

Und er hat etliche zu Aposteln gesetzt, etliche aber zu Propheten, etliche zu Evangelisten, etliche zu Hirten und Lehrern, daß die Heiligen zugerichtet werden zum Werk des Dienstes, dadurch der Leib Christi erbaut werde, bis daß wir alle hinankommen zu einerlei Glauben und Erkenntnis des Sohnes Gottes und ein vollkommener Mann werden, der da sei im Maße des vollkommenen Alters Christi, auf daß wir nicht mehr Kinder seien und uns bewegen und wiegen lassen von allerlei Wind der Lehre durch Schalkheit der Menschen und Täuscherei, womit sie uns erschleichen, uns zu verführen. Lasset uns aber rechtschaffen sein in der Liebe und wachsen in allen Stücken an dem, der das Haupt ist, Christus, von welchem aus der ganze Leib zusammengefügt ist und ein Glied am andern hanget durch alle Gelenke, dadurch eins dem andern Handreichung tut, nach dem Werk eines jeglichen Gliedes in seinem Maße, und macht, daß der Leib wächst zu seiner selbst Besserung, und das alles in der Liebe.

Epheser 4, 11—16.

Die Predigt des zweiten Pfingsttages, liebe Gemeinde, ist einem alten Herkommen gemäß in besonderer Weise Predigt von der Kirche; und das hat seinen Grund darin, daß der heilige Geist, indem er uns zum Glauben bringt, doch nicht anders neue Menschen aus uns macht als so, daß er uns in die Gemeinschaft der Gläubigen hineinstellt als Glieder. Darum gehören Glauben und Kirche unzertrennbar zusammen, und wenn uns das auch immer noch hart in den Ohren klingen mag, nach einem Zeitalter des schrankenlosen Individualismus: Es gibt tatsächlich keinen christlichen Glauben außerhalb der christlichen Kirche, und es gibt auch tatsächlich keine christliche Kirche außerhalb des christlichen Glaubens!

Das meint jenes uns allen bekannte und vertraute Bild von dem Leibe Christi, an dem Jesus Christus das Haupt ist und an dem alle Gläubigen Glieder sind. Dieses Bild macht zugleich deutlich, daß es nur *eine* christliche Kirche gibt — und nur *eine* christliche Kirche geben kann, und daß es uns nicht erlaubt ist, so zu tun, wir wir oft getan haben, als wäre jener Zustand irgendwie erlaubt oder gar als ein besonderer Reichtum zu begrüßen, daß es so viele christliche Kirchen gibt, große und kleine, alte und neue, christliche Kirchen, in denen ja nicht nur unterschiedlich und verschieden, sondern sogar — um der Wahrheit willen muß es gesagt werden — gegensätzlich gelehrt und geglaubt wird.

Tatsächlich hatten wir uns seit den Tagen unserer Väter — sagen wir mal seit etwa hundert bis hundertfünfzig Jahren — in der evangelischen Kirche damit abgefunden, die vorhandene Zerrissenheit der Kirche Christi hinzustellen mit der Behauptung, als sei es eine fruchtbare Mannigfaltigkeit, die tiefen Glaubensgegensätze zu verharmlosen und beiseite zu tun, und wir haben uns darauf beschränkt, gelegentlich, wenn es aus irgendeinem akuten Anlaß zweckmäßig schien, die ganzen christlichen Kirchen mal zu einer Interessengemeinschaft zusammenzuschließen, um irgendein gemeinsames Anliegen besser zur Geltung zu bringen.

Heute bricht nun die ganze Not, die so lange verborgen gewesen ist, wieder auf, indem uns die Frage nach der Einheit der Kirche, die wir als Frage des Herrn Christus an die Seinen nicht mehr ernst genommen und absichtlich überhört haben, indem uns diese Frage von einer ganz andern Seite aus gestellt wird, aber so, daß wir sie nicht überhören können; ob wir sie hören wollen oder nicht hören wollen, wir müssen sie hören, den Kampfruf der Welt: „Entkonfessionalisierung!" Wir hören die Parole der sogenannten „Deutschen Christen": „Nationalkirche!", und wir können dem nicht begegnen mit dem Hinweis darauf, daß es doch Konfessionen geben müsse, und wir können uns nicht entschuldigen mit der Behauptung, wir hätten alles getan, um die Christenheit zu einigen, wir hätten das Unsere zu dieser Aufgabe längst beigetragen. Nein, wir können, wenn der Ruf uns trifft, wenn uns die Frage begegnet nach der Einheit der Kirche, nur das eine tun: einen Gegenstoß machen und denen, die nicht sehen wollen, zeigen, wie hinter solchen Losungen: „Entkonfessionalisierung! Nationalkirche!" oder irgend so etwas, sich die Absicht verbirgt, die christliche Kirche und den christlichen Glauben überhaupt zu beseitigen; denn so ist es ja in Wirklichkeit. Und doch würden wir, indem wir uns auf die Abwehr beschränken, den Ruf Gottes, der hier an uns ergeht, wieder überhören, würden wir den Ruf Gottes, der uns an unsere Versäumnisse und Sünden gemahnt und den wir jedesmal hören sollten, wenn wir im Glaubensbekenntnis mit den Worten unserer Väter bekennen, wieder überhören, den Ruf, der aus unsern Herzen kommen sollte, wenn wir sprechen: „Ich glaube an eine heilige, allgemeine, christliche Kirche".

In dem, was heute in der Kirche vorgeht, sind wir mit einem letzten Ernst durch den Mund unserer Feinde von Gott zur Ordnung gerufen, sind wir heute darnach gefragt, ob wir als Glieder der Kirche, der einen christlichen Kirche, an die wir glauben, tatsächlich unsern Dienst als Glieder am Ganzen des Leibes Christi ausgerichtet haben.

Wir dürfen wohl sagen, daß der Ernst dieser Frage auch unter uns heute lebendig und wirksam geworden ist. Es fehlt ja nicht an christlichem Bemühen, Brücken zu schlagen und das wechselseitige Verständnis zwischen den christlichen Konfessionen und Gruppen zu fördern. Die gemeinsame Not bringt manches zustande, was früher nicht möglich gewesen wäre. Ich denke etwa daran, daß Lutheraner und Reformierte, die gemeinsam vor drei Jahren auf der Barmer Synode gesprochen haben, nicht wieder haben auseinander gehen können; ich denke etwa daran, wie die römisch-katholische Kirche heute in doch recht maßgeblichen Äußerungen maßgebender Persönlichkeiten der kämpfenden evangelischen Kirche Gerechtigkeit widerfahren läßt, und ich denke daran, wie die Kirchen in der ganzen Welt anfangen, im Blick auf das, was in Deutschland vorgeht, sich darauf zu besinnen — bei Rußland haben sie sich nicht darauf besonnen — aber heute fangen sie an, sich zu besinnen, daß sie als Brüder zur Verantwortung gerufen sind. Und das alles weckt ein Echo in unserer Brust, und wir ahnen wieder etwas davon, daß wir irgendwie zusammengehören als eine große Gemeinde am Leibe Christi; und wir möchten aus der Einsamkeit und Enge unseres Alleinseins und Für-uns-seins heraus, hinein in die Weite einer wirklichen, christlichen Bruderschaft, die uns miteinander verbindet und zum Dienst aneinander frei macht.

Aber, aber! wir dürfen uns darüber nicht täuschen, Freunde, daß gerade darin eine große Versuchung unser wartet: Wir möchten die brüderliche Gemeinschaft, wir suchen sie, finden auch etwas davon — wenigstens grundsätzlich und anfangsweise — hier und dort in der christlichen Kirche und Gemeinde, und nun möchten wir diese Gemeinschaft vertiefen und ausbauen; wir freuen uns daran — ich müßte lügen, wenn ich es anders sagen wollte! — wenn sich Türen auftun und Schranken fallen — auch bei unsern katholischen Brüdern. Warum sollten wir nicht auch Türen aufstoßen und warum sollten wir nicht auch Schranken niederreißen? — lutherisch oder reformiert, katholisch oder evangelisch; bleibt nicht noch genug von unserem gemeinsamen christlichen Gedankengut, das uns gegeben ist, damit wir in der einen christlichen Kirche brüderlich beieinander leben könnten?

Ich sage mit Bedacht: Da lauert eine Versuchung. Da meinen wir, an der Einheit der Kirche zu schaffen, und doch bleibt es ein kindisches Beginnen. Gestern haben wir noch gemeint, mit der Mannigfaltigkeit der Konfessionen und Gruppen hätte es seine Richtigkeit und seine Vorzüge. Heute schwärmen wir für Einheit und Geschlossenheit; und was morgen sein wird? — das muß sich morgen finden. Gestern waren wir noch stolz auf den Beitrag, den wir mit unserer besonderen Eigenart für das Ganze leisteten, und heute fangen wir an, uns zu freuen, daß noch eine Menge Gemeinsames bei allen Eigenarten übrig geblieben ist. Ob uns morgen das eine oder das andere noch etwas sein wird? — Wer will das sagen? Freunde, das sind Dinge, die wechseln mit dem Pendelschlag der Zeit, die wechseln mit unsern Bedürfnissen und Anschauungen, und darüber sind wir so wenig Herr, daß sie ja vielmehr über uns bestimmen. Ich brauche das nicht mehr zu erläutern und zu begründen.

Aber es ist nötig für uns, zu wissen, daß die Einheit der Kirche, von der wir zur Zeit wieder einmal mit ahnender Sehnsucht träumen, daß die Einheit der Kirche nicht in diesem Auf und Ab der zeitgeschichtlichen Entwicklung zustande kommt. Es ist nötig für uns, zu hören, daß es nicht um unsere menschlichen Pläne und Ideen zu tun ist, wie wir uns wohl einreden oder einreden lassen. Und wenn in diesen unsern Tagen so manche gutgemeinten Vorschläge gemacht werden, man sollte wenigstens die evangelische Christenheit einigen auf ein gemeinsames kirchliches Programm hin, und zwar so, daß jede Gruppe etwas nachläßt, liebe Gemeinde, wir sollen uns hüten vor solcher Verführung, die deshalb eine windige und kindische Sache bleibt, weil wir zu solchem Tun gar keine Vollmacht haben.

Wenn wir uns an das Bild des Textes halten, wird die Lächerlichkeit und Kindischheit dieses Beginnens deutlich; als ob die Einheit des Leibes so herzustellen wäre, daß sich die Glieder zu einem gemeinsamen Arbeitsplan zusammentun, während diese Einheit doch nur darauf beruht, daß der Wille des Hauptes zu den Gliedern gelangt und von ihnen ausgeführt wird. Und darum geht es in all dem kirchlichen Durcheinander und Gegeneinander unserer Tage, daß Jesus Christus — und er allein — Herr und Haupt seiner Kirche ist und daß er durch den heiligen Geist seine Glieder — die im übrigen mannigfaltig genug sein mögen — daß er durch den heiligen Geist seine Glieder lenkt und regiert. Und das ist die Krankheit der Glieder, an der die Kirche nachgerade zu sterben droht, daß sie nicht auf die Weisungen des Hauptes hören, sondern auf fremde Weisungen; und dann löst sich der Leib Christi auf und bietet das Bild eines Menschen, der den Veitstanz hat; und das wird nicht davon besser, daß man sich die Glieder einzeln vornimmt und auf einen gemeinsamen Nenner zu bringen sucht.

Die Frage nach dem Haupt der Kirche ist unsere Not, daß wir so tun, als hätten wir den Befehl dieses gemeinsamen Hauptes nicht mehr, als hätten wir nicht mehr das lebendige Haupt, das uns heute nicht anders als vor 1900 Jahren seinen Willen kundtut. Das ist die Not der Kirche: Wir glauben nicht an einen lebendig gegenwärtigen Herrn; wir können auch sagen: wir glauben nicht an den heiligen Geist, und darum fragen wir bei andern Autoritäten an, was die Kirche tun soll, und die einen oder andern unter uns, die zurückblicken, holen den „Vater Luther" oder den „Vater Calvin", oder sie fragen bei Augustin, Cyprian oder noch älteren Kirchenvätern an; und die andern, die vorwegblickenden, machen genau denselben Fehler und fragen bei den Propheten einer neuen Zeit und eines neuen Glaubens; und die dritten, denen das eine und das andere nicht liegt, horchen in sich hinein auf die Stimme ihrer Psyche — oder, wie man heute sagt: auf die Stimme ihres Blutes, das in ihnen strömt.

Liebe Gemeinde, das ist alles umsonst; denn wohin wir uns auch wenden mögen, der lebendige Gott begegnet uns dort nicht, der lebendige Gott redet nicht durch Luther oder Calvin zu uns, der lebendige Gott redet nicht durch die Propheten des neuen Glaubens, nicht durch die Stimme unserer Seele oder unseres Blutes! Sondern der lebendige Gott begegnet uns nicht anders als in dem einen Wort; ein Wort hat er geredet, das sollen wir hören, ein Wort, das will uns lebendig machen und gesund, ein Wort, das fordert unsern Gehorsam. Dies eine Wort, das uns sagt, daß in Jesus von Nazareth Gott selber zu mir — auch heute — kommt, um Frieden mit uns zu machen; dies Wort, das mir bezeugt, daß der gekreuzigte und auferstandene Jesus von Nazareth von einst heute und in alle Ewigkeit unser Herr und das Haupt seiner Kirche ist, dies Wort — und dies Wort allein — begründet, erhält und vollendet die Einheit der Kirche; denn in dieser Botschaft wirkt der heilige Geist. Brüder und Schwestern, das Pfingstwunder ist ein einmaliges Wunder für die Apostel gewesen; wir haben nicht auf ein neues Pfingsten zu warten, der heilige Geist ist gekommen und er kommt heute nicht noch einmal zu uns! Wir haben nicht zu warten auf den heiligen Geist, daß wir nun anfangen, mit neuen Zungen zu reden! Nein, der heilige Geist ist gebunden an die Botschaft von Jesus Christus und ihre Verkündigung. Da — und nirgendwo anders — schafft er die Gemeinde Jesu Christi, deren Glieder eine Einheit sind in der Bindung an den einen Herrn.

Und darum gibt es ein Amt in der Kirche — und davon handelt unser Text — darum gibt es ein Amt in der Kirche, das hat der Herr Jesus Christus selber eingesetzt — der Herr Jesus Christus hat keine Bischöfe oder Konsistorialräte oder Kirchenminister eingesetzt! — ein Amt hat er selber eingesetzt, und das hat nur den einen Auftrag, das Wort in einfältigem Gehorsam so weiterzusagen, wie es ihm aufgetragen ist. Gewiß, dieses Amt stellt sich vor unsern Augen unterschiedlich dar. Die Apostel predigen, was sie im persönlichen Umgang mit dem Heiland gesehen und gehört haben; die Propheten verkündigen, was Gott ihnen durch seinen heiligen Geist unmittelbar in den Mund legt, als das eine Wort in Jesus Christus noch nicht da war; und die Evangelisten sagen die Botschaft der Apostel und Propheten so weiter, bis dieses Wort in den einzelnen Ländern und bei den einzelnen Völkern, bis dieses Wort in den einzelnen Gemeinden von den Hirten und Lehrern ausgelegt und gelehrt wird.

Und doch bleibt dieses Amt das *eine* Amt der Verkündigung, das der Herr Christus selber eingesetzt hat, bleibt die Verbindung, durch die der Herr Christus die Glieder an das Haupt bindet, und so haben wir dieses Amt, das uns der Herr Christus anvertraut und befohlen hat, „ohne Menschenfurcht und ohne Menschengefälligkeit" — wie wir das im Ordinationsgelübde geloben — auszurichten. Und nun geht es immer wieder darum — obwohl in der großen Kirchenpolitik augenblicklich wenig Meinung dafür ist —, daß wir als Gemeinde dieses Wort — und um Gottes willen kein anderes oder auch nur ein ähnliches! — daß wir es hören als das Wort, in dem Gott uns sein Herz aufschließt und unser Vater sein will und uns zum Glauben an ihn ruft, daß wir es hören als das Wort, mit dem Gott uns in Pflicht nimmt als Glieder am Leibe Christi.

So will Gott die Einheit der Kirche schaffen, und so *hat* er sie geschaffen, und so läßt er sie uns verkündigen, damit wir hineinwachsen sollen. *Wir* machen die Einheit der Kirche nicht, die ist *da* in dem *einen* Herrn; und so viel der Glaube und die Erkenntnis dieses unseres Herrn in uns wächst und wurzelt, so viel wächst und wurzelt unter uns die eine Kirche als der Leib Christi, und so viel schwindet die Zerrissenheit, die uns voneinander trennt.

In der vorigen Woche, liebe Freunde, hat in Halle an der Saale die altpreußische Bekenntnissynode wieder einmal getagt. Es liegen schon ein paar Tage dazwischen, und in diesen paar Tagen ist es mir deutlich geworden, daß wir in den letzten Jahren noch niemals eine Bekenntnissynode erlebt haben, auf der wir uns innerlich so einig — trotz aller harten Fragen und Auseinandersetzungen —, innerlich so nahe gewesen wären. Auf dieser Synode ist in großem Ernst um die Frage der Gemeinschaft zwischen Reformierten und Lutheranern gerungen worden, und wir danken Gott — und ihr, liebe Gemeinde, sollt mit uns Gott danken — daß wir nicht durch verschiedene theologische Meinungen, noch durch „Vater Luther" oder andere kleinere Väter — etwa „Vater Melanchthon" oder Zwingli —

noch durch Calvin, auch nicht durch verschiedene menschliche Meinungen und Ansichten voneinander getrennt worden sind, sondern daß wir im Hören auf das eine Wort, das Gott in Jesus Christus geredet hat, uns genötigt gesehen haben zu erklären: Wir können nicht anders, und wir dürfen nicht anders! Man hat der preußischen Kirche gesagt: Du bist ja eigentlich gar keine Kirche, du bist ja eigentlich drei Kirchen, eine lutherische, eine reformierte und eine uniierte; wir haben mit gutem Gewissen gesagt: Wir Lutheraner und Reformierten und Uniierten sind eine Kirche als Gläubige an den einen Herrn, und unsere verschiedenen Theologien trennen uns nicht so tief, als daß wir nicht kirchliche Gemeinschaft bekommen könnten, bis dahin, wo wir uns von dem einen Herrn zu seinem Tisch gemeinsam rufen lassen; denn was uns eint, ist die Gabe des Herrn Christus, und wenn darüber verschiedene Meinungen sind, wie wir uns das vorstellen, daß der Herr Christus sich uns gibt: die Vorstellungen sind verschieden, aber der Herr Jesus Christus lädt uns alle an einen Tisch, und wir sind alle miteinander berufen.

Das ist der Anfang! Ja, gebe Gott, daß diesem Anfang — nicht nur in Preußen, nicht nur zwischen Reformierten und Lutheranern — ein Fortgang beschieden sei, daß wir in der Wahrheit und in der Liebe wachsen in allen Stücken an dem, der das Haupt ist: Christus!, daß die Botschaft von ihm ausgerichtet werde und laufe, daß der heilige Geist darin wirksam werde und uns erhalte und zusammenbringe im rechten einigen Glauben in einer wahren Kirche, da Jesus Christus das Haupt ist; wir aber sind alle Brüder.

Ja, komm, heiliger Geist!

Gott ist Liebe; und wer in der Liebe bleibt, der bleibt in Gott und Gott in ihm. Darin ist die Liebe völlig bei uns, daß wir eine Freudigkeit haben am Tage des Gerichts; denn gleichwie er ist, so sind auch wir in dieser Welt. Furcht ist nicht in der Liebe, sondern die völlige Liebe treibt die Furcht aus; denn die Furcht hat Pein. Wer sich aber fürchtet, der ist nicht völlig in der Liebe. Lasset uns ihn lieben, denn er hat uns zuerst geliebt. So jemand spricht: „Ich liebe Gott", und haßt seinen Bruder, der ist ein Lügner. Denn wer seinen Bruder nicht liebt, den er sieht, wie kann er Gott lieben, den er nicht sieht? Und dies Gebot haben wir von ihm, daß, wer Gott liebt, daß der auch seinen Bruder liebe.

1. Johannes 4, 16—21.

Daß Gott Liebe ist, das gehört für uns normalerweise zu jenen grundlegenden Sätzen, die unser Leben von Jugend auf begleiten, und das gehört zugleich zu jenen letzten Wahrheiten, zu denen wir uns am Ende wieder zurückfinden möchten, wenn tausend andere Dinge, die uns groß und wichtig zu sein scheinen, dahingeschwommen sind. „Gott ist Liebe" — da ist das Vaterhaus, aus dem wir stammen; „Gott ist Liebe" — da suchen wir am Ende auch die Heimat, die uns wieder aufnehmen soll. Ja: „Gott ist Liebe" — da geht der Vater ungesehen an unserer Seite, und wir brauchen nur die Hand auszustrecken, um seine Vaterhand zu fassen, die unserer wartet. Liebe Gemeinde, ist das nicht frohe Botschaft, wahrhaft frohe Botschaft, an der wir uns genügen lassen dürfen, weil wir damit genug haben, weil sie genug hat und genug gibt für jede Lage, in die unser Weg uns führt: „Und ob ich schon wanderte im finstern Tal, du bist bei mir!"

Es ist tatsächlich genug, liebe Gemeinde, und wer diese Liebe kennt und wer diese Liebe glaubt, der hat tatsächlich genug, um seine Straße fröhlich zu ziehen. Wenn wir doch nur nicht in der Wirklichkeit unseres Lebens so armselige, angefochtene Menschen wären, wenn uns doch nur nicht das Wort von der Liebe Gottes zu uns in unsern Nöten und Sorgen immer aufs neue zweifelhaft werden wollte, wenn doch nur nicht je und dann die Stimmen aus der Tiefe Macht über uns gewönnen, die da sagen: „Wo ist denn nun eigentlich dein Gott, der die Liebe sein soll?" Und die dunklen Täler, durch die wir wandern, sind voll von solchen Stimmen und Zweifeln. Wer vermag sie zu bannen? Wer kann sich ihnen entziehen? Wir kennen sie alle: Da ist das Leid des Lebens und die Anfechtung und die Not, die Königsherrschaft des Todes; da regt sich der Haß der Menschen, die Feindschaft der Welt, da bedrängt uns die Angst des Gewissens und die bedrückende Furcht — ja: auch die Furcht des Gerichts. „Gott ist Liebe?" Wer will da die Botschaft noch glauben, wenn ein Chor von Teufeln und Dämonen uns zuschreit: „Die Liebe Gottes? Ja, wo ist die denn? Sieh mal hier: das ist doch nicht die Liebe Gottes? Und sieh mal da: Sieh doch die Liebe Gottes und träume nicht: so sieht sie in Wirklichkeit aus; und nun geh hin und sage ihm ab."

Liebe Gemeinde, es sind wohl viele, auch in unserer Mitte, die heute so angefochten werden; da ist manch einer, der um einen Kranken sorgt, manch einer, der um einen Toten klagt, um einen Gefangenen in Unruhe ist, manch einer, der sich ängstet vor einer Last, die ihm aufgelegt werden möchte, oder manch einer — und von denen gibt es jetzt viele —, der im Gewissen angefochten ist und deshalb Gottes Hand sich nicht zu fassen getraut.

Freunde, wo wir auch immer sein mögen mit unserer Last, die uns drückt, und wohin wir auch immer gehören mögen mit unserer Anfechtung, die uns quält: „Gott ist Liebe"; und gerade als die Elenden und gerade als die Bedrückten und Angefochtenen sollen wir's von neuem hören lernen: „Er hat uns zuerst geliebt", geliebt nicht mit einem freundlichen Wohlwollen aus der Ferne, geliebt nicht mit einem tröstenden Lächeln, das uns eine kommende Erlösung hoffen läßt, sondern geliebt mit einer Liebe, die es nicht in der Ferne aushielt und die nicht auf eine bessere Zukunft aufgespart blieb, sondern die zu uns kam mitten hinein in das dunkle Tal und die sich ausschüttete bis in die letzte Tiefe unserer einsamen Not — ja, *meiner*, ja *deiner* einsamsten Not — und diese Liebe heißt: Jesus Christus, und in dem ist die Liebe *völlig* bei uns, und Gott hat von dieser

Liebe auch nicht einen einzigen Tropfen zurückbehalten: Gott ist in Jesus Christus völlig — ganz und gar — unser Vater geworden, und es gibt nun keine Last mehr, von der wir sagen dürften: „Das ist meine Last, und ich muß sie tragen". Es gibt nun keine Schuld mehr, von der wir behaupten dürften, sie wäre unsere Schuld, und wir müßten sie nun auf unsern Schultern weiterschleppen. Wie dürfen wir das unser nennen, was Gott in seiner Liebe in Jesus Christus von uns nahm und für uns trägt?!

Und so ist es denn in Wahrheit gar nicht unsere Not, die wir tragen und die uns Not macht, die Not, die der Herr Jesus Christus von uns nahm und die wir doch so gern für uns reklamieren möchten, um sie als eigene Not zu tragen. Und da gilt nun wieder einmal: bleiben wir nicht in seiner Liebe, glauben wir seiner Liebe nicht, von der der Dichter singt, daß sie uns mit unsern Lasten in den Händen trägt, dann geraten wir alsbald wieder unter das Regiment der Furcht, dann sind wir wieder allein mit den drohenden und anklagenden Stimmen rings um uns her oder — was manchmal noch schlimmer ist — den Stimmen in der eigenen Brust, und dann reißen wir den Abgrund wieder auf, über den hinweg die Liebe Gottes zu uns herübergekommen ist. Wenn wir's deshalb doch hören wollten, daß Gott in Jesus Christus ganz und gar unser Gott geworden ist, damit wir ganz und gar ihm gehören sollen, daß Gott uns völlig liebt und wir ihn wiederlieben sollen, und daß wir durch Jesus Christus ganz und gar Gottes geworden sind, damit er ganz und gar uns gehöre und uns seine Liebe ganz und gar schenke.

Das ist die frohe Botschaft: Er hat sie uns geschenkt, er sieht uns mit denselben Augen an, mit denen er den eingeborenen Sohn ansieht, und er umfaßt uns mit derselben Liebe, mit der er ihn liebt; das heißen die Worte: „gleich wie er ist, so sind auch wir — in dieser Welt!" Und da geht es wirklich nur und stets um das Eine, was nottut, daß wir uns von dieser suchenden Liebe finden lassen, daß wir uns von dieser tragenden Liebe Gottes halten lassen, daß wir uns von dieser völligen Liebe Gottes nicht wieder trennen lassen: „Gott ist Liebe; und wer in der Liebe bleibt, der bleibt in Gott und Gott in ihm". Und da muß dann die Furcht weichen, die uns immer wieder zu beherrschen trachtet, und da muß dann die Not weichen — nicht als ob Leid und Tod, Not und Sorge aufhörten zu sein — aber so, daß unser Herz, das um Gott weiß, nicht mehr davor erschüttert, sondern sprechen lernt — nicht im Eigensinn und Trotz, sondern in Demut: „Ist Gott für uns, wer mag wider uns sein?!, ja so, daß wir mit einer letzten Freudigkeit dem Tage des Gerichts entgegengehen, weil wir wissen: „Wie sollte er uns mit ihm nicht alles schenken?!"

Gewiß, liebe Freunde, wir kommen zu dieser Freudigkeit nicht von heut auf morgen, und die Furcht der Anfechtung sind wir nicht los, wenn wir meinen, sie durch den Glauben an Jesus Christus einmal überwunden zu haben. Die Furcht kehrt wieder, und unsere Freudigkeit bleibt eine Freudigkeit unter Anfechtungen. Aber wenn wir einmal die frohe Kunde von der Liebe Gottes in Jesus Christus zu uns mit dem Herzen gehört haben: „Er hat uns zuerst geliebt", dann hören wir aus aller wiederkehrenden Furcht und aus allen neuen Anfechtungen eine Mahnung heraus, die Mahnung heraus, uns in der Liebe Gottes zu bergen: „Lasset uns ihn lieben, denn er hat uns zuerst geliebt!"

Wir müssen und wir sollen — und darum kehrt die Furcht wieder, und darum kommen wir aus der Anfechtung nicht heraus — wir müssen und wir sollen ihm, der uns geliebt hat, immer wieder die persönliche Antwort geben, damit seine Liebe zu uns nicht ohne Frucht bleibe und das Wort von der Gnade und Vergebung, das Wort des Trostes, das wir hören, nicht leer zurückkomme.

Und so sind wir denn von ihm selber und durch die Liebe, die er in Jesus Christus in uns übt, in die Gemeinschaft hineingestellt, in die Gemeinschaft der Brüder, und hier leben wir, ein jeder für sich und wir alle zugleich miteinander von seiner Gabe. Ihm können wir sie nicht vergelten, aber wir sollen ihm danken, und das geschieht in der Gemeinde an den Brüdern. So hat es Gott gewollt, und so hat es der Herr Christus geboten. Wenn wir ihm nun auf das Wort und die Tat seiner Liebe Antwort geben wollen, so verbirgt er sich alsbald in dem Bruder an unserer Seite: „Du suchst mich, um mir den Dank deiner Liebe darzubringen? Hier bin ich, um ihn in Empfang zu nehmen. Wohlan, so gib mir denn hier die hundert Groschen, die du bezahlen kannst und sollst, nachdem ich dir die zehntausend Pfund geschenkt habe. Wohlan, so gib mir denn hier den kühlen Trunk und das Stück Brot, dessen ich bedarf, nachdem ich dich mit meinem eigenen Leib und Blut vor dem Tode des Verhungerns und Verdürstens errettet habe. Wohlan, so gib mir denn hier deine brüderliche Nächstenliebe, nachdem ich aus göttlicher Heilandsliebe dein Bruder geworden bin. Wohlan, so trage denn hier mein Joch — es ist sanft — und meine Last — sie ist leicht —, nachdem ich alle deine schwere Last von dir auf meine Schultern genommen habe. Und so will ich dir glauben, daß du mich lieb hast, und du sollst dessen getrost und froh werden, daß ich dich geliebt habe und liebe".

Meine lieben Brüder und Schwestern, das allein ist eine so schlichte und einfältige Sache, und das ist uns so klar und nachdrücklich von dem Herrn Christus und von seinen Aposteln gesagt worden, und das wird uns in der Not und in dem Leiden vieler Christenbrüder so unmittelbar zu unserer Verantwortung gemacht, daß wir's wohl merken müßten, wie der Herr Christus seine Gemeinde unter uns lebendig machen und wecken will; daß wir uns zueinander finden, wie er uns aneinander weist, daß wir nun wirklich unsere eigene Sorge und Not ihm lassen und dafür die Sorge und die Not des Bruders brüderlich mittragen in Fürbitte und helfender Tat.

Liebe Gemeinde, wir werden gleich eine lange, lange Liste von Namen hören, und wir sollen es wissen, daß hinter jedem einzelnen dieser Namen Sorge und Kummer, wohl auch Tränen und Not und vielleicht am Ende auch die Gefahr der Bitterkeit, des Zweifels an der Liebe Gottes steht. Aber wir sollen es auch wissen, daß hier aus der Not des Bruders unser Herr und Heiland Jesus Christus zu uns kommt und spricht: „Ich bin hungrig gewesen, ich bin durstig gewesen, ich bin nackt gewesen, ich bin krank gewesen, ich bin gefangen gewesen!"

Und damit ruft er uns und fragt uns, ob unser Glaube an seine Liebe ein echter Glaube ist oder nur etwas, was wir von ferne hören, um es später mal zu realisieren; fragt er, ob unser Glaube echt und fähig ist zu der tätigen Liebe an dem Bruder, die er uns geboten hat.

Denn so ist es ja gemeint, und so und nicht anders — soll ja die schwere Not der Zeit seiner Gemeinde zum Segen, nämlich zu einem Wachstum im Glauben werden, daß die Furcht der Freudigkeit weichen muß, und die Gemeinde lernt, in der Anfechtung das große „Dennoch" zu sprechen, das „Dennoch", das bekennt mitten in der Anfechtung und Drangsal der Not: „Gott ist Liebe!"

Dazu hilf uns, lieber Vater im Himmel!

Suchet den Herrn, solange er zu finden ist; rufet ihn an, solange er nahe ist. Der Gottlose lasse von seinem Wege und der Übeltäter seine Gedanken und bekehre sich zum Herrn, so wird er sich sein erbarmen, und zu unserm Gott, denn bei ihm ist viel Vergebung. Denn meine Gedanken sind nicht eure Gedanken, und eure Wege sind nicht meine Wege, spricht der Herr; sondern so viel der Himmel höher ist denn die Erde, so sind auch meine Wege höher denn eure Wege und meine Gedanken denn eure Gedanken. Denn gleichwie der Regen und Schnee vom Himmel fällt und nicht wieder dahinkommt, sondern feuchtet die Erde und macht sie fruchtbar und wachsend, daß sie gibt Samen, zu säen, und Brot, zu essen: also soll das Wort, so aus meinem Munde geht, auch sein. Es soll nicht wieder zu mir leer kommen, sondern tun, was mir gefällt, und soll ihm gelingen, dazu ich's sende.

Jesaja 55, 6—11.

Liebe Gemeinde, es gehört zu den eigentlichen Merkmalen der Zeit, in der wir heute leben, daß das, was wir die religiöse Frage nennen, die Frage nach Gott, in unserer Mitte wieder lebendig geworden ist und nach Antwort verlangt; und das will nicht etwa nur so verstanden werden, als ob im Zusammenhang mit der Kirchenfrage und den erheblichen Unruhen, die daraus erwachsen, das allgemeine Interesse für kirchliche und religiöse Dinge sich gehoben hätte — das mag ganz gewiß auch zutreffen —; aber ebenso gewiß ist das andere, daß das eigentliche Fragen und die religiöse Bewegtheit dieser unserer Tage aus einer ganz andern Sphäre, aus einer ganz andern Tiefe kommen, die lange Zeit verschüttet und verschlossen gewesen sind. Denn das ist nicht zu übersehen, daß weit über die Kreise hinaus, in denen man sich um die christliche Kirche bekümmert und dafür interessiert, die gesamten Grundlagen des geistigen und sittlichen Lebens ins Wanken gekommen sind; und wenn auch weithin der Anschein erweckt wird, als sei die eigentliche Erschütterung schon überwunden, als sei eine Weltanschauung geboren aus dem religiösen Gären unserer Tage, und die neue Weltanschauung da, in der auch die religiöse Frage ihre Beantwortung gefunden habe, so könnten wir doch aus mancherlei Zeichen und Andeutungen und Erfahrungen wissen, daß das nur eine gespielte Sicherheit, eine Täuschung ist, und zwar eine Täuschung, die bald vorübergegangen sein wird, und wir sehen, daß sich hinter aller betonten Sicherheit des Menschen eine grenzenlose Ratlosigkeit versteckt und dem Menschen unserer Tage, der sich gern so selbstbewußt und selbstsicher gibt, durchaus nicht — nein, längst nicht! — so wohl in seiner Haut und so getrost zumute ist, wie er vorgibt.

Es ist am Ende doch nicht von ungefähr, daß sich alle Welt im Guten wie im Bösen — meist im Bösen — wieder mit dem alten Bibelbuch befaßt. Dahinter steckt doch das unbestimmte Gefühl, daß man's hier mit einer Frage zu tun hat, die eben noch nicht allgemeingültig beantwortet ist, und in der eine letzte Not beschlossen ist, die eben noch nicht behoben ist, auch wenn es die Menschen sagen; „das geht uns ja gar nichts an", und wenn sie dann darüber schimpfen: sie kommen nicht daran vorbei.

Liebe Freunde, wir ahnen vielleicht wieder etwas davon, daß die Frage nach Gott mehr ist als eine Ansichtssache, daß diese Frage nicht damit beantwortet ist, daß wir Rechenschaft darüber geben, was wir uns für Gedanken über Gott machen; denn das wäre und war immer eine recht harmlose Angelegenheit, die wir untereinander vereinbaren oder auch jedem einzelnen überlassen könnten. Die Menschen haben sich immer und zu allen Zeiten Gedanken über Gott gemacht, aber das war immer eine sehr gleichgültige Angelegenheit. Manch einer hat sich eine Gottesanschauung gebildet, wie wir uns eine Weltanschauung oder eine Lebensanschauung zurechtlegen nach der Melodie: „Das Bessere ist der Feind des Guten", und darum hält das alles nur so lange vor, bis uns etwas besseres oder richtigeres in den Kopf gekommen ist. Heute wird fabrikmäßig Weltanschauung gemacht, und die bleibt genau so lange am Leben wie die Macht, die über uns bestimmt, besteht.

Aber die Frage nach Gott wird auf diese Weise, mit solcher Weltanschauung niemals beantwortet; da ist die Frage nach Gott überhaupt noch nicht einmal gestellt! Die taucht erst da auf, wo wir uns der Wirklichkeit bewußt werden, daß wir es mit dem lebendigen Gott zu tun haben; wo wir begreifen, daß gar nicht wir es sind, die die Frage nach Gott stellen, sondern daß Gott die Frage nach uns stellt, daß wir die Gefragten sind, daß wir uns zu rechtfertigen haben vor ihm mit dem, was wir tun; daß wir mit unserer Weltanschauung, unserer Lebensanschauung, unserer Gottesanschauung uns zu verantworten haben. Nun heißt die Gottesfrage: „Was denkt Gott über uns? Was will Gott von uns? Was sagt Gott von uns?" Da geht es nicht um unsere Gottesanschauung, um unsere Lebensanschauung, sondern um Gott selber und um das Leben selber!

Und das ist die Frage, die uns heute mit allem Ernst begegnet, die Frage, die heute irgendwie wieder unter uns lebendig geworden ist, und die kann man nicht so nebenbei beantworten: „Wir haben ja eine Weltanschauung, und die ist gottgebunden"; nun heißt es nicht — und wenn man es tausendmal sagt —: „Recht ist, was dem Volke nützt, was dem deutschen Volke nützt; recht ist, was ich als recht betrachte". Nun stellt Gott die Frage: Was ist recht oder unrecht? Was ist gut oder böse? Was sagt der lebendige Gott dazu, was denkt er darüber, was will er von uns?

Das ist die Frage, die letzte Unsicherheit, in die jeder heute hineingedrängt wird und über die kein ehrlicher Mensch heute hinwegkommt; hier bringt der lebendige Gott sich uns in Erinnerung, und da, liebe Freunde, da, liebe Gemeinde, da, liebe Jugend, ist Gott uns nahe, da will er von uns gesucht werden, indem wir nach seinem Willen fragen. Und so sollen wir das Wort des Propheten als sein Wort hören, und so sollen wir es als sein Wort weitersagen an alle, die aus ihrer Selbstsicherheit aufgeschreckt sind: Suchet den Herrn, solange er zu finden ist; rufet ihn an, solange er nahe ist". Denn in dieser Ungewißheit, in dieser Ziellosigkeit und in dieser Not unseres Lebens — so wie sie uns je und dann und zumal heute bedrängt — da will er von uns gesucht werden, und da will er sich am Ende von uns finden lassen.

Für unsere Neugier, für unsere Wißbegier, die über alles Bescheid wissen möchte und so auch die Frage nach Gott stellt als eine Frage unter vielen, für die bleibt Gott ewig unerreichbar; er läßt sich nicht als ein Baustein in das Gefüge unserer Gedanken, in das Gebäude unserer Anschauungen einfügen; er läßt sich nicht von unsern Gedanken aufspüren, so daß wir seiner Herr würden: Er ist selber, er bleibt selber der Herr, er will es bleiben, und er läßt sich in seinen Gedanken und Wegen menschliche Mitwisserschaft und menschliche Kritik schlechterdings nicht gefallen: „Meine Gedanken sind nicht eure Gedanken, und eure Wege sind nicht meine Wege". Allen diesen Versuchungen gegenüber, die wir ja alle aus unserer Jugend kennen, die Gottesfrage zu lösen, so daß wir das Subjekt bleiben, bleibt er stets der unerforschte, dunkle, verborgene Gott, von dem wir nichts wissen können und nichts wissen sollen nach seinem Willen. Aber da will er sich von uns finden lassen, wo wir ihn als den Herrn suchen; da will er sich finden lassen als der, der unser Leben regieren, ihm Richtung und Halt und Ziel geben will, und da will er — von sich aus — uns nahe kommen, wo wir uns vor ihm als dem Herrn beugen und Zuflucht bei ihm suchen; und da bleibt er nicht verborgen, und da bleibt er wahrhaftiglich nicht stumm. Wenn uns die Gottesfrage zur Herzensfrage, zur Lebensfrage wird, — und das sollte sie heute sein, und das ist sie manchem unter uns heute geworden — dann gibt es Antwort auf die Gottesfrage, dann gibt Gott selber die Antwort nach seiner Verheißung: „So ihr mich suchen werdet, von ganzem Herzen suchen werdet, so will ich mich von euch finden lassen!"

Liebe Freunde, wenn es uns darum zu tun ist, daß unser Leben mit dem Willen des lebendigen Gottes irgendwie in Einklang kommt, dann läßt Gott uns über diesen seinen Willen nicht im Ungewissen, dann redet er ein klares und unmißverständliches Wort zu uns, an das wir uns halten, nach dem wir unser Tun und Lassen richten können. Er sagt es uns in seinen heiligen Geboten, und er sagt es uns in der Person dessen, den wir den Herrn nennen: in Jesus Christus, mit ganzer Deutlichkeit, was recht und was unrecht ist, was in seinen Augen gut und nach seinem heiligen Willen böse ist. Und wenn es schon nicht anders ist, als daß Gott in seinen Geboten mit uns redet, in der Bergpredigt unseres Herrn Jesus Christus und in Gleichnissen, in seinem Leiden und Sterben, und wenn es schon nicht anders sein kann, als daß dies Wort uns zunächst zeigt, wie sehr wir mit unserem Leben abgekommen sind von dem lebendigen Gott, wie weit wir uns mit unsern Wegen von seinen Wegen entfernt haben und wie sehr unsere Gedanken im Widerspruch zu seinen Gedanken stehen; liebe Freunde, so spricht Gott sein Wort zu uns doch nicht so — niemals so —, daß er uns als gottlose, als Übeltäter von seinem Willen wegstößt, sondern er spricht so, daß er uns mit seinem Willen das tröstliche Wort von der Buße hören läßt: „Kehre um! Der Gottlose lasse von seinem Wege und der Übeltäter seine Gedanken und bekehre sich zum Herrn!"

Liebe Freunde, daß wir doch ja nicht, und meine lieben jungen Freunde zumal, daß wir doch ja nicht jenen verführerischen Stimmen unser Ohr leihen, die uns den Ruf Gottes zu Buße und Umkehr verächtlich machen wollen, wenn man sagt, die einzig angemessene Haltung für einen deutschen Menschen von heute sei die Haltung eines Prometheus oder eines Luzifer, die Haltung eines trotzenden Titanen gegen den Willen Gottes und die Schickungen des Lebens. Das ist die satanische Versuchung, denn der Satan ist es, der sagt: „Da spricht der törichte Mensch vom Jammertal dieser Erde, von Buße und Gnade. Diese Haltung ist nichts anderes — ganz gewiß nicht! — als eine Lüge des Satans, mit der er die menschliche Würde zu wahren trachtet: ihr werdet sein wie Gott!" und nichts anderes! — Und es geht uns damit noch immer so wie dem ersten Elternpaar der Menschheit, daß wir uns hineinstürzen in Schmach, aus der Er uns dann retten will, und bringen dadurch nur Gottes Gericht über uns, Gottes gerechtes, verdientes Gericht!

Nein, es soll und es braucht sich kein Mensch zu schämen — auch kein deutscher Mensch und auch kein Mann —, wenn Gott uns zur Umkehr ruft; aber schämen sollten wir uns — jeder deutsche Mensch und auch jeder Mann —, wenn man eine Haltung annimmt, die sich aufbläht; um sich nicht lächerlich zu machen, aus Furcht vor den Menschen auf menschliche Stimmen hört und sich schämt, umzukehren, sondern sich lieber mit sehenden Augen in den Abgrund stürzt, vor dem Gottes Ruf uns bewahren will.

Eine andere Frage, die ist echt, und die sollte uns Not machen: ob wir auf den Ruf Gottes: „Kehr um, bekehre dich zum Herrn!" uns wahrhaftig getrauen, umzukehren; die Frage, ob wir den Ruf Gottes ernst nehmen und es wagen wollen, dem heiligen Gott unter die Augen zu kommen, nachdem wir ihn aus seinem heiligen Wort und Gebot kennen gelernt haben, oder ob wir in die Versuchung jenes unglücklichen Mannes, Kain, kommen, daß wir sagen: „Meine Sünde ist größer, als daß sie mir vergeben werden könnte; ich getraue mich nicht, umzukehren".

Aber der Ruf Gottes: „Kehre um!" soll nicht ungehört verhallen; Gottes Wort will nicht leer zurückkommen, und so soll ihm gelingen, wozu es gesandt ist; und Gott hat dieses Wort gesprochen, das uns den Weg zur Buße, den Weg zur Umkehr auftut, er hat dieses Wort gesprochen, indem er seinen eingeborenen Sohn für uns hingab. Das ist nun die frohe Kunde für uns, die frohe Botschaft, die Jesus Christus uns sagt und die ihn als den Lebendigen aus dem Grab hervorbringt: „Tut Buße! Denn das Reich Gottes ist herbeigekommen; ihr sollt, ihr dürft Buße tun, kehrt um! Ihr sollt nicht sprechen: Meine Sünde ist größer, als daß sie mir vergeben werden könnte. Ihr dürft, ihr sollt zu Gott kommen, denn Gott ist zu euch gekommen, und er wird sich euer erbarmen, denn bei ihm ist viel Vergebung!"

Liebe Freunde, das ist der Punkt, wo wir anfangen sollen zu begreifen, was das heißt: „So viel der Himmel höher ist denn die Erde, so sind auch meine Wege höher denn eure Wege und meine Gedanken denn eure Gedanken!" Denn auszudenken ist das ja nicht, daß der heilige Gott sich selber auf den Weg macht, um uns, die sündigen Menschen, zu suchen und zu holen; zu verstehen ist das ja nicht, daß sein lieber Sohn unsere Schuld von uns nimmt und mit dieser Schuld stirbt, damit wir frei und lebendig ausgehen sollen; zu fassen ist das ja nicht, daß wir um Gottes und seines Sohnes willen nun den Frieden haben, und als Kinder Gottes in einem neuen Leben stehen.

Aber das ist die Botschaft — und das ist sie auch! — die der lebendige Gott uns verkündigen läßt; es ist das Wort, in dem er all unser Fragen nach ihm beantwortet, es ist das Evangelium von dem ans Kreuz gehängten und auferstandenen Herrn, das den Juden ein Ärgernis und den Griechen eine Torheit ist und bleibt — auch heute noch —, das aber dennoch göttliche Kraft und göttliche Weisheit ist und sich als solche erweist und bewährt bei denen, die sich unter das Wort stellen: „Suchet den Herrn, solange er zu finden ist; rufet ihn an, solange er nahe ist!"

Liebe Gemeinde, es will uns manchmal heute so vorkommen, als könnte dieses „solange" einmal ein Ende haben, sogar bald ein Ende haben, als wäre das Fragen nach Gott heute so laut, weil es bald verstummen könnte, und als könnte der Ruf Gottes und seiner Boten heute noch einmal so laut und vernehmlich werden, weil er bald verstummen will; wir wissen das nicht. Es mag gut sein — und es ist auch ganz gewiß gut —, daß unser Auge nicht in die Zukunft schauen kann. Aber dahin sollen wir die Zeichen der Zeit gewißlich deuten und verstehen — und das dürfen wir wohl —, daß die Entscheidungen, die Gott von uns fordert, von uns nicht hinausgeschoben werden dürfen, denn es gibt ein „Zu spät!", genau so, wie es ein „solange" gibt; ein „Zu spät", hinter dem dann nichts mehr kommt, worauf wir hoffen könnten, nachdem das letzte Heute verstrichen ist. — Und darum, liebe Freunde, laßt uns heute hören, was wir heute hören können, und darum laßt uns heute tun, was wir heute tun können, solange er zu finden ist, solange er nahe ist, solange Gott uns ruft!

Ihr seid das Salz der Erde. Wo nun das Salz dumm wird, womit soll man's salzen? Es ist hinfort zu nichts nütze, denn daß man es hinausschütte und lasse es die Leute zertreten. Ihr seid das Licht der Welt. Es kann die Stadt, die auf einem Berge liegt, nicht verborgen sein. Man zündet auch nicht ein Licht an und setzt es unter einen Scheffel, sondern auf einen Leuchter; so leuchtet es denn allen, die im Hause sind. Also lasset euer Licht leuchten vor den Leuten, daß sie eure guten Werke sehen und euren Vater im Himmel preisen.

Matthäus 5, 13—16.

Und nun geht es doch wohl nicht anders, liebe Brüder und Schwestern, daß wir mit dem heutigen Abend und der Andacht, die diese Woche beschließt, als daß wir zunächst in stiller Fürbitte derer gedenken, die zu unserer Gemeinde, zur Gemeinde der Jünger Christi gehören und die an diesem Abend nicht hier in und bei der Gemeinde sein können. Wir hören die Namen derer, die um des Evangeliums willen in ihrer Freiheit behindert oder ihrer Freiheit beraubt sind.

(Es folgt die 5 Minuten dauernde Verlesung der Fürbittenliste, d. h. der Redeverbote, Ausweisungen und Verhaftungen.)

Liebe Gemeinde, diese Liste ist nun erschreckend lang geworden; sie umfaßt — wenn ich recht gezählt habe — 72 oder 73 Namen, bekannte und unbekannte, Namen von Pastoren und Gemeindegliedern, Namen von Männern und von Frauen, Namen von Jungen und von Alten. Keiner im deutschen Vaterland kann sagen, ob die Zahl vollständig ist, und jeder ahnt, daß sie nur noch größer werden wird; wie sie denn in dieser Woche, die nun heute zu Ende geht, von einem Tag zum andern gewachsen ist.

Was wirft man diesen Pastoren und Gemeindegliedern vor? Wir sind zu einem möglichst schlechten Denken erzogen worden in den letzten vier Jahren, zu einem möglichst schlechten Denken über alle, die als Glieder der Kirche in Haft gesetzt werden; und wenn wir von irgendeinem hören, der mit der Polizei in

Berührung gekommen ist, so sind wir geneigt, an die Dinge zu denken, die heute in den Zeitungen breitgetreten werden. Gott sei Lob und Dank: Nicht der leiseste Anflug von menschlich verwerflichen Dingen kann unsern Brüdern und Schwestern zum Vorwurf gemacht werden; sondern es geht darum, daß alle diese aus ihrer Heimat verbannt, zum Schweigen verurteilt und ins Gefängnis geworfen sind, weil sie es als ihre Pflicht angesehen haben und weil sie es als ein Recht der evangelischen Christenheit in Anspruch genommen haben, Angriffe auf den christlichen Glauben frei und öffentlich als Angriffe, Abfall vom christlichen Glauben ganz offen als Abfall, Eingriffe in den christlichen Gottesdienst ohne Scheu als Eingriffe zu bezeichnen. Es ist niemand darunter, dem etwas anderes zum Vorwurf gemacht werden könnte; und unsere Brüder und Schwestern können sich darauf verlassen, daß die Zurückweisung von Angriffen auf den christlichen Glauben, die Bekanntgabe von Kirchenaustritten und das Sammeln von Opfergaben — das sind die drei Dinge, um die es heute geht — sie können sich darauf berufen, daß das unbestrittenes Recht der christlichen Gemeinde stets gewesen ist und daß der Führer feierlich dieses Recht der Kirche zugesichert und stets bestätigt hat, und daß es bis zum heutigen Tage kein Gesetz gibt, das dieses Recht der Kirche einschränkt. Unsere Brüder und Schwestern können sich darauf berufen, daß sie den Auftrag eines Höheren haben, der uns durch sein Wort ruft zum Widerstand gegen die Propaganda des Unglaubens, der die Gemeinde zur Warnung vor dem Abfall ruft und sie zur Fürbitte für die Abgefallenen bestimmt und der das Opfer — und zwar das geldliche Opfer für die Not der Gemeinde — geboten hat.

Und so stehen wir bei dem, was heute passiert mit unsern Brüdern und Schwestern, vor einer unzweideutigen Frage, und die Frage lautet: „Hat die christliche Kirche in ihren Gliedern und Amtsträgern heute noch das Recht, das der Führer ihr mit seinem Wort bestätigt hat — mit seinem Ehrenwort — daß wir uns gegen die Angriffe auf die Kirche wehren dürfen, oder haben die Leute recht, die die Abwehr gegen den Unglauben uns — der christlichen Gemeinde — verbieten und unmöglich machen, und die Leute, die sich wehren, dafür ins Gefängnis bringen?" Um solche Fälle handelt es sich bei dem

Hauptpastor D. Jannasch, handelt es sich bei Pfarrer Busch und Pfarrer Held in Essen: Sie haben öffentliche Angriffe öffentlich zurückgewiesen und sind deswegen ins Gefängnis gekommen.

Es handelt sich darum: „Hat die christliche Kirche noch das Recht, der Gemeinde Mitteilung zu machen, daß Glieder der Gemeinde vom Glauben abgefallen sind, oder haben die Leute recht, die uns diesen Auftrag auszuführen verbieten und unmöglich machen?" Brüder und Schwestern, das ist die Lage, in der sich Pastor Niesel befindet und die verhafteten Mitglieder des preußischen Bruderrates — und wenn ich recht zähle, sind es im ganzen acht —; sie haben erklärt: „Die Bekanntgabe der Kirchenaustritte gehört vor die christliche Gemeinde, und es ist nicht recht, das zu verbieten". Brüder und Schwestern, es handelt sich um eine ganz eindeutige Sachlage: ob die Gemeinde es erfahren darf, wer aus der Kirche ausgetreten ist und ob sie zur Fürbitte für die Abgefallenen aufgerufen werden darf, oder ob das nicht erlaubt ist.

Und die dritte Frage ist die: ob das Wort des Führers noch gilt, ob die Kirche das Recht hat — und dieses Recht ist ihr von alters her bestätigt — ob sie das Recht hat, Almosen zu sammeln in der Gemeinde, oder ob durch einen Federstrich eines Ministers — oder auch zweier Minister — ihr dieses Recht, nach dem Willen des Herrn Christus Opfer darzubringen, ob ihr das verboten werden kann. Um dieses Verbotes willen ist noch keiner im Gefängnis, aber es hat vorgestern in der Zeitung gestanden, daß keine Kollekte mehr gesammelt werden darf, die nicht von der vom Staat eingesetzten Kirchenbehörde genehmigt ist.

Brüder und Schwestern, wenn ich auf diese äußerlichen Dinge hinweise, dann tue ich das deshalb, weil keiner heute weiß, ob und wann er noch einmal Gelegenheit hat, es der christlichen Gemeinde zu sagen, ob das Wort des Führers gilt, oder ob die Worte anderer gelten, die das Gegenteil von dem anordnen, was der Christenheit, der evangelischen Christenheit versprochen ist. Wir kommen daran nicht vorbei! Und solange noch einer im Gefängnis sitzt, solange noch einer ausgewiesen ist, solange noch einer Redeverbot hat, weil er Angriffe zurückgewiesen hat, oder weil er Abfall vom Glauben ganz klar Abfall genannt hat, oder einer ins Gefängnis kommen wird, weil er Gaben sammelt, solange ist die Frage, ob das Wort des Führers gilt, negativ beantwortet.

Liebe Gemeinde, in diese Situation hinein, von der wir wohl sagen können, sie ist so dunkel und unsichtbar wie nur möglich — unstet und flüchtig irren die restlichen Mitglieder des preußischen Bruderrats durch Deutschland; Frau Asmussen ist heute stundenlang auf dem Alexanderplatz verhört worden, nachdem sie vier Stunden auf ihre Vernehmung hat warten müssen, weil sie nicht Auskunft geben konnte, wo ihr Mann ist; denn man will eben auch alle übrigen Mitglieder des preußischen Bruderrats hinter Schloß und Riegel setzen; die preußische Kirche ist ohne Leitung, die Diensträume der preußischen Kirchenleitung sind verriegelt, man hat ihnen die Schreibmaschinen weggenommen, sie haben keine Geldmittel, — in solche Situation hinein trifft uns dieses Wort recht sonderbar: „Ihr seid das Salz der Erde; ihr seid das Licht der Welt."

Als ich das Wort heute las, wurde mir dieses Wort wirklich neu, und ich mußte zurücklesen und hatte das Gefühl der innern Erleichterung, als ich da das Wort fand, von dem ich wissen mußte, daß es da vorher steht, und von dem ich auch theoretisch längst wußte, d a ß es da steht im 5. Kapitel: „Selig seid ihr, wenn euch die Menschen um meinetwillen schmähen und verfolgen und reden allerlei Übles wider euch, so sie daran lügen. Seid fröhlich und getrost; es wird euch im Himmel wohl belohnt werden. Denn also haben sie verfolgt die Propheten, die vor euch gewesen sind!", und dann geht es weiter: „Ihr seid das Salz der Erde; ihr seid das Licht der Welt!", als ob zwischen der Verfolgung der Gemeinde Jesu Christi und dem: „Ihr seid das Salz der Erde; ihr seid das Licht der Welt" kein Bruch sei, sondern, als ob das unmittelbar zusammengehöre. Ich muß sagen, mir ist in diesem Zusammenhang dieser Bibelstelle — die ich doch von Jugend auf kenne — am heutigen Tage erst aufgegangen, daß der Herr Christus der Jüngergemeinde sagt: „Ihr werdet geschmäht werden und verfolgt werden, ihr werdet diffamiert werden, und zwar mit Lügen", und darauf: „I h r seid das Salz der Erde; i h r seid das Licht der Welt!"

Brüder und Schwestern, da muß doch was nicht stimmen mit unsern Sorgen. „Ihr seid das Salz der Erde." Der Herr Christus meint doch nicht, daß wir sorgen sollen, daß wir das Salz unter die Leute bringen, sondern er weist uns auf eine andere Verantwortung hin: „Wo nun das Salz dumm wird, womit soll man's salzen, womit soll man es wieder zu Salz machen?" Nicht wie wir das Salz weiterbringen, sondern daß das Salz wirklich Salz wird und bleibt, ist unsere Verantwortung, damit der Herr Christus — der ist nämlich der Koch in diesem großen Brodeln — dieses Salz für seine Zwecke verwenden und gebrauchen kann.

Brüder und Schwestern, auf die Frage, ob der Herr Christus heute noch praktisch die Möglichkeit zum Dienst an unserem Volke hat, auf diese Frage muß ich allerdings antworten: Ich sehe mit meinen Augen keine Möglichkeit, wie der Dienst im Volke heute noch ausgerichtet, wie heute im Volk noch das Salz angewendet werden kann. Aber, Brüder und Schwestern, das ist nicht unsere Sorge, sondern die des Herrn Christus. Wir haben nur dafür zu sorgen, daß das Salz nicht dumm wird, daß es nicht seine Salzkraft verliert. Was heißt das denn?

Das ist wohl die Frage, mit der wir uns zu befassen haben, daß sich die christliche Gemeinde in diesem Augenblick der Gefährdung nicht darauf einläßt, mit der Welt in einen Topf geworfen zu werden. Es heißt doch wohl, sie soll sich durch ihren Salzcharakter von der übrigen Welt unterscheiden. Wodurch unterscheidet sich die Gemeinde Christi von der Welt?

Wir haben eine Zeit der Gefährdung durchgemacht — und wir sind noch nicht hindurch — wo man uns sagte: „Es wird alles anders, wenn ihr aufhört, als Kirche einen so ganz andern Geschmack zu haben; wenn ihr aufhört, eine Verkündigung zu betreiben, die im Gegensatz zu dem steht, was die Welt um euch her verkündigt. Ihr müßt eure Botschaft der Welt anpassen; ihr müßt das Bekenntnis mit der Gegenwart in Übereinstimmung bringen. Dann werdet ihr wieder zu Einfluß und Wirkung kommen".

Liebe Gemeinde, das heißt: Das Salz wird dumm. Nicht wie das Salz angewendet wird, ist unsere Sorge, sondern daß es nicht dumm wird; um ein altes Schlagwort von vor vier Jahren anzuwenden: Evangelium muß Evangelium bleiben; Kirche muß Kirche bleiben; Bekenntnis muß Bekenntnis bleiben; evangelische Christen müssen evangelische Christen bleiben. Und wir dürfen um's Himmels willen aus dem Evangelium kein deutsches Evangelium machen; wir dürfen um's Himmels willen aus der Kirche Christi keine deutsche Kirche machen; wir dürfen um Gottes willen aus den evangelischen Christen keine deutschen Christen machen!!

Das ist unsere Verantwortung: „Ihr seid das Salz der Erde". Gerade da, wo wir das Salz in Anpassung und Übereinstimmung bringen mit der Welt, bringen wir den Herrn Christus um die Möglichkeit, durch seine Gemeinde irgendetwas auszurichten in unserem Volk. Aber wenn das Salz Salz bleibt, dürfen wir's ihm schon zutrauen: er wird es so anwenden, daß Segen daraus erwächst.

Und das andere Bild, das der Herr Christus vor uns hinstellt: „Ihr seid das Licht der Welt". Wir hören das und werden daran erinnert, daß wir uns da Sorgen machen, die vor dem Herrn Christus keinen Bestand haben. Wohin geht unsere Sorge? Als ich vorhin die Namen gelesen habe, haben wir da nicht gedacht: „Um's Himmels willen, dieser Wind, dieser Sturm, der jetzt durch die Welt geht, wird der nicht das Lichtlein des Evangeliums ausblasen? Und so haben wir die Botschaft herauszunehmen aus dem Sturm und in einen sicheren Winkel zu bringen".

Erst in diesen Tagen ist es mir klar geworden, erst seit heute verstehe ich, was der Herr Christus meint: „Nehmt nicht das Scheffelmaß! Ich habe das Licht nicht angezündet, damit ihr es unter den Scheffel stellt, um es vor dem Wind zu schützen. Weg mit dem Scheffelmaß! Das Licht gehört auf den Leuchter! Es ist nicht eure Sorge, ob das Licht von dem Luftzug ausgelöscht wird". Wir haben nicht dafür zu sorgen, ob das Licht auslöscht — das ist seine Sorge; nur daß wir das Licht nicht verstecken — vielleicht in edler Absicht verstecken, um es in ruhigeren Zeiten wieder hervorzuholen — nein: „Lasset euer Licht leuchten vor den Leuten!"

Brüder und Schwestern, das ist der besondere Punkt, an den wir heute geführt sind. Es ist ja doch an dem, daß wir von allen Seiten, von Staatsmännern wie vom „kleinen Mann", angegangen werden: „Um Gottes willen, redet doch nicht so laut, ihr kommt ja sonst ins Gefängnis. Redet doch nicht so deutlich; man kann das alles doch auch undeutlicher sagen!" Brüder und Schwestern, wir dürfen unser Licht nicht unter den Scheffel stellen, sonst sind wir ungehorsam; sondern wir haben den Auftrag dessen, der das Licht in der Welt ist. Er braucht uns nicht als Docht, er kann sich auch andere Dochte nehmen, andere Menschen, denen er sein Licht aufsteckt.

Die stumme Kirche, die nicht mehr sagt, wozu sie da ist, verleugnet sich selbst. Das Wort Gottes laut und deutlich zu verkündigen, das ist unser Dienst; aber daß die Kirche weiter lebt und nicht umgebracht wird, daß das Licht nicht ausgepustet wird, Freunde, das ist nicht unsere Sache. „Wer sein Leben erhalten wird, der wird's verlieren; und wer sein Leben verliert um meinetwillen, der wird's finden." Und das gilt vom Leben der Gemeinde genau so, wie es im Leben des einzelnen Christen seine Geltung hat. Das heißt doch wohl praktisch: ich muß heute noch mal so reden, vielleicht kann ich es nächsten Sonntag nicht mehr; ich habe euch das heute noch einmal mit aller Deutlichkeit zu sagen — denn wer weiß, was nächsten Sonntag ist!? Aber es ist unsere Pflicht, zu reden; an diesem Auftrag hängt die Verheißung, daran hängt es, ob Gott sein Wort, ob er das Licht — „das arme Windlicht des Evangeliums", wie D. Martin Luther sagt — in unserem Volk erhält; das hängt daran, ob wir bereit sind, zu tun, was uns geboten ist: die Botschaft zu verkündigen, das Licht leuchten zu lassen.

Und der Herr Christus hat uns noch ein drittes Bild von der Kirche gegeben: „Ihr seid das Salz der Erde. Ihr seid das Licht der Welt". Und endlich: „Es kann die Stadt, die auf einem Berge liegt, nicht verborgen sein". Und mit diesem Bild, das einmal durch den Text hindurchleuchtet, soll unser Blick gelenkt werden von dem Salzfaß und dem Lichtleuchter zu der Stadt auf dem Berge. Das Salz vergeht, indem man es ausstreut. Das Licht verbrennt; so soll sich die Christenheit verzehren im Dienst ihres Herrn. Aber die Stadt, die ewig bleibt, ist fest gegründet auf heiligem Berge. In der Wirrsal und Not unserer Tage wird uns die Hoffnung vor Augen gestellt: Gottes Stadt ist fest gegründet!

Liebe Freunde, in unserem Dienen und Nicht-aufhören-müssen um der Verkündigung des Wortes willen ist das Wort des Herrn Christus an uns erfüllt. Wir sind die Stadt auf dem Berge, der verheißen ist, daß auch die Pforten der Hölle sie nicht überwältigen werden. Und da heißt es dann nicht: „es mögen wohl Berge weichen und Hügel hinfallen"; aber dann gilt das andere Wort: „Meine Gnade soll nicht von dir weichen, spricht der Herr, dein Erbarmer".

Es geht das Gerede durch das deutsche Land, von den Thüringer deutschen Christen ausgehend, daß morgen über acht Tagen überraschend die Kirchenwahlen auf telegraphische Anweisung stattfinden sollen. Aber acht Tage sind eine lange Zeit; man weiß das noch nicht genau. Liebe Brüder und Schwestern, wenn wir jetzt in die Kirchenwahlen hineingehen in einer Zeit, wo die Bekennende Kirche in ganz Preußen ihrer Leitung beraubt ist, dann mag das eine starke Quelle der Nöte und Sorgen sein, dann mag die kommende Woche noch um vieles härter und schwerer werden als die Bedrückung dieser Woche, die heute durch Gottes Gnade ein Ende findet; und wir fragen, wo bleibt die Hoffnung, die uns hindurchträgt durch die Not der Zeit, die wächst und wächst und uns bis an die Kehle geht?

Es kann die Stadt Gottes nicht verborgen bleiben. Brüder und Schwestern, die Stadt Gottes wird durch den Sturmwind nicht umgeweht; sie wird nicht erobert, selbst wenn sich die Feinde ihrer äußern Mauern bemächtigen. Die Stadt Gottes steht, weil ihre Kraft aus der Höhe kommt, weil das Lamm bei ihr ist, und darum wird sie fest bleiben.

Ich habe heute morgen meinen Brüdern, meinen Pfarrerbrüdern in Berlin gesagt: „Vielleicht sind wir heute an dem Punkt, nachdem wir uns vier Jahre lang an seiner Führung, an einer bekenntnistreuen Führung erfreuen durften, wo Gott den Beweis von uns fordert, daß wir nun auch allein den richtigen Weg finden, daß wir uns nicht an Menschen gebunden haben, sondern daß wir die Verbindung gefunden haben zu dem einen Herrn, der der Erzhirte seiner Gemeinde ist und bleibt.

Darum wird es bei der Wahl gehen, daß wir das Salz nicht vermengen, daß wir das Licht nicht in die Ecke stellen, sondern daß wir sagen: „Himmel und Erde *mögen* vergehen", wie Gottes Wort sagt, Himmel und Erde *werden* vergehen! —

aber Gottes Worte vergehen nicht! Brüder und Schwestern, darauf wollen wir uns verlassen. Wohl dem, der das Gnadenzeichen nimmt, der sich darauf zu verlassen gelernt hat und darauf allein gelernt hat, sich so zu gründen, daß er fest steht und fest gegründet ist, wenn dann auch die Stürme brausen und wenn dann auch die Wasser steigen.

Und dazu helfe uns Gott!

Da sie das hörten, ging's ihnen durchs Herz, und dachten, sie zu töten. Da stand aber auf im Rat ein Pharisäer, mit Namen Gamaliel, ein Schriftgelehrter, in Ehren gehalten vor allem Volk, und hieß die Apostel ein wenig hinaustun und sprach zu ihnen: Ihr Männer von Israel, nehmet euer selbst wahr an diesen Menschen, was ihr tun sollt. Vor diesen Tagen stand auf Theudas und gab vor, er wäre etwas, und hingen an ihm eine Zahl Männer, bei vierhundert; der ist erschlagen, und alle, die ihm zufielen, sind zerstreut und zunicht geworden. Danach stand auf Judas aus Galiläa in den Tagen der Schätzung und machte viel Volks abfällig ihm nach; und der ist auch umgekommen, und alle, die ihm zufielen, sind zerstreut. Und nun sage ich euch: Lasset ab von diesen Menschen und lasset sie fahren. Ist der Rat oder das Werk aus den Menschen, so wird's untergehen; ist's aber aus Gott, so könnet ihr's nicht dämpfen; auf daß ihr nicht erfunden werdet als die wider Gott streiten wollen. Da fielen sie ihm zu und riefen die Apostel, stäupten sie und geboten ihnen, sie sollten nicht reden in dem Namen Jesu, und ließen sie gehen. Sie gingen aber fröhlich von des Rats Angesicht, daß sie würdig gewesen waren, um seines Namens willen Schmach zu leiden, und hörten nicht auf, alle Tage im Tempel und hin und her in Häusern zu lehren und zu predigen das Evangelium von Jesu Christo.

Apostelgeschichte 5, 33—42.

Das war ein über alle Maßen kritischer Augenblick im Leben der jungen Kirche: die Apostel haben das ihnen feierlich auferlegte Redeverbot in aller Form gebrochen, ja sie haben sich in aller Form zu diesem Bruch des Verbotes bekannt: „Man muß Gott mehr gehorchen als den Menschen!“ Ja, die Apostel sind sogar in der Gerichtsverhandlung, die daraufhin kam, zum Angriff übergegangen und haben ihre Richter, die Mitglieder des Hohen Rates, des Mordes bezichtigt und schuldig gemacht des Mordes an dem Heiland Gottes: „Den habt ihr erwürgt und an das Holz gehängt“, um ihnen dann das Wort von der Buße und von der Vergebung der Sünden anzubieten. Und da setzt unser Text ein: „Da sie das hörten, ging's ihnen durch's Herz und dachten sie zu töten".

In diesem Augenblick tritt Gamaliel auf, und wir müssen es wohl anerkennen, daß es seinem Dazwischentreten zu danken ist, wenn die Apostel freigelassen wurden und die junge Gemeinde weiter leben und wirken konnte. Und deshalb ist es und bleibt es so etwas wie Dankbarkeit, was wir als Christenmenschen für diesen Mann empfinden, der zweifellos ein kluger und anständiger und frommer Mann gewesen ist; und wir wünschten uns als Gemeinde Jesu Christi in den kritischen Tagen, die wir gegenwärtig durchleben, wir wünschen wohl, es gäbe auch heute einen einzigen angesehenen, führenden Mann, der in Achtung steht beim Volk, der als ein kluger Mann — wie Gamaliel — zur Besonnenheit, der als ein anständiger Mann — wie Gamaliel — zur Wahrhaftigkeit, der als frommer Mann — wie Gamaliel — zur Ehrfurcht vor dem Willen Gottes rufen möchte. Vielleicht, daß man dann heute auf ihn hören würde; vielleicht, daß man dann nicht so leichtfertige Hinrichtungen, so leichtfertig moralische Hinrichtungen vornehmen würde, wie in jener Zeitungsnotiz von Freitag abend unter der Überschrift: „Aufforderung zum Ungehorsam", und dann kommt etwas über die evangelische Kirche. Der preußische Bruderrat wird dazu noch Stellung nehmen und ein Wort sagen. Ich habe meinerseits heute nur das eine dazu zu sagen, weil ich es sagen muß. Wenn es am Schluß dieser Zeitungsnotiz heißt, die gemacht ist, um Verwirrung zu stiften, wenn es heißt: „Ein weiterer Geistlicher entzog sich der Verhaftung durch die Flucht", so kann mit dieser Bemerkung niemand anders als unser Bruder Pfarrer Asmussen gemeint sein. Asmussen ist vor acht Tagen auf mein persönliches Anraten und auf ausdrückliche Weisung seiner vorgesetzten Behörde, des preußischen Bruderrates, auf Urlaub gegangen und hat Berlin verlassen. Er hat weder eine Vorladung erhalten, noch liegt ein Haftbefehl gegen ihn vor. Es ist eine bewußte Irreführung, wenn man sagt: „Er entzog sich der Verhaftung durch die Flucht", und ich habe an den Reichsjustizminister geschrieben und ihm dienstlich mitgeteilt: „Pfarrer Asmussen steht selbstverständlich zur Verfügung, sobald eine Vorladung erfolgt oder ein Haftbefehl ergeht". Der Reichsjustizminister hat mir geantwortet: „Wir haben Ihren Brief abschriftlich zuständigkeitshalber an die Geheime Staatspolizei weitergegeben". Es wissen also alle in Frage kommenden Stellen, was los ist.

Wir denken ebensowenig wie die Apostel und hoffen ebensowenig wie sie, uns dem Zugriff der Obrigkeit eigenmächtig zu entziehen; allerdings sind wir ebensowenig wie sie dazu bereit, auf menschliche Anordnung hin das zu verschweigen, was der Herr, unser Gott, uns zu sagen gebietet. Denn es bleibt dabei und wird dabei bleiben, solange die Welt steht: „Man muß Gott mehr gehorchen als den Menschen!" Darum, Freunde, geht es heute bei der langen Liste der Verhafteten; und es sind nicht nur vier, von denen die Zeitung zurückhaltend berichtet, es sind — wenn ich alle kenne — 48, die heute im Gefängnis sitzen, und in dieser Lage ist der Rat Gamaliels ein sehr kluger Rat: Bitte, abwarten! Bitte, nicht übereilen!, weil es nämlich unklug ist, Märtyrer zu machen für eine Sache, die man überwinden möchte! In dieser Lage wäre das auch heute ein sittlich einwandfreier Rat, weil es unmoralisch und unsittlich ist, mit dem Schwert, d. h. mit äußerer Mächtigkeit und Gewalt Überzeugungen zu bekämpfen. Und der Rat des Gamaliel ist auch ein frommer Rat, weil es nämlich unfromm ist, wollte eine menschliche Instanz Gottes Rat vorgreifen und sein Urteil vorwegnehmen, das wir doch nicht kennen!

So könnten wir auf die Idee kommen, liebe Freunde, mit dem Rat eines neuen Gamaliel möchte uns am Ende heute geholfen sein, mit der Proklamation einer wirklichen Glaubens- und Gewissensfreiheit möchte uns heute vielleicht geholfen sein.

Liebe Gemeinde, daß wir uns doch ja nicht selber täuschen! Nicht wahr, der Hohe Rat in Jerusalem hat den Antrag „Gamaliel" bezüglich Glaubens- und Gewissensfreiheit angenommen. Er hat die Inhaftierten entlassen, alle miteinander, und es geht doch nicht ohne Prügelstrafe, und es geht doch nicht ohne ein neues Redeverbot ab: „Sie stäupten sie und geboten ihnen, sie sollten nicht reden in dem Namen Jesu — d. h. sie bekamen ein Redeverbot — und ließen sie gehen". Und schon im nächsten Kapitel, wenn wir die Apostelgeschichte weiterlesen, hebt das Wetterleuchten der ersten großen Christenverfolgung an, die durch den Namen des Stephanus gekennzeichnet ist; kein Zufall, daß ausgerechnet ein Schüler des

Gamaliel, sein Lieblingsschüler sogar, Saulus von Tarsus, die treibende Kraft bei dieser Verfolgung ist.

Offenbar ist jene Toleranz, für die Gamaliel hier eine Lanze bricht, dem christlichen Glauben und der christlichen Verkündigung gegenüber gar nicht möglich; offenbar kann man hier gar nicht in abwartender Neutralität zugucken, was aus der Sache wird, um dann je nach dem Ergebnis seine endgültige Haltung zu bestimmen. Gamaliel ist in einem Irrtum begriffen bei all seiner Klugheit, bei all seiner Anständigkeit, bei all seiner Frömmigkeit. Er meint nämlich, der Fall des Jesus von Nazareth sei mit der Kreuzigung bereits erledigt und abgeschlossen; er meint nämlich, mit dieser Sache verhalte es sich nach dem Muster der beiden Beispiele, die er anführt, von den beiden Leuten Theudas und Judas, und nun handle es sich hier um eine neue Aktion, über deren Erfolg noch nichts gesagt werden könne.

Aber tatsächlich predigen ja die Apostel das Gegenteil von dem, was der Gamaliel meint und glaubt und tut, tatsächlich predigen diese Apostel nicht sich selbst, sondern den Jesus von Nazareth, den Gekreuzigten und Auferstandenen, d. h. sie predigen, daß die Sache, die sie als ihre Sache vertreten, schon von Gott bereits entschieden ist und die Entscheidung nicht erst in der Zukunft hängt, und daß durch keinen sichtbaren Erfolg oder Mißerfolg etwas daran zu ändern ist; sie predigen, daß Jesus Christus der lebendige Herr seiner Gemeinde ist und daß die Entscheidung — ob man ihn anerkennt oder verwirft — von keinem zukünftigen Zeichen, von keinem Erfolg oder Mißerfolg, von keinem besonderen Hinweis mehr abhängt oder abhängig gemacht werden kann; sie predigen: Wer sich nicht im Glauben für diesen Herrn entscheidet, wenn ihm das Wort vom Kreuz gesagt wird, der entscheidet sich gegen ihn, auch da, wo er meint, sich noch gar nicht entschieden und festgelegt zu haben. Es ist das Wort Jesu: „Wer nicht mit mir ist — der steht nicht etwa neutral —, der ist wider mich!", und das schließt jede Neutralität aus; es ist die Botschaft vom Kreuz, die vor das Entweder-Oder der Frage stellt — und nicht erst in Zukunft, sondern hier heißt es: Glauben oder Nichtglauben? Stehen oder Fallen? Rettung oder Verderben? Leben oder Verdammnis?, und darum muß hier alle Neutralität — auch eine

Neutralität, wie sie Gamaliel hat, und auch die allerwohlmeinendste Neutralität — zur Feindschaft werden, wenn Gott auch diese Neutralität — wie hier den Rat des Gamaliel — dazu benutzen kann, wie denn alles ihm dienen muß, um seinen Willen auf Erden durchzuführen.

Für uns, liebe Gemeinde — wir sollen uns nicht täuschen — für uns Christenmenschen bedeutet der Rat des Gamaliel: „Ist's aus den Menschen, so wird's untergehen; ist's aber aus Gott, so könnet ihr's nicht dämpfen", für uns ist dieser Rat des Gamaliel, so gut und ehrlich und fromm er auch immer gemeint sein mag, und so gut ihn auch Gott benutzt hat und auch heute dazu benutzen kann, um seiner Gemeinde zu helfen und seine Ziele zu erreichen, für uns bedeutet er eine große Versuchung. Der Rat des Gamaliel möchte uns überreden, auf Menschenrat und Menschenwerk, auf das Sichtbare zu schauen, auf den Erfolg zu sehen, unsern Glauben irgendwie auch — wie man das so sagt — auf Erfahrungen zu gründen. Und diese Versuchung hat mehr Macht über uns, als wir uns selber vielleicht eingestehen. Wir wissen: seit über hundert Jahren ist es auf Grund von Erfahrungen — wie man so sagt — gewaltig um sich gegangen in der evangelischen Christenheit. Nun, da die Not und Anfechtung kommt, liegt die Versuchung gar zu nahe, aus dem Leiden, durch das wir hindurch müssen, den Schluß zu ziehen: „Also es geht doch alles schief; also ist Gott nicht mit uns, also glaubt die Welt nicht an Gott; also ist das Werk, an dem wir stehen, nicht aus Gott; also lohnt es doch nicht, sich für die Sache einzusetzen; es ist ja doch alles vergeblich und umsonst!"

Liebe Freunde, da liegt eine große Gefahr: daß wir doch nicht vergessen möchten, daß Gott unser Heil schafft im Kreuz seines Sohnes — nicht im Erfolg, sondern im Sterben —, daß wir doch nicht vergessen möchten, daß er uns dies Heil zuwendet, indem er uns die Botschaft vom Kreuz hören und glauben läßt, und daß es nichts anderes gibt im Himmel und auf Erden — und wenn es ein Engel vom Himmel predigen würde —, als dieses Wort vom Kreuz, worauf wir unsern Glauben gründen und begründen könnten und dürften; daß wir doch in dieser Zeit unserer besonderen Prüfung und Anfechtung bedenken möchten, daß jeder andere Versuch, unsern Glauben anderweitig zu sichern, zu gründen und zu begründen, jedes Schielen nach Erfolg oder Mißerfolg, nach Rat und Halt und irgendwelchen andern Stützpunkten für unsern Glauben das Gegenteil bewirkt von dem, was wir erhoffen: nämlich, daß wir sinken und zugrunde gehen, daß unser Glaube Schiffbruch erleidet und wir im Unglauben versinken!

Das Kreuz Jesu — das ist ja wahrhaftig Mißerfolg, Untergang und Gottverlassenheit, und unser Auge findet da nichts anderes; und wenn wir es mit Gamaliel halten, kommen wir zu dem Schluß: Also Menschenrat und Menschenwerk! Und da hilft es uns nicht, daß wir die Botschaft hinstellen — die können wir nicht sehen, die wird uns ja nur gepredigt. Aber das Evangelium, das Wort allein sagt: „Gerade hier triumphiert die Liebe Gottes, und gerade hier offenbart sich Gott durch sein Wort und Heiligen Geist und schenkt sich dem Glauben zu eigen; hier ist Gottes Rat und Gottes Werk, und wer glaubt, der hat!"

Freunde, die Leiden und die Schmach der Gemeinde, das Leiden und die Schmach, die wir heute zu tragen haben, wenn wir es mit dem gekreuzigten Mann von Nazareth halten, das ist ja wahrhaftig Mißerfolg, das ist ja wahrhaftig Last und Not, und wir spüren den Druck und den Zweifel — und keiner ist davon frei —, der sich in die Seele hineinschleicht nach dem Rat des Gamaliel: Unser Glaube — eine Täuschung? Unser Glaube — am Ende doch nur Menschenrat, am Ende doch nur Menschenwerk?

Aber das Evangelium sagt anders; Jesus Christus sagt: „Selig seid ihr, wenn euch die Menschen um meinetwillen schmähen und verfolgen". Und das hört der Glaube, und der Glaube hält sich an solche Zusage, und der Glaube wird darüber nach dem Worte Jesu: „Seid fröhlich und getrost!", er wird darüber fröhlich und getrost.

Aber, meine Brüder und Schwestern, wirklich? wirklich?? Fröhlich und getrost im Glauben? Wir merken heute, daß es mit dem fröhlichen und getrosten Glauben so ein Kinderspiel nicht ist, daß es mit noch so viel Bibelstellen im Munde nicht getan ist und daß wir mit einem bißchen protestantischer Begeisterung und unserem gewohnten Normalmaß von nicht totzukriegendem Optimismus nicht weit kommen, daß wir da an dem Punkt sind, wo wir aus eigener Kraft nicht stemmen können.

Die Bedrängnis wächst, und wer das Trommelfeuer des Versuchers in dieser letzten Woche über sich hat ergehen lassen müssen, der denkt anders als noch vor drei Wochen. Ich denke daran, wie am Mittwoch die Geheime Polizei in die verschlossene Friedrichwerdersche Kirche eindrang und im Altarraum acht Mitglieder des dort versammelten Reichsbruderrates festnahm und abführte; ich denke daran, wie gestern in Saarbrücken sechs Frauen und ein männliches Gemeindeglied verhaftet worden sind, weil sie ein Wahlflugblatt der Bekennenden Kirche auf Anweisung des Bruderrates verbreiteten. Ich sage: Wer das weiß und wer das wirklich mit durchleidet, der ist nicht mehr weit von jenem Wort des Propheten, der spräche am liebsten auch: „Es ist genug — nein, es ist ja schon zu viel! —, so nimm nun, Herr, meine Seele!"

Und wer, wie ich vorgestern abend, in einem Abendmahlsgottesdienst nichts anderes neben sich sieht als drei junge Stapoleute, die von Amts wegen die Gemeinde Jesu Christi bei ihrem Beten, Singen und Predigen auszukundschaften haben, drei junge Männer, die gewiß auch einmal auf den Namen des Herrn Jesus Christus getauft wurden und die gewiß auch einmal am Konfirmationsaltar ihrem Heiland die Treue gelobt haben und die nun von Amts und Dienst wegen dazu bestellt sind, der Gemeinde Jesu Christi nun Fallen zu stellen, den läßt die Schmach der Kirche so leicht nicht los, der kommt mit einer frommen Redensart und einer protestantischen Begeisterung nicht darüber hinweg; den mag das eine schlaflose Nacht kosten, in der er sicherlich davon umgetrieben wird, und er möchte ein aus der Tiefe kommendes: „Herr, erbarme dich!" sprechen.

Und wir denken daran, daß heute drüben in der Annenkirche die Kanzel leer bleibt, weil unser Bruder und Pastor Fritz Müller mit 47 andern christlichen Brüdern und Schwestern unserer evangelischen Kirche um kirchlicher Dinge willen in Haft gehalten wird, und wir denken zugleich daran, daß es nun in der Kirche, bis in die sogenannte bekennende Kirche und bis in unsere Gemeinde hinein, heißt: „Sie werden ja wohl nicht ganz unschuldig sein; irgendetwas Politisches werden sie ja wohl schon auf dem Kerbholz haben". Und nun geht es los in der Presse, mit den Diffamierungen, und in der heute beginnenden Woche werden die ersten Schnellverfahren kommen.

Ja, meine lieben Freunde, was denn nun? Fröhlich und getrost? Oder verzagt und eingeschüchtert? Da hilft uns doch wohl nichts anderes mehr, als daß wir uns auf das Wort verlassen von dem gekreuzigten Heiland und uns an diesen Gekreuzigten selbst halten und in einem einfältigen und darum gewissen Glauben sprechen lernen, das Anfangs-ABC des christlichen Glaubens:

In meines Herzens Grunde
Dein Nam und Kreuz allein
Funkelt all Zeit und Stunde,
Drauf kann ich fröhlich sein!

Und es mag dann noch ein weiter Weg sein, wie aus dem Fröhlich-sein-können das Fröhlich-sein wird, daß wir wirklich fröhlich sind wie die Apostel, die fröhlich von des Rates Angesicht gingen, weil sie gewürdigt waren, um Christi willen Schmach zu leiden. Es mag ein gutes Stück Anstrengung kosten, fröhlich zu sein darüber, daß wir leiden dürfen; dieser Weg geht sich nicht leicht, und dieser Weg ist kein Spaziergang; ein Weg ohne Schatten, auf dem es heißt: „Wer mir folgen will, der verleugne sich selbst und nehme sein Kreuz auf sich täglich". Es mag gut sein, daß das kein Spaziergang ist und daß sich das wohl nicht von heute auf morgen lernen läßt. Und das mag gut sein, damit wir nicht unsere frommen Stimmungen, unsere Überzeugungstreue, unsern Mannesmut, und wie die Götzen alle heißen, mit dem Glauben verwechseln, der eine Gnadengabe Gottes ist und den er schenkt durch den heiligen Geist, sondern damit wir im Ernst der Anfechtung auf das Wort unseres Herrn merken lernen und daß wir — nun erst recht — nicht aufhören, das Wort vom Kreuz, das Evangelium von Jesu Christo zu hören, zu predigen und zu lehren.

Es geht heute darum, — wir haben nichts anderes zu tun — daß wir wie die Apostel, die mit einem neuen Redeverbot behaftet, erst recht hingingen und nicht aufhörten, das Evangelium von Jesu Christo, das Wort vom Kreuz zu predigen; und predigen können wir es nur, indem wir es lernen, und lehren können wir es nur, indem wir selbst darauf hören. Denn von diesem Wort — und von diesem Wort *allein!* — lebt unser Glaube, der die Freude ist, und aus diesem Glauben fließt die Freude, die unter dem Kreuz aufrecht hält und uns gewisse Tritte tun läßt mit unsern Füßen, die unter dem Kreuz fröhlich ist und ihr Leben bekennt.

Liebe Freunde, der Mensch *lebt* nicht vom Brot allein, sondern von dem Worte Gottes! Und so können wir nur mit den Jüngern beten:

Herr, gib uns, Herr, gib deiner Gemeinde, Herr, gib deiner Christenheit jetzt *allewege solch Brot!*

Thomas Mann

Niemöller

Wer eine Vorstellung hat von der Jurisdiktion eines Nazi-Volksgerichtes, der versteht, was es heißen will, daß Pastor Martin Niemöller durch ein solches Hitler-Volksgericht von der Anklage, die Kanzel zu politischer Agitation mißbraucht und sich des Verbrechens gegen Staat und Volk schuldig gemacht zu haben, freigesprochen wurde.

Das war ein erstaunlicher Erfolg seiner Persönlichkeit, denn im Grunde war er schuldig – was Nazis schuldig nennen. Er hatte gesagt: „Das Volk hat kein ewiges Leben, wenn man auch tausendmal seine Ewigkeit behauptet." Er hatte sich als evangelischen Christen bekannt und „deutsches Christentum" offen verworfen. Er hatte gegen die Vergottung des Staates – und was für eines Staates! – geistige Verwahrung eingelegt. Und er hatte erklärt: „Wir wollen ohne Murren der Welt geben, was ihr gehört. Aber wenn die Welt fordert, was Gottes ist, dann müssen wir mannhaft Widerstand leisten, daß wir ihr nicht geben, was Gottes ist, und um des Wohllebens in der Fremde willen unsere Heimat verlieren." Das und vieles andere dergleichen, was man in diesen Predigten nachlesen mag, war „politische Agitation" – ohne Zweifel. Es wird nämlich jeder, der ein Menschenherz in der Brust hat, zum politischen Agitator, wenn eine Kreatur wie Hitler zur Macht gelangt – wie denn nicht ein christlicher Prediger? Nimm an, du hättest den Beruf des Theologen, des Seelsorgers und des Verkünders von Gottes Wort ergriffen, wärst ein Kanzelredner geworden, den Liebe und Glaube inspirieren, und an dessen Lippen viele tausend schlichte Seelen hängen. Die Politik ist dir fremd, sie ist keineswegs dein Feld, denn sie ist „die Welt", als deine Heimat aber empfindest du das Geistige und Ewige. Nimm also an, du wärest ein rein religiöser Mensch, der ganz bereit ist, „dem Kaiser" zu geben, was „des Kaisers" ist, aber dessen eigentliche Anliegen Gott, Sünde, Erlösung, Tod und Ewigkeit sind. Und nun nimm an, es stellte sich ein Schurke auf mit Weiberhänden und der Stimme eines bösen, bissigen Kettenhundes und brüllte unter großem Zulauf: „Staat und Volk sind Gott, und ich bin Volk und Staat, folglich bin ich Gott!" – Nicht wahr, da müßtest du widersprechen – und im Nu wärst du ein politischer Agitator. Das wäre ganz unvermeidlich, und schuld daran wärest freilich nicht du, sondern jener Schurke, doch unvermeidlich wäre es. Grenze und Unterschied zwischen Religion und Politik wären plötzlich aufgehoben. Eben noch nur ein populärer Prediger, wärest du von heut auf morgen, du wüßtest nicht, wie, zur politischen Figur und deine Kirche zu einem Zentrum der politischen Opposition geworden.

So erging es Pastor Niemöller. Und nochmals, es will etwas heißen, daß er trotzdem von einem Hitler'schen „Volksgericht" freigesprochen wurde. Es mag da unter einer, wenn auch knappen, Majorität der Richter, dieser gegen Unrecht längst verhärteten Juristen, und sogar unter den unstudierten Parteifunktionären, die das Gericht überwiegend besetzt hatten, ein Rest von Anstandsgefühl, von Menschlichkeit, von Respekt vor Mannesmut und reiner Überzeugung gewaltet und gewirkt haben, vor einer Kraft, die man nicht antasten soll, auch wenn man so gut weiß, wie ein Nazi es weiß, daß man mit Knüppeln und Lederpeitschen jede noch so männliche Kraft zerprügeln und in einen Haufen wimmernden Elends verwandeln kann. Dies ist sogar alles, was ein Nazi weiß; viel mehr weiß er überhaupt nicht. Und dennoch wollte das Volksgericht Pastor Niemöller frei ausgehen lassen und ihn seiner Gemeinde zurückgeben. Auch eine Scheu vor seiner großen Beliebtheit, vor der Menge seiner Verehrer und Anhänger mag wohl mitgewirkt haben; denn ein halb hundert seiner Amtsbrüder war schon vorher eingekerkert oder mit Redeverbot belegt worden, während man ihn noch immer hatte gewähren und seine Andachten nur von Gestapo-Beamten hatte auskundschaften lassen . . . Kurzum, der Freispruch wurde verkündet, und der Bekenner war im Begriff, in sein Haus zurückzukehren, dessen Zimmer glückwünschende Liebe und Dankbarkeit in Blumenhaine verwandelt hatten.

Er hat das nie gesehen. An der Hintertür des Gerichtsgebäudes wurde er von der Geheimen Staatspolizei aufs neue verhaftet und ins Konzentrationslager gebracht, wo er sich heute noch befindet – ein viel schlimmeres Schicksal, als wenn er verurteilt worden und in ein reguläres Strafgefängnis gekommen wäre. Die Verhaftung des Freigesprochenen aber erfolgte auf besonderen und persönlichen Befehl des Führers aller Deutschen, des großen Herrn Hitler.

In der Brust dieses unwahrscheinlich niedrigen Individuums nämlich ist auch nicht die Spur jenes Restes von Anstandsgefühl, jenes Respektes vor Menschenwürde und Mannesmut vorhanden, den sein

Volksgericht an den Tag gelegt hatte. Nie hat die leiseste Regung von Großmut dies unglückselige Gemüt berührt. Keiner der Erfolge und Erhöhungen, die ein phantastisches Schicksal dem unbrauchbaren armen Teufel von einst zuspielte, hat seinen Haß, seine gärende Rachsucht dämpfen, sein Seelenleben um einen Schimmer von Milde und Gnade, von Gerechtigkeit gegen niedergeworfene Feinde bereichern können. Diesen gönnt er nicht den Tod, das wäre Gnade. Lebenslange Folterqual, körperliche Erniedrigung und Schändung, die Brechung ihrer Persönlichkeit, die Umdrehung ihrer Gehirne, der Wahnsinn, die bettelnde Verblödung, – das ist es, was er über sie verhängt, woran sein so teuflisches wie elendes Herz sich ergötzt, handle es sich nun um Einzelpersonen, Würdenträger der deutschen Republik und Oberhäupter besiegter Staaten, wie Schuschnigg, oder um ganze Völker und Rassen wie Tschechen, Polen und Juden.

Man vergesse nicht: ein nationalsozialistisches Volksgericht ist eine rauhe Einrichtung. Von Recht ist da nicht lange die Rede; es wird „kurzer Prozeß" gemacht. Dennoch hatte sogar ein solches Gericht sich nicht entschließen können, Martin Niemöller zu verurteilen. Hitler aber überliefert den Gerechtfertigten den Schindern und Schlägern seiner polizeilichen Unterwelt.

Es war eine der himmelschreienden Willkür- und Untaten, der schamlosen Rechtsbesudelungen, von denen die Hälfte – was sage ich, der dritte, der achte Teil die gesittete Welt hätte zur Empörung emporreißen und sie bestimmen müssen, alle Beziehungen zu dem Regime abzubrechen, das sie beging, es zu isolieren, es vor dem eignen Volk unmöglich zu machen und es zu beseitigen. Matte und feige, blinde und gleichmütige gesittete Welt! Dergleichen kam ihr nicht in den Sinn. Deutschland war „souverain". Solange seine neuen Beherrscher nach außen Frieden hielten – und sie versprachen täglich, das tun zu wollen – ließ, was innerhalb der deutschen Grenzen geschah, uns neutrale und friedliebende Zuschauer vollkommen kühl. Wer uns von menschlicher Gesamthaftung, von allgemeiner Verpflichtung redete, die Grundlagen der abendländischen Zivilisation, das Menschenrecht zu schützen, war wahrscheinlich ein an Ressentiment krankender Emigrant, jedenfalls aber ein Kriegshetzer. Wir aber wollten keinen Krieg. Was wir allenfalls wollten, war das Rüstungsgeschäft.

Arme, hirnlose gesittete Welt! Sie schien nicht zu wissen, daß innere und äußere Politik in Wechselbeziehung stehen, und daß kein

Regierungssystem sich im Lande selbst aufführt, wie das deutsche es tat, ohne sich über kurz oder lang, wahrscheinlich aber über sehr kurz, nach außen ebenso zu benehmen. Sie sah nicht und wollte nicht sehen, daß alles, was das nationalsozialistische Regime zu Hause tat – nicht nur die kolossale militärische Aufrüstung, sondern auch alles übrige – *Krieg,* unvermeidlichen Krieg bedeutete. Ihre Unbarmherzigkeit, ihr Mangel an Empörung beruhten auf Dummheit. Sie begriff nicht, daß Untaten, wie die an Niemöller begangenen, der Vorbereitung dessen dienten, was nun über sie gekommen ist.

Denn warum mußte der tapfere Bekenner Gottes und der Freiheit des Christenmenschen auf Lebenszeit im Konzentrationslager verschwinden? Weil das Hitler-Regime nur den einen Zweck und das eine Ziel hatte, das deutsche Volk mit allen Mitteln und auf alle Weise für den totalen Krieg in Form zu bringen, und weil es darin nicht gestört werden wollte. Dieser Geistliche aber störte es, er störte es wirksam darin. Darum half ihm kein Freispruch des abgebrühtesten Gerichtes. Er mußte vernichtet sein. Sage ich also zu viel, daß die gesittete Welt sich seiner hätte annehmen müssen?

Dies Buch bringt seine letzten Kanzelreden, die zum Teil schon unter Geheim-Polizei-Bewachung gehaltenen Predigten der Kampfzeit. Ich habe sie mit Gefühlen gelesen, für die Sympathie ein sehr schwacher Ausdruck ist, – mit Ergriffenheit, mit der gleichen Erschütterung, die die Hörer im überfüllten Kirchenschiff durchbebte, als sie gesprochen wurden und die zu vollständig ungemeinen Szenen führte, zu ganz unzeitgemäßen Vorgängen, wie daß die Menschen draußen auf dem Pflaster vor der Kirche auf ihre Knie fielen und den Luther-Sang anstimmten: „Ein' feste Burg ist unser Gott".

In welchem modernen Lande hat sich je dergleichen ereignet, etwas so Exzentrisches und aus aller bürgerlichen Mäßigkeit Fallendes? Es kam aber daher, daß hier in einer Menschenbrust, unter unerträglichem Druck von Schimpf und Gewalt, vieles längst schablonenhaft und leer-geläufig Gewordene, vieles, bei dem niemand sich mehr viel dachte, zu ganz neuem, erstmaligem, brennend wirklichem, brennend gegenwärtigem Leben erwacht war, auf einmal neu und groß und wirklich mitten in der nüchternen modernen Welt stand und die Menschen zu Ungewöhnlichem hinriß. Das Evangelium selbst hatte sich in der Brust dieses Mannes erneuert; er, der geglaubt hatte, es zu kennen, hatte es in tiefer Ergriffenheit neu entdeckt, und sein Erlebnis übertrug sich auf seine bürgerliche Gemeinde. Das Evangelium war nicht mehr Wort und Überlieferung und beschauliche Exegese, es war Erfahrung, Leben, unmittelbares Ereignis. Diese Predigten haben eine große Unmittelbarkeit allein schon durch die Gesprochenheit ihres Wortes, das, natürlich vorbereitet, natürlich überlegt und vorbedacht, doch mehr oder weniger improvisiert hervorquillt und nichts Geschriebenes, nichts Literarisches an sich hat. Aber das ist nicht die Unmittelbarkeit, die ich meine. Sie liegt in solchen wiederkehrenden Wendungen wie: „Als ich heute das Wort las, wurde mir dieses Wort wirklich neu . . .“ – „Erst in diesen Tagen ist es mir klargeworden, erst seit heute verstehe ich, was der Herr Jesus meint: ‚Ihr sollt das Licht nicht unter den Scheffel stellen‘ . . .“ Und so fort. Ein außerordentlicher seelischer Radikalismus der Erneuerung und des Nun-erst-recht-Verstehens herrscht in diesen Predigten: der ganze klägliche Mißerfolg eines Lebens, das in völliger Verlassenheit am gekreuzten Schandpfahl endet, – ein Ende, das für jeden Menschensinn schon keine Tragödie mehr, sondern nur noch jämmerlich ist, sich in römischen Soldatenwitzen verliert, – und das dennoch den Triumph, die Besiegung der Welt, die Apotheose bedeutet, all das ist hier mit erschütternder Vehemenz neu gesehen, neu erfühlt, neu erlebt. Es wird nichts Chlichémäßiges, Gutmütiges, Beschönigendes, Erbauliches geduldet. „Die Bibel ist niemals erbaulich.“ Fromme Stimmungen, ja, Überzeugungstreue und Mannesmut werden *Götzen* genannt; man darf sie nicht mit dem Glauben verwechseln, der allein die Kraft verleiht, den Weg des Kreuzes zu gehen. Und der ist „kein Spaziergang“. Da nützen nicht fromme Redensarten. Fröhlich und getrost im Glauben? „Wir merken heute, daß es mit dem fröhlichen und getrosten Glauben so ein Kinderspiel nicht ist, daß es mit noch so vielen Bibelstellen im Munde nicht getan ist, und daß wir mit einem bißchen protestantischer Begeisterung und unserem gewohnten Normalmaß von Optimismus nicht weit kommen, daß wir an dem Punkte sind, wo wir uns aus eigener Kraft nicht stemmen können.“ Kurzum, alles ist neu und ganz ernst, tiefster Ernst geworden.

Niemöller war See-Offizier, U-Boot-Kommandant, bevor er Geistlicher wurde. Sein unbedingter religiöser Gehorsam, seine „Einsatzbereitschaft“ bis zum Äußersten stammen aus dem Soldatischen, sie sind Übertragungen soldatischer Tugenden auf seine neue Berufung. Man braucht dem Militärischen nicht sonderlich hold zu sein, um seine symbolischen Erscheinungsformen zu lieben und zu bewundern. Daß Hitler, der doch Heldentum im Munde führt, das Nobel-Soldatische in Niemöller nicht sah und nicht ehrte, macht sein Benehmen gegen ihn besonders abstoßend.

„Wir haben den Auftrag dessen, der das Licht der Welt ist", heißt es in den Predigten. „Er braucht uns nicht als Docht, er kann sich auch andere Dochte nehmen, andere Menschen, denen er sein Licht aufsteckt . . ., das Wort Gottes laut und deutlich zu verkündigen, *das* ist unser Dienst" (man beachte das Wort „Dienst"; es ist militärisch-religiös gemeint). „Aber daß die Kirche weiterlebt und nicht umgebracht wird, daß das Licht nicht ausgeblasen wird, Freunde, das ist nicht unsere Sache." Es ist die Sache des „Höchsten Vorgesetzten", Jesu Sache, und wir haben nur unsere „Pflicht" zu tun. „Wer sein Leben erhalten will", sagt er, „der wird's verlieren . . ." „Das heißt doch wohl praktisch: ich muß heute nochmal so reden, vielleicht kann ich es nächsten Sonntag nicht mehr; ich *habe* euch das heute noch einmal mit aller Deutlichkeit zu sagen, denn wer weiß, was nächsten Sonntag ist?!" Es war die vorletzte Predigt. Den übernächsten Sonntag stand seine Kanzel leer.

Hier ging ein Mann im vollen Bewußtsein der Fürchterlichkeit seines Weges den Weg ans Kreuz. Denn er hatte das Kreuz verstanden als das weltüberschattende Sinnbild höchsten Triumphes in tiefster Schande. Aber hat er die Fürchterlichkeit des Kreuzes nicht doch unterschätzt? Hat er sich wirklich richtig vorgestellt, was ihm bevorstand? Es ist schrecklich, in die Hände der Menschen zu fallen; aber in die Hände der Nazis zu fallen, das ist denn doch noch etwas ganz anderes. Niemand weiß, ob Martin Niemöller heute noch lebt, ich meine: ob das, was von ihm übrig ist, noch irgendwelche Ähnlichkeit hat mit seinem früheren Selbst. Vielleicht ist er nur noch eine menschliche Ruine, mit zitterndem Kopf, zitternden Händen, den Rücken voller Prügelnarben, ein von verblödenden Drogen, die man ihm in die Suppe schüttete, zum speichelnden Idioten gemachtes Gespenst seiner selbst, das nichts mehr weiß und nichts mehr versteht. Ich kann es nicht sagen; aber so lieben die Nazis ihre Feinde zu sehen, und darum ist es wahrscheinlich.

Als er noch predigte, sagte er einmal: „Es ist kein Mensch, der sich rühmen könnte, dem Herrn Jesus mit seiner Hilfe beigestanden zu haben. Es ist niemand, der sich rühmen könnte, dem Herrn Jesus sein Sterben erleichtert zu haben. Vor dem Kreuz hört das Rühmen auf.

Da bleibt nichts als menschliche Bosheit, die sich hinter einem Fetzen von Tugend zu verbergen sucht und hier nackt an den Tag kommt als unseres Menschenwesens innerste Natur. Vor dem Kreuz macht alles edle Menschentum, oder was wir sonst noch so nennen mögen, Bankrott.“ Nun denn, ohne Blasphemie, auch vor seinem Kreuz hört das Rühmen auf, auch seines bedeutet den Bankrott des Menschentums, der gesitteten Welt. Niemand half ihm, niemand „intervenierte“. Jeder, auch jeder Staat, dachte nur an sich, versteckte sich hinter dem elenden Fetzen seiner „Neutralität“ und sah zu, wie der andere ans Kreuz geschlagen wurde, einer nach dem anderen. Ich glaube wirklich, seit dem Tage von Golgatha hat die Trägheit des menschlichen Herzens sich nicht so kläglich-sträflich offenbart, wie in unseren Tagen.

Der wäre kein Mensch, der nicht von ganzem den Tag ersehnte, der Martin Niemöller die Freiheit brächte, und an dem das „Ein' feste Burg“ nicht mehr aus tiefer Bedrängnis, sondern aus dankbarem Triumph und bestätigtem Glauben erschölle. Aber der Kerker dieses Märtyrers ist nur ein Symbol. Wird, da nun alles gekommen, wie es durch unser aller Stumpfheit kommen mußte, und da es ums Letzte geht, wird, was sich die gesittete, die christliche Welt nannte, die physische und vor allem die moralische Kraft besitzen, den Kerker zu sprengen?

Franz Hildebrandt

Nachlese

Es war Hochbetrieb im Dahlemer Pfarrhaus. Klingel und Telefon standen nie still, es wimmelte von Besuchern, Kollegen, Freunden, Ratssitzungen, und „nebenbei" mußte ja irgendwie die Familie mit den sieben Kindern zu ihrem Recht kommen. Die Jesus Christuskirche, in der die meisten dieser Predigten gehalten wurden, war genau zur rechten Zeit gebaut worden; Martin Niemöller wurde 1931 in sein Pfarramt eingeführt, und die kleine schöne St. Annenkirche hätte die Hörer in der Zeit des Kirchenkampfs nie gefaßt. Der wichtigste Kommentar zu den Predigten wäre eine Nachschrift der „Katechismusstunden" an Montagabenden im Gemeindehaus, wo Niemöller vom Schlachtfeld berichtete, von den unzähligen Reisen und Tagungen, die sein Programm ausfüllten; meines Wissens ist eine solche Nachschrift nicht erhalten, wenn auch die ständigen Spitzel der Polizei (unsere treuesten Kirchenbesucher: vgl. unten S. 182) sich sicher Notizen machten.

Die Gemeindearbeit – Konfirmandenklassen, Amtshandlungen, Seelsorge – kam darüber nicht zu kurz, und das Hauptwerk am Schreibtisch ist und bleibt die Predigt. Kein Wunder, daß es in der Regel ein oder zwei Uhr nachts wird, ehe der letzte Strich getan ist. Satz für Satz muß er sich abringen, bis er ihm druckreif erscheint. Dann freilich bleibt das Niedergeschriebene stehen, so daß kaum eine Korrektur am Manuskript zu entdecken ist. Gern liest er seiner Frau oder einem nahen Freund beim Hereinkommen laut vor, was bis jetzt fertig ist, bespricht sich über exegetische Probleme und Liederauswahl. Und wieder ist er frühmorgens am Schreibtisch, um bis zum letzten Moment, wo er in die Kirche gehen muß, zu memorieren; was er geschrieben hat, wird ja nicht vorgelesen, sondern im Ernst gepredigt. Vielleicht ist es nicht überflüssig, daran zu erinnern, daß in der deutschen Tradition nur Textpredigt als wirkliche Verkündigung gilt; das entscheidende Kriterion ist niemals „Zeitgemäßheit" (relevance), sondern Treue gegenüber dem Wort. Es hat sich bei Freund und Feind nur zu deutlich gezeigt, daß die Heilige Schrift zu jeder Zeit selber für ihre Aktualität sorgt; man denke nur an das Beispiel der Sexagesimae-Predigt über Phil.

1,12–21 – und Martin Niemöller hatte, wie meistens, den Text nicht selber gewählt, sondern sich an die vorgeschriebene Perikope des Sonntags gehalten.

Auch die letzte Predigt vor der Verhaftung legte die „neue" Epistel für den 27. Juni aus. „Wir wünschten uns in den kritischen Tagen, die wir durchleben, wohl, es gäbe auch heute einen einzigen, angesehenen, führenden Mann wie Gamaliel, der als ein anständiger Mann zur Wahrhaftigkeit, als ein frommer Mann zur Ehrfurcht vor dem Willen Gottes rufen möchte" (S. 177). Eine Woche vorher hieß es: „Solange noch einer ausgewiesen ist, Redeverbot hat oder ins Gefängnis kommen wird, weil er Gaben (Kollekten) sammelt, so lange ist die Frage, ob das Wort des Führers gilt – das ‚Ehrenwort' (S. 168) negativ beantwortet" (S. 170). In alledem ging es natürlich um Schutz und Recht der Kirche; und Martin Niemöller wäre der erste, der heute im Rückblick auf das Dritte Reich das Zeugnis der Bekennenden Kirche kritisieren würde – nicht weil es zu scharf oder provokativ war, sondern im Gegenteil: weil es von der offenen Gewalt außerhalb des kirchlichen Sektors zu wenig Notiz nahm. Darum ist um der historischen Gerechtigkeit willen die Erinnerung am Platz, daß eine Denkschrift der Vorläufigen Leitung an den „Führer" vom Sommer 1936 sich ausdrücklich mit der Verletzung der 10 Gebote im Ganzen des Volkslebens befaßte; eine Denkschrift, die teilweise später von den Kanzeln verlesen wurde und deren Verbreitung in der ausländischen Presse Friedrich Weißler, dem Kanzleichef der VKL, das Leben kostete. Und es ist ebenso wichtig, zur Abrundung des geschichtlichen Hintergrunds, zu erfahren, daß heute, 1981, vier Friedensgruppen (Amnesty International, Dritte Welt Laden, Deutsche Friedensgesellschaft und Vereinigte Kriegsdienstgegner) in dem Dahlemer Pfarrhaus ein regionales Büro „Martin Niemöller-Haus" einrichten.

Im Zentrum dieser Predigten steht der Satz des Katechismus, „daß Er mein Herr und ich sein eigen sei", und „der Herr Christus" ist im Grunde Ausdruck und Inhalt des Glaubens, zu dem sich der Prediger bekennt. „Der Herr Christus aber lebt, der Herr Christus ist noch da, der Herr Christus fragt nach unserem Glauben, wo alle Stützen fallen" (S. 84; vgl. S. 62, 98, 102, 145 usw.). In Luthers Tischreden findet sich das Zitat: „Wohlan, wir haben's auf den Mann, den Herrn Christum, Gottes Sohn, gewagt, der wird uns gewisslich nicht lassen. Auf ihn wagen wir's, er wird uns auch helfen" (vgl. unten S. 35, 76 usw.). Daß wir sein Eigentum sind, ist uns in der Taufe besiegelt: „da ist es uns wieder gesagt und bestätigt worden, daß wir ihm gehören" und darum „ist es in keiner Weise erlaubt, daß wir der Welt geben, was Gottes ist. Solcher Totalitätsanspruch weltlicher Mächte an uns ist Raub an Gott" (S. 28; vgl. S. 10, 18, 101 usw.). Eine Randbemerkung stellt in leiser Form die Kindertaufe in Frage (S. 68). Aber der Akzent liegt auf dem „Ruf des Herrn Christus, dem wir folgen sollen . . . Jesus von Nazareth lädt den Menschen dahin ein, wo er ganz persönlich mit ihm spricht" (S. 68; vgl. S. 164ff); und bei der Konfirmation und der Vorbereitung darauf kommt alles auf das wirkliche Hören *und Tun* des Wortes Gottes an (Jak. 1,22ff; S. 132ff). Die gleiche Bindung ist im Ordinationsgelübde ausgedrückt: „So haben wir dieses Amt, das uns der Herr Christus anvertraut und befohlen hat, ohne Menschenfurcht und ohne Menschengefälligkeit auszurichten" (S. 152). Die Entscheidung jedes Einzelnen ist unausweichlich (S. 19, 68, 132 usw.); es gibt nur das Entweder – Oder (S. 117), Glaube oder Unglaube (S. 116), Barabbas oder Jesus (S. 103), mit ihm oder wider ihn (S. 102; vgl. die Parallele zwischen Pilatus und Gamaliel, S. 179f; und S. 82, 84, 130).

Dem Herrn Christus steht der Antichrist entgegen. Der „Feind" wird deutlich beim Namen genannt (S. 126f); „und je hemmungsloser die öffentlichen Angriffe gegen das Christentum werden, zeigen sie uns, daß es ja gar nicht gegen das Alte Testament geht oder gegen den Apostel Paulus – wie man uns immer glauben machen will –, sondern gegen den einen Herrn, an den wir glauben" (S. 42ff; vgl. S. 23). Die „Wogen des Jesushasses", von denen eine Passionspredigt spricht (S. 105), richten sich gegen das Zentrum, die Herrschaft Jesu über das ganze Leben; „wir ertragen ja nur einen Gott, der das tut, was *wir* wollen, und nicht den, der mit seinem Willen über uns herrscht" (S. 109). Der Nazarener ist nicht „artgemäß" (S. 18, 20f, 43f) und der Mythos des Lichts (S. 48) verdrängt die wahre Bedeutung von Weihnachten; die Botschaft von Christus wird „in dem großen Abfall um uns her" modernisiert (S. 67), weil es unerträglich ist, „daß es diesem lebendigen Gott gefallen hat, seinen Sohn ausgerechnet im jüdischen Volke Mensch werden zu lassen; wir wissen ja, wie groß der Anstoß und das Ärgernis ist" (S. 131): Aber – so hieß es schon 1933 in der „Jungreformatorischen Bewegung" – „Kirche muß Kirche bleiben; Bekenntnis muß Bekenntnis bleiben;

und wir dürfen um's Himmels willen aus dem Evangelium kein deutsches Evangelium machen" (S. 172). Am Ende läuft die „Erlösung von Christus", das Evangelium von Rosenberg und Ludendorff (S. 110) auf die Beseitigung des christlichen Glaubens in der „Nationalkirche" (S. 147) hinaus.

Es ist unvermeidlich, daß „man heute im Überschwang religiöser Verehrung von dem Führer unseres Volkes redet, der uns wieder glauben gelehrt hat" (S. 66), daß „tonangebende Leute in unserem Volk in immer wachsender Zahl ihm (Jesus) den Rücken kehren" – aber „ob das die Freudigkeit unseres Glaubens beeinträchtigen darf?" (S. 46). Natürlich kommen die „Maßnahmen zum Schutze der öffentlichen Ruhe und Sicherheit" (S. 82; 120f) immer wieder zur Sprache: Redeverbote, Ausweisungen (S. 20f), Presseangriffe (S. 36, 42), Schließung der evangelischen Wochen und Entchristlichung der theologischen Fakultäten (S. 59), Prozesse gegen katholische Geistliche (S. 128), Massenverhaftungen (S. 78f) und das Verschwinden Jesu aus dem Gesichtskreis der Öffentlichkeit (S. 89). Aber schlimmer und typischer als die dramatischen Akte ist die Atmosphäre im totalen Staat: „Wir hatten einen Mann, der für uns druckte; er wurde verhaftet und nach einiger Zeit wieder freigelassen, aber drucken tut er nicht mehr, der Mann wagt es einfach heute nicht mehr. Und darauf hat es der Feind ja abgesehen, daß alles eingeschüchtert wird" (S. 129; vgl. S. 82, 88 usw.).

„Sie rüsten sich wider die Seele des Gerechten und verdammen unschuldig Blut" (Ps. 94, 21; S. 119ff); es ist der Gerechte, der verfolgt wird, und „hier ist weder Raum für ein Schuldbekenntnis noch für ein Gnadengesuch" (S. 121). Nur der Eingeweihte ahnt, welche persönliche Enttäuschung dahinter steht für den Mann, der seine Hoffnung auf das Dritte Reich gesetzt und Hitler seine Stimme gegeben hatte, um nun Schritt auf Schritt disillusioniert zu werden und das in aller Öffentlichkeit einzugestehen; kein Wunder, daß der „Führer" die Opposition aus *diesem* Lager nie vergessen konnte und Martin Niemöller zum „public enemy No. 1" werden mußte. Das Wunder ist eigentlich, daß er bis 1937 frei blieb! „Das ist unsere Last, daß wir unausgesetzt Strolche, Volksfeinde und Landesverräter genannt werden – und können's nicht wehren" (S. 120). Aber die Zeit der Neutralität (S. 101), der „Taubheit" (S. 12, 82), der Zuschauerrolle in der Kirche ist ein für allemal vorbei (S. 69, 90); mit dem „christlichen" Zeitalter, der „christlichen" Vergangenheit

(S. 43, 54, 66, 80), der ererbten „christlichen Sitte“ (S. 19) ist es zu Ende. Nur „glaubend und kämpfend“ (S. 41) kann die Christenheit jetzt handeln. Aber „in dem neuen deutschen Erwachen und Aufbruch“, von dem die Nazis zu reden pflegen (S. 43), sieht der Christ „eine erwartungsvolle Unruhe, und wir selber haben daran teil“ (S. 141). „Wer von uns möchte eigentlich als Christ wieder in der Zeit vor 1933 leben?“ (S. 82). Laß die Toten ihre Toten begraben (Luk. 9, 60; S. 19ff); „wir haben keinen Auftrag, in einer kirchlichen Organisation mitzuarbeiten, wenn der Herr Christus nicht dabei ist“ (S. 22). Die Anfechtung, in der wir leben und von der in diesen Predigten (vgl. S. 34, 140, 157) wie in den Dokumenten der Bekennenden Kirche dauernd die Rede ist, „lehrt aufs Wort merken“ (Luthers Übersetzung von Jes. 28, 19) – nicht auf „Worte“ (S. 130), nicht auf „Pastorengezänk“ (S. 83), sondern auf das eine Wort, das uns befohlen ist und dahin führt, daß „das allgemeine Priestertum sich auswirkt als Zeugnis und Bekenntnis“ (S. 83).

Der Kampf um den Glauben, der uns verordnet ist (S. 140; vgl. S. 136 usw.) ist nicht mit menschlichem Heroismus zu verwechseln, auch bei Luther nicht („dieser eine deutsche Mann, der furchtlos und treu für seine Überzeugung eingetreten ist“, S. 16; vgl. S. 164), und kann nicht auf eigene Faust gewagt werden; vielmehr ist sein „Geist als die Quelle wirklicher Kraft verheißen denen, die darum bitten“ (S. 142). Immer wieder wird die Warnung vor menschlichem Standpunkt (S. 109), menschlicher Vernunft (S. 76, 80) und Vorsicht (S. 105), menschlichen Träumen und Phantasien (S. 66; 183) und den „Erfahrungsmöglichkeiten dieser Welt“ (S. 115, 180) hörbar. Der „Wirklichkeit“, die unsere „blinden Augen sehen und weiter nichts“ (S. 60), steht die Wahrheit des Evangeliums gegenüber (S. 90f, 127f). „Gottes Wort spricht eindeutig genug – auch von sehr hohen Persönlichkeiten –: ein Tor, der das nicht glaubt, und ein Narr, der das nicht achtet“ (Ps. 92, 7; S. 61). Darum hängt – Gott sei Dank! – nichts an unseren menschlichen Plänen und Sorgen (S. 127; vgl. S. 171ff); „wir sind es nicht, die die Kirche erhalten, unsere Vorfahren waren's nicht, noch werden es unsere Nachkommen sein; sondern der ist's, ist's gewesen und wird's sein, der da spricht: Siehe, ich bin bei euch alle Tage, bis an der Welt Ende“ (Luther).

Und Er ist das Haupt seiner Kirche (S. 150), Er allein, nicht die „Väter“ der verschiedenen Konfessionen. Darum ist die wahre Einheit nur in ihm zu finden und von ihm gewirkt – nicht etwa im

Ausspielen eines Bekenntnisses gegen das andere, lutherisch, reformiert, katholisch (S. 130) oder in dem Versuch, „die ganzen christlichen Kirchen mal zu einer Interessengemeinschaft zusammenzuschließen“ (S. 147): „Wie viel Bekenntnisbetrieb, der *nur* Betrieb ist, treibt uns schon wieder um, und wie viel kirchlicher Leerlauf!“ (S. 144). Epheser 4 ist der entscheidende Text. Dem Kenner späterer ökumenischer Debatten ist die Feststellung bemerkenswert: „Der Herr Jesus Christus hat keine Bischöfe oder Konsistorialräte oder Kirchenminister eingesetzt – *ein* Amt hat er selber eingesetzt“ (S. 151). Weil Er redet, darum kann die Kirche nicht schweigen: „Die christliche Kirche redet, ihr ist die Sprache wiedergegeben (S. 97; vgl. S. 82, 173). Ihr ist der Sieg verheißen: „Seid getrost, ich habe die Welt überwunden“; „vor dem Throne Gottes steht die unzählbare Schar derer, die sich von dem gekreuzigten Christus haben überwinden lassen, mit ihm und in seiner Kraft überwunden haben“ (S. 35; vgl. S. 41, 111).

Sein Leiden überwindet unsere Leidensscheu, sein Sterben unsere Todesfurcht (S. 106; vgl. S. 122, 124). „Dennoch getrost“ heißt der Titel der Schweizer Predigtausgabe von 1939. Aber Martin Niemöller warnt vor dem „billigen“ Gebrauch dieses Wortes (S. 129; 181) und dem herkömmlichen Posaunenton beim Singen von „Ein’ feste Burg“; meiner Erinnerung nach hat er nach dem Krieg in mindestens einem Gottesdienst den letzten Vers des Liedes bewußt nicht mit abgekündigt. Nur im Zusammenhang der Fürbittgottesdienste (S. 119ff; 158, 167) und des Gebets für die Verfolger (S. 46) ist der „Trotz“ gegen die Welt – „und wenn sie noch so viel Kerkertüren und Konzentrationslager aufmacht“ (S. 131) – möglich und verständlich. Gott dienen (Augustin) ist die rechte Freiheit (S. 133); Gott loben, das ist unser Amt (S. 63; Gesangbuch Nr. 187, Vs. 5). „Wir wissen, daß wir mit dem Herrn Christus Gäste und Fremdlinge sind auf Erden“ (S. 140; vgl. S. 28, 49 usw.); nicht zufällig schließen zwei Predigten mit „O Jesu, mach ein Ende und führ uns aus dem Streit; wir heben Haupt und Hände nach der Erlösungszeit“ (S. 29, 35).

In dem Exemplar, das mir vorliegt und das Martin Niemöllers Signatur trägt, liegt eine Karte, die ihm zu Weihnachten 1944 von einem Gemeindeglied zugeschickt wurde, ein Lesezeichen mit dem Vers von Paul Gerhardt: „Aller Trost und alle Freude ruht in dir, Herr Jesu Christ“ (Gesangbuch Nr. 400, Vs. 3). Am Sonntag nach seiner Verhaftung im Juli 1937 predigte Dibelius in Dahlem über 2. Tim. 2, 9: „Gottes Wort ist nicht gebunden"; er hatte den gleichen Text ein paar Monate vorher ausgelegt (S. 125ff) und gesagt: „Mag man auch mit seinen Boten tun, was man will; er ruft andere, und er sorgt dafür, daß sie sich nicht fürchten, sondern glauben und daß sie nicht schweigen, sondern reden" (S. 82).

Ist das alles antiquarisch? Am 5. Juni 1980 wurde Dr. Kao Chun-ming, der Generalsekretär der Presbyterianischen Kirche in Taiwan, zu sieben Jahren Haft und fünf Jahren Verlust seiner bürgerlichen Rechte und Einzug seines Eigentums verurteilt. Er schreibt aus dem Gefängnis: „Die Zeit von sieben Jahren wird schnell vorübergehen. In dieser Zeit wünsche ich mir, daß ich mich darin einüben kann, Christus immer treuer zu dienen. Wenn ich nach sieben Jahren frei sein werde und die Kirche mich noch immer brauchen kann, möchte ich Reiseprediger sein . . . Darum bitte ich die Synode, meinen Status als Prediger aufrechtzuerhalten" (Berliner Sonntagsblatt, 1. März 1981). Martin Niemöller wird ihn besser verstehen als die meisten von uns. Er hatte, glaube ich, in seiner Haft den Vers Apg. 24,27 entdeckt, wo der Landpfleger Porcius Festus dem Felix nachfolgt „und ließ Paulus hinter sich gefangen . . . da aber zwei Jahre um waren". Randbemerkung Niemöllers: „als ob das nichts wäre . . . so wird es eben auch nichts sein". Was immer auch das Urteil der Zeitgenossen über Prediger und Predigten sein mag, ihm wird es genug sein, wenn man nur eins von ihm sagen kann: dieser war auch mit dem Jesus von Nazareth.

Anmerkung zu S. 83 („der einzige, der als Zeuge Christi heute im KZ sitzt, ist ein Laie"): offenbar Rechtsanwalt Bunke aus Glogau (s. S. 59, 123).

Anmerkung zu S. 167 (Es folgt die Verlesung der Fürbittenliste): Die am Ende dieser Predigt erwähnte überraschende Kirchenwahl, die der Minister Kerrl vielleicht geplant hatte, um die letzten Stützpunkte der Bekennenden Kirche zu beseitigen, kam faktisch nie zustande. Nichts war der Staatspolizei so zuwider wie die wiederholte Drohung in Martin Niemöllers Telefongesprächen: „Dann werde ich meiner Gemeinde am Sonntag sagen . . ." Unvermeidlich wurden Abkündigungen und Kanzelerklärungen zum regulären Bestandteil der Gottesdienste; inhaltlich und stilistisch glichen sie sich naturgemäß der Predigt an. Das kann keinen befremden, der die Situation und den Zusammenhang von „Lehre“ und „Mitteilungen“ in den neutestamentlichen Briefen kennt. Aus vielen Beispielen sei nur Hebr. 13, 23 als ein ständiges Zitat im Kirchenkampf erwähnt.

Fürbittenliste

Westfälische Bekenntnissynode — Dortmund, den 28. Juli 1937

An die
Pfarrer, Hilfsprediger und Vikare der Westfälischen Bekenntnissynode

Betr. Fürbittenliste.
Die vollständige Fürbittenliste lautet jetzt:

1. Von seinem *Amt suspendiert und in ein Disziplinarverfahren* gezogen ist:
   Professor Dr. *Schniewind* – Halle/Saale

2. *Mit einem Redeverbot belegt sind:*
   Prof. *Delekat* – Dresden: Redeverbot f. d. Reich
   Pfarrer *Hänichen* – Hohenfichte: Predigtverbot
   Stud. Rat *Machleidt* – Hamburg: Redeverbot für Hamburg
   Pastor i. R. *Wittrock* – Schwartau b. Lübeck: Redeverbot auch für kirchl. Räume
   Stud. Rat *Küntzelmann* – Chemnitz: Redeverbot
   Pastor lic. *Hofmann* – Gornsdorf/Sa.
   Pastor *Leistner* – Drebach/Sa.
   Pastor *Everth* – Großolbersdorf/Sa.
   Pastor *Viebig* – Breslau: Redeverbot f. d. ganze Reich
   Pastor *Marx* – Friedberg/Hessen
   Pastor *Gesk* – Ebenfelde/Ostpr.
   Pfarrer *Marienfeld* – Wielitzken/Ostpr.
   Hilfsprediger Lic. *Hesse* – Duisburg-Hamborn: Redeverbot f. d. Reich
   Pastor *Asmussen* – Berlin: Redeverbot f. d. ganze Reich
   Pastor *Immer* – Wu.-Barmen: Redeverbot f. d. ganze Reich
   Pfarrer *Dühring* – Leuthen-Wintdorf: Rede- und Schreibverbot f. d. ganze Reich
   Pfarrer *Glüer* – Großschmückwalde/Ostpr.
   Kaufmann W. *Henn* – Ründeroth Bez. Köln, für die Regierungsbezirke Köln, Magdeburg, Hessen-Nassau

Buchhändler *Sonnenschein* – Marburg/Lahn
Pfarrer *Kern* – München
Superintendent *Bernecker,* Heiligenbeil/Ostpr.

3. *Ausgewiesen sind:*
Pfarrer *Hechler* – Heppenheim
Pfarrer *Romberg* – Wiesbaden-Dotzheim
Pfarrer *Herrfurth* – Heegheim (nur aus dem Filial)
Pfarrer *Wolter* – Auerstädt/Sa.
Pfarrer *Mebus* – Bielefeld
Pfarrer *Stein* – Bielefeld
Pfarrer *Rinneberg* – St. Kilian
Pfarrer Dr. *Benckert* – Breslau
Pfarrer *Benfey* – Göttingen
Pfarrer *Wolf* – Metzels/Thür.
Gemeindehelfer *Zedlacher* – Hamburg (a. d. deutschen Reich)
Vikar *Beuter* – Sensburg/Ostpr., Reg. Bez. Allenstein
Pastor *Pinn* – Flemhude bei Kiel
Pastor *Middendorff* – Schüttorf (Hannover)
Pastor *Cramer* – Schüttorf (Hannover)
Kirchenältester *Bergmann* – Schüttorf (Hannover)
Vikar *Müller* – Wiesbaden-Dotzheim
Vikar *Debusmann* – Wiesbaden-Dotzheim
Pastor *Viebig* – Breslau
Hilfsprediger Lic. *Hesse* – Duisburg/Hamborn, aus Ostpr.
Pfarrer *Glüer* – Gr. Schmückwalde/Ostpr.
Pfarrer *Dühring* – Leuthen-Wintdorf. Bez. Frankfurt/Oder
Prof. Lic. *Iwand* – Blöstau/Ostpr.
Pfarrer *Eißen* – Fechingen (aus dem Saargebiet)
Hilfsprediger *Karwinski* – Kreis Neidenburg/Ostpr.
Superintendent *Bernecker* – Heiligenbeil/Ostpr.

4. *Im Gefängnis befinden sich:*
Rechtsanwalt *Bunke* – Glogau: ab 1. 1. 37 Konzentrationslager
Fürsorgerin *Laue* – Berlin: Seit 2. 2. Schutzhaft
Pfarrer *Selke* – Striche (Grenzmark): Schutzhaft
Pastor *Büttner* – Strippow/Pommern: Schutzhaft
Pfarrer Dr. *Benckert* – Breslau: Gerichtsgefängnis Schneidemühl
Pastor *Schneider* – Dickenschied/Rhld.
Prädikant *Hopf* – Striche: Gerichtsgefängnis Schneidemühl

Pfarrer *Mochalski* – Oberwalden/Schlesien: Schutzhaft
Kirchenältester Bauer *Minkus* – Oberwalden: Schutzhaft
Kirchenältester Bauer *Kopitz* – Oberwalden: Schutzhaft
Kirchenältester Bauer *Scholtissek* – Oberwalden: Schutzhaft
Kirchenältester Bauer *Lipinski* – Oberwalden: Schutzhaft
Vikar *Steinbauer* – Penzberg/Obb.: Schutzhaft
Herr *Brachmann* – Berlin-Steglitz: Schutzhaft
Pfarrer *Bachmann* – Eulam Kr. Landsberg/W.
Pfarrer *Rosenfeld* – Küstrin
Superintendent *Bleek* – Saarbrücken
Pfarrer Martin *Niemöller* – Berlin-Dahlem: Untersuchungshaft
Vikar *Engler* – Wussow
Pastor *Kunkel* – Potsdam
Prof. von *Dietze* – Potsdam
Stadtvikar *Fürst* – München
Vikar *Kahn* – Berlin-Lankwitz: Untersuchungsgefängnis Moabit
Pfarrer *Christoph* – Brandenburg/H.
Pastor *Müller* – Brandenburg/H.
Pfarrer*Klein* – Trebatsch
Prädikant *Wilm* – Ihlow/Dahme
Pastor lic. *Gollwitzer* – z. Zt. Berlin: Schutzhaft
Missionsinspektor *Funke* – Berlin
Vikar *Zöllner* – Potsdam
Pfarrer *Ruchholz* – Kagendorf/Pom.
Pfarrer *Gentsch* – Peest/Pom.
Superintendent *Albertz* – Berlin-Spandau: Schutzhaft
Pastor lic. *Hildebrandt* – Berlin-Spandau: Schutzhaft
Vikar *Carras* – Berlin
Prädikant *Peukert* – Berlin-Spandau
Kirchenältester In. *Nabholz* – Berlin-Spandau
Pastor *Draeger* – Spandau
Prädikant *Hoffmann* – Kolberg
Pfarrer *Kohlmann* – Dortmund
Pfarrer *Bartels* – Brambauer b. Dortmund
Kirchenältester Küster *Eickhoff* – Dortmund
Pfarrer *Mehlhase* – Nowawes bei Potsdam
Pfarrer *Niemöller* – Bielefeld
Pastor *Asmussen* – Berlin
Pfarrer *Heinz* – Brambauer b. Dortmund

Herr Jesu Christe, Du hast Deiner Kirche gesagt, daß Deine Jünger um Deines Namens willen viel leiden müssen; denn der Jünger ist nicht über seinen Herrn. Gib Deiner Gemeinde einen freudigen Glauben, damit sie Dir für alles Leiden, das Du über sie kommen läßt, von Herzen danken und Dich anbeten. Allen Verfolgten aber gib, daß sie ihr Leiden als Deinen göttlichen Willen erkennen und aufnehmen, Kraft an Leib und Seele behalten, Dich nicht verleugnen, sondern vielmehr in allem preisen mögen. Hilf, daß ihre Bedrängnis bald ein Ende nehme und daß ihnen Gerechtigkeit widerfahre. Wir preisen Dich um aller Gnade und Treue willen, mit der Du Deine Gemeinde trägst und bewahrst. Dein Name sei gelobt jetzt und in alle Ewigkeit. Amen.

P. S. Die Pfarrer Kohlmann – Dortmund und Bartels – Brambauer sowie der Küster Eickhoff – Dortmund sind inzwischen aus der Haft entlassen worden.

Neuerdings verhaftet sind Pfarrer *Müller* – Dahlem und P. lic. *Niesel* – Berlin.

Zeittafel

1936

Januar	M. Niemöller gibt mit seinem Namen die von Otto Dibelius verfaßte Denkschrift „Die Staatskirche ist da!“ den „Brüdern der Bekennenden Kirche“ zur Prüfung weiter. Die Schrift wird von der Gestapo verboten und bei Hausdurchsuchungen beschlagnahmt.
3. 1.	Sitzung des Reichsbruderrates, bei der die Spaltung der Bekennenden Kirche offenbar wird.
12. 1.	Kanzelabkündigung gegen die Kirchenausschüsse.
17. –22. 2.	4. Bekenntnissynode der DEK in Bad Oeynhausen. Trotz weitgehender Einmütigkeit in den Beschlüssen zeichnet sich auch hier das Auseinanderfallen der Bekennenden Kirche ab.
11. 3.	Treffen der lutherischen Kirchenführer in Frankfurt/M, bei dem die Bildung eines „Rates der Evangelischen lutherischen Kirche Deutschlands“ beschlossen wird.
12. 3.	Berufung der neuen Vorläufigen Leitung der DEK (VL), der Müller-Dahlem, M. Albertz, Böhm, Forck und Fricke angehören.
April	M. Niemöller veröffentlicht „Ein Wort zur kirchlichen Lage“.
Mai	D. Bonhoeffer veröffentlicht seinen Aufsatz „Zur Frage nach der Kirchengemeinschaft“.
4. 6.	Dr. Jannasch überreicht in der Reichskanzlei eine für Hitler bestimmte Denkschrift mit der Unterschrift der Männer der VL und Mitgliedern des Reichsbruderrates.
30. 7.	Bei der Sitzung des Reichsbruderrates, auf der über eine Kanzelabkündigung aufgrund der an Hitler gerichteten Denkschrift beraten wird, fehlen sämtliche Vertreter der lutherischen Landeskirchen.
23. 8.	Kanzelabkündigung der Bekennenden Kirche „An die evangelische Christenheit und an die Obrigkeit in

Deutschland“ in Anknüpfung an die Denkschrift der VL vom Mai 1936. Telegramm des Reichskirchenministers an die Kirchenleitungen mit dem Verlangen, gegen die betreffenden Pfarrer disziplinarisch vorzugehen.

19. 9. Die Pfarrer Bleek und Eißen in Fechingen/Saar verhaftet.

6. 10. Landgerichtsdirektor Friedrich Weißler wird unter der Beschuldigung, den Text der Denkschrift vom Mai 1936 zur Veröffentlichung im Ausland weitergegeben zu haben, verhaftet.

17. 11. Erlaß des Reichserziehungsministers verbietet evangelischen Theologiestudenten unter Androhung des dauernden Ausschlusses von allen deutschen Hochschulen die Teilnahme an sog. Kirchlichen Ersatzkursen oder ähnlichen Einrichtungen der Bekennenden Kirche.

18. 11. Verbot der Monatsschrift „Die Stimme der Gemeinde“ im Chr. Kaiser Verlag wegen des darin abgedruckten Aufsatzes von M. Niemöller „Gott, der Herr über Kirche und Volk“.

16.–18. 12. Erste Tagung der 4. Bekenntnissynode der Altpreußischen Union (ApU) in Breslau. Beschlüsse zur Kirchlichen Ausbildung der Prediger und zu Eingriffen des Staates. Auf Antrag von M. Niemöller soll auf einer besonderen Arbeitstagung die Konfessionsfrage behandelt werden.

1937

1. 1. Rechtsanwalt Bunke aus Glogau, Vorsitzender des dortigen Bruderrates, ins KZ Lichtenau verbracht.

18.–20. 1. Erste ökumenische Arbeitstagung der Bekennenden Kirche zur Vorbereitung der Weltkirchenkonferenz in Oxford im Dahlemer Gemeindehaus.

2. 2. Fürsorgerin Senta Laue aus Berlin verhaftet.

4. 2. Generalsuperintendent Zoellner, der Vorsitzende des Reichskirchenausschusses, wird in Lübeck von der Gestapo am Predigen gehindert.

12. 2. D. Zoellner gibt den Rücktritt des Reichskirchenausschusses bekannt.

15. 2.	Erlaß Hitlers zur Wahl für eine neue Generalsynode.
18. 2.	Runderlaß des Reichsinnenministers im Einvernehmen mit dem Reichskirchenminister verbietet jede öffentliche Bekanntgabe der Namen von Personen, die aus der Kirche ausgetreten sind.
	Brief M. Niemöllers an den Reichskirchenminister Kerrl, der den öffentlichen Widerruf von Verleumdungen seiner Person fordert.
	Die VL übersendet dem Stellvertreter des Führers eine Liste von elf ausgewiesenen Pfarrern und einem Laien sowie von acht in Schutzhaft bzw. Hausarrest befindlichen Pfarrern und Laien.
19. 2.	Dr. Weißler im KZ Sachsenhausen umgebracht.
26. 2.	Erlaß des Reichskirchenministers an alle ev. Kirchenbehörden, wonach eine Verwendung kirchlicher Gelder „für die Stützung illegaler Organisationen, die sich kirchenregimentliche Befugnisse anmaßen", strafrechtlich verfolgt werden soll.
Ende Februar	Offener Brief von O. Dibelius an den Reichskirchenminister. Dibelius wird daraufhin wegen eines Verstoßes gegen das Heimtückengesetz angeklagt, jedoch am 6. 8. vom Sondergericht Berlin freigesprochen.
9. 3.	Wort des Bruderrates der DEK an die Gemeinden zur vorgesehenen Kirchenwahl.
18. 3.	Konstituierung des „Rates der Evangelisch-Lutherischen Kirche Deutschlands".
3. 4.	Der Reichskirchenminister verbietet alle »Evangelischen Wochen«.
10.–13. 5.	Zweite Tagung der 4. Bekenntnissynode der ApU in Halle. Beschluß zur konfessionellen Frage.
9. 6.	Runderlaß des Reichskirchenministers, wonach nicht rechtmäßige Kirchenkollekten strafrechtlich verfolgt und die Kollektenerträge eingezogen werden sollen.
17. 6.	Der Bruderrat der ApU gibt unter „Streng geheim" die Weisung, daß sich die evangelischen Gemeinden nicht an der Durchführung der Kirchenwahl beteiligen sollen.
23. 6.	Sitzung des Reichsbruderrates in der Friedrichs-Wer-

	derschen Kirche. Verhaftung von acht Teilnehmern (Beckmann, Böhm, Iwand, Lücking, Müller-Heiligenstadt, Perels, v. Rabenau, Rendtorff).
14. 6.	Pfarrer Fr. Müller-Dahlem und Lic. W. Niesel verhaftet.
1. 7.	Verhaftung Martin Niemöllers. Am gleichen Tag wird das Büro der VL von der Polizei geschlossen.
Ende Juli	Fr. Hildebrandt, der die Dahlemer Gottesdienste am 12. und 18. Juli übernommen und dabei die Fürbittenliste des Bruderrates verlesen hatte, wird von der Gestapo abgeholt.
8. 8.	Ein Fürbittgottesdienst in Dahlem, durch einen um die Kirche gebildeten Polizeikordon verhindert, gestaltet sich zur Straßendemonstration. Etwa 250 Teilnehmer werden vorübergehend verhaftet.

1938

7.–26. 2.	Prozeß gegen M. Niemöller vor dem Sondergericht II in Berlin-Moabit.
2. 3.	Niemöller wird freigesprochen, dennoch in das KZ Sachsenhausen verbracht.
8. 3.	Der Bruderrat beschließt eine Kanzelabkündigung zum Fall Niemöller, auf dem Psalmwort „Recht muß doch Recht bleiben“ fußend. Einspruch des Lutherischen Rates mit der Begründung, die Kirche dürfe sich nur für die Freiheit der Verkündigung einsetzen, aber nicht in die staatliche Rechtssphäre eingreifen.